DENTRO DOS ARQUIVOS DE STALIN

descobrindo uma nova Rússia

Jonathan Brent

DENTRO DOS ARQUIVOS DE STALIN

descobrindo uma nova Rússia

Tradução de
J. R. SOUZA

1ª edição

EDITORA RECORD
RIO DE JANEIRO • SÃO PAULO
2013

CIP-BRASIL. CATALOGAÇÃO NA FONTE
SINDICATO NACIONAL DOS EDITORES DE LIVROS, RJ

Brent, Jonathan
B848d Dentro dos arquivos de Stalin / Jonathan Brent; tradução de J. R. Souza. – 1.ed. – Rio de Janeiro: Record, 2013.

Tradução de: Inside the Stalin Archives
ISBN 978-85-01-08563-4

1. Stalin, Joseph, 1879-1953. 2. Chefes de Estado – União Soviética – Biografia. 3. União Soviética – História – 1925-1953. 4. União Soviética – Política e governo, 1936-1953. I. Título.

12-4432 CDD: 947.084
CDU: 94(47+57)

Título original em inglês:
INSIDE THE STALIN ARCHIVES

Texto revisado segundo o novo Acordo Ortográfico da Língua Portuguesa.

Direitos exclusivos de publicação em língua portuguesa para o Brasil
adquiridos pela
EDITORA RECORD LTDA.
Rua Argentina 171 – 20921-380 – Rio de Janeiro, RJ – Tel.: 2585-2000
que se reserva a propriedade literária desta tradução

Impresso no Brasil

ISBN 978-85-01-08563-4

Sumário

Introdução

Atirei-me aos pés do carrasco,
Você é meu filho, meu terror.
Tudo ficou para sempre confuso,
Quem é o homem, quem é o monstro,
Agora, jamais ficará claro...

— Anna Akhmatova, *Requiem*, 1937[1]

No funeral de Josef Stalin, em 9 de março de 1953, Vyacheslav Molotov, camarada de Stalin desde a revolução, se despediu de seu amado *vojd*, seu líder, com estas palavras: "O nome imortal de Stalin viverá para sempre em nossos corações, nos corações do povo soviético e de toda a humanidade progressista."[2] Embora sua esposa tivesse sido presa por Stalin em 1949 e enviada para o exílio, embora tivesse percebido vários sinais de que ele próprio caíra em desgraça junto ao mestre e se encontrava em perigo iminente de ser expurgado e, possivelmente, executado, a total devoção que Molotov dedicava a Stalin jamais esmaeceu, até o fim de sua longa vida, em 1986.

Molotov não estava só. Dois dias mais tarde, 11 de março, Ilya Ehrenburg, o jornalista e escritor judeu que, por várias vezes na década de 1930, quase foi preso, escreveu no *Pravda*:

> Estas palavras de Stalin foram proferidas em seu funeral: "Somos os verdadeiros servos do povo, e o povo quer a paz, odeia a guerra. Sim, todos nos dedicamos ao desejo do povo de não permitir o derramamento do sangue de milhões e resguardar a pacífica estrutura de uma vida feliz." Estes eram os pensamentos do camarada Stalin, sua preocupação, sua vontade [...]. Estas palavras tocam todas as pessoas simples, que se juntam a nós para clamar: "Stalin vive."[3]

"Stalin vive" — algo encantador brilha nessas palavras. No dia 3 de fevereiro de 1940, Nikolai Yejov, o homem que dirigiu a polícia secreta no auge do Grande Terror e que conhecia em detalhe todos os métodos e planos secretos de Stalin, implorou ao tribunal no fim de seu julgamento — no qual foi falsamente acusado de, entre outras coisas, ser um espião inglês — para "dizer a Stalin que morrerei com seu nome em meus lábios". "Sou uma vítima das circunstâncias, e nada mais", disse ele ao tribunal, "embora, aqui, inimigos que ignorei possam ter algo a ver com isso." Ele foi executado no dia seguinte. Era incompreensível para Yejov que tivesse sido abandonado e traído pelo próprio homem para quem havia assassinado tantos outros tão cruelmente, de modo que se apegou à crença de que somente "inimigos" que pode ter ignorado fossem responsáveis por aquele julgamento. "Na investigação inicial", Yejov disse ao tribunal, "afirmei que não era um espião, que não era um terrorista, mas não acreditaram em mim e me surraram horrendamente. Durante os 25 anos em que trabalhei no partido, lutei de modo honrado contra inimigos e os exterminei. Cometi crimes pelos quais posso vir a ser executado." Que crimes foram estes? "Minha maior culpa reside no fato de haver eliminado tão poucos [dos serviços de segurança]."[4]

Yejov prendeu e executou cerca de 3.800 oficiais dos serviços de segurança em 1937 e 5.600 em 1938, incluindo criminosos, policiais e bombeiros, juntamente com milhões de membros do Partido Comunista e pessoas comuns. Estimativas do número de vítimas de Stalin durante seu reinado de 25 anos, de 1928 a 1953, variam muito, mas, agora, considera-se 20 milhões como o número mínimo. Ele foi tachado como o maior assassino em massa na civilização europeia.[5]

Não obstante, 55 anos após sua morte, o lugar de Stalin na história russa permanece enigmático, e muitos, na Rússia e no resto do mundo, talvez sejam capazes de proferir as mesmas palavras de Yejov em seu julgamento; há muitos para os quais "Stalin vive". Como isso é possível? Após o discurso secreto de Kruchev em 1956 em que o culto à personalidade foi denunciado, os crimes de Stalin se tornaram de conhecimento público, e seu corpo foi removido do Mausoléu de Lenin; após as revelações da *glasnost*, a indignação com a crueldade e com a estupidez do Estado policial soviético se tornou pública; após o colapso da União Soviética em 1991, a nação para cuja construção Stalin matou e torturou tão impiedosamente parecia coisa do passado. Como alguém poderia ainda crer na visão de Stalin da "pacífica estrutura de uma vida feliz"? Fatos e números não explicam tal crença.

Quando, recentemente, perguntei a um oficial do Serviço Federal de Segurança da Rússia — FSB (uma das organizações que sucederam o KGB) se acreditava que Stalin pudesse ser reabilitado, ele olhou para mim horrorizado.

— Não — disse ele. — Impossível. Seria como reabilitar Hitler.

Ele expressou a opinião de muitos. Contudo, os numerosos livros publicados na Rússia e em outros países nos últimos anos louvando Stalin expressam algo diferente. Embora novos grupos políticos extremistas façam uso explícito da imagem e dos feitos de Stalin, e seu retrato possa ser visto hoje em caixas de chocolate à venda no *free shop* do Aeroporto Sheremetyevo, nas cercanias de Moscou, poucos desejariam a volta dos dias tenebrosos da década de 1930. Todavia, cabe perguntar se um aeroporto em Berlim, Frankfurt ou Munique venderia uma caixa de chocolate estampada com a imagem de Hitler. Embora há muito removidos de prédios públicos, o nome e os ditos de Stalin permanecem nos lábios de pessoas comuns, e, em localidades remotas, bustos e estátuas de Stalin ainda podem ser encontrados.

Estaria o legado de Stalin próximo de um renascimento, e, nesse caso, sob que forma? Seria possível que jamais arrefecesse nos corações da "humanidade progressista"? Seria como a "reabilitação de Hitler"? Caso sigamos o longo caminho percorrido pela Rússia desde a dissolução da União Soviética por Boris Yeltsin em dezembro de 1991, terminaremos próximo de onde partimos? Essas perguntas têm assombrado a história da "nova" Rússia e estão relacionadas ao projeto de dezesseis anos da Editora da Universidade de Yale de publicar material dos arquivos soviéticos — uma empreitada que culminou na aprovação, pelo governo russo, da publicação dos arquivos pessoais de Stalin.

Quando Yeltsin decretou que os até então arquivos secretos do Estado soviético e do partido fossem abertos, pesquisadores de todo o mundo começaram a se reunir em Moscou, em grande expectativa, e cidadãos russos comuns, juntamente com estudiosos, políticos, partidários — algozes e vítimas — aguardavam impacientemente a oportunidade de vasculhar esses livros e pastas secretos, de obter acesso a dossiês e interrogatórios do KGB, de ler, pela primeira vez, discursos, diários e cartas de líderes do

Kremlin. Decretos do Comitê Central Secreto, deliberações da Internacional Comunista (Comintern) e diretrizes de organizações de inteligência, assim como o tráfego diário da burocracia partidária que, no passado, determinou tanto para tantas vidas, seriam agora estudados abertamente.

Com tais expectativas, talvez inocentemente eufóricas, voei para Moscou em janeiro de 1992, para dar início ao projeto Annals of Communism [Anais do Comunismo], da Editora da Universidade de Yale. Meu propósito consistia em publicar documentos do período soviético que pudessem ajudar a explicar antigas questões relativas à história soviética do século XX: o homicídio de Sergei Kirov (primeiro-secretário do Comitê Regional de Leningrado e secretário do Comitê Central do Partido Comunista) em 1934 foi obra de um assassino solitário ou uma conspiração que chegava até Stalin? Houve uma ruptura entre Lenin e Stalin ou houve continuidade? O Partido Comunista dos Estados Unidos (CPUSA, na sigla em inglês) se envolveu em espionagem? Qual foi o verdadeiro papel da União Soviética na Guerra Civil Espanhola? Por que, com base nas informações que recebia diariamente, Stalin não tomou alguma atitude antes da invasão nazista em junho de 1941? Quem iniciou e controlou o Grande Terror de 1936-1938? De que forma e por que ocorreu a tragédia do massacre de oficiais poloneses em Katyn? A fome na Ucrânia e em outros locais, em 1932-1933, foi um desastre natural ou um assassinato em massa com motivação política e promovido pelo Estado? Essas eram algumas das perguntas que eu esperava ver respondidas pelo projeto Anais.

Não foi fácil produzir respostas. Apenas o Arquivo Central do Partido continha cerca de 250 milhões de documentos, poucos dos quais podiam ser considerados "provas contundentes". Numerosas decisões de alto nível jamais foram colocadas no papel; alguns documentos foram destruídos. Tudo indicava a necessidade de um programa de longo prazo de pesquisa cuidadosa e a integração de materiais de diversas fontes. Ao longo do tempo, uma questão maior começou a tomar forma: qual era o mecanismo que fazia o sistema soviético funcionar como um todo? O entendimento desse mecanismo se tornou o principal objetivo da série de Anais. O projeto segue com o trabalho e, até agora, publicou mais de 25 volumes, com muitos outros já contratados.

"Tudo deve ocorrer de modo lento e incorreto, para que o homem não tenha grande oportunidade de se sentir orgulhoso, para que o homem fique triste e perplexo", refletiu Venedikt Erofeev em sua obra-prima, *Moskva petushki* [Moscou até o fim da linha],[6] por meio de seu herói tragicômico, Venechka. Guardei essas belas palavras comigo durante os últimos 16 anos de trabalho nos arquivos soviéticos, e permaneço humilde diante da imensa tarefa de reconstruir a história do período soviético. Durante estes anos, a situação na própria Rússia tem sido de perplexidade e, muitas vezes, de tristeza. A lenta e difícil reconstrução da nação russa deixou muitos em desespero, e, enquanto eventos frequentemente parecem ultrapassar todas as predições, o país se viu suspenso no que Alexander Yakovlev chamou, em tom evocativo, de "crepúsculo" — o limiar entre velho e novo, passado e futuro, autoritarismo e liberdade, entre sonhos de glórias passadas e a realidade de sua difícil posição econômica e geopolítica no início do século XXI. Embora muito tenha mudado, muito permanece inalterado em uma perspectiva fundamental, ou o que os russos chamam de "mentalidade", fazendo com que um estudioso russo me alertasse de que a divulgação total do período soviético simplesmente não é possível no momento, devido a um receio de "analogias" entre o passado e o presente. Que analogias? Que receios? Ninguém pode responder com certeza.

O que fica claro é que o marxismo soviético simplesmente não funcionou. Em 1987, a União Soviética não era capaz de manter o Exército ou os programas sociais; não era capaz de elevar o padrão de vida de seu povo além de certo nível básico. Pragmáticos compreenderam isso, e, logo depois de Yeltsin decretar o fim da União Soviética, em dezembro de 1991, muitas pessoas, tanto na Rússia como no exterior, acreditaram que o país poderia se tornar uma democracia liberal, no estilo ocidental, com uma economia próspera.

Para muitos, todavia, o objetivo do sistema soviético não era apenas "funcionar", mas alcançar a grandeza e o poder que Stalin previra e que, um dia, foram deles. Linhas foram prontamente traçadas entre os remanescentes do Partido Comunista, que se juntaram a vários grupos nacionalistas, e reformistas, como Alexander Yakovlev, que desenvolveu o conceito de *perestroika* durante o período de Gorbachev. Yakovlev desejava livrar o país do legado bolchevique, reparar os crimes do sistema soviético e desenvolver uma sociedade baseada no estado de direito. Ele e outros esperavam que tal transformação fosse publicamente institucionalizada por meio do julgamento do Partido Comunista, iniciado em setembro de 1992. Seus esforços não foram bem-sucedidos, e o equivalente russo dos julgamentos de Nuremberg foi abandonado antes da metade do processo. Hoje, o Partido Comunista da Federação Russa, ou KPRF, é um partido russo legal. Nenhum outro projeto de introspecção e reconciliação nacionais voltou a ser promovido pelo Estado. Em contraste com a Alemanha, desnazificada após a Segunda Guerra Mundial, a

Rússia jamais foi completamente expurgada do bolchevismo. Ao contrário, há um esforço difundido para "normalizar" o passado soviético.

Segundo registros em igrejas provinciais, Josef Vissarionovich Djugashvili nasceu em Gori, Geórgia, no dia 18 de dezembro de 1878 (6 de dezembro, pelo antigo calendário), na sequência da desastrosa Guerra Russo-Turca, um período que marcou tanto o auge do poder imperial russo como o início do percurso em direção à impotência e, por fim, à sua dissolução. Ao contrário de seu mentor, Vladimir Lenin, cuja família era burguesa e instruída, Josef Djugashvili nasceu em um ambiente empobrecido, filho de um sapateiro dado ao alcoolismo e a ataques violentos contra o filho e a esposa, por eles abandonado à morte solitária em um apartamento em Tiflis. Segundo o biógrafo de Stalin, Dmitri Volkogonov, depois de 1903, quando se tornou um revolucionário, talvez Stalin não tenha visto sua mãe mais do que quatro ou cinco vezes. Ele não foi ao seu funeral em 1937.[7]

Stalin tinha pouco mais de 1,60 metro de altura. Dois dedos de seu pé esquerdo eram unidos. Seu rosto pálido era fortemente marcado pela varíola que teve quando criança. Contudo, tinha penetrantes olhos negros e a confiança de um homem possuído pela história. Até o fim da vida, usou seu cabelo espesso e negro penteado para trás, revelando uma linha capilar pontiaguda. Devido a um acidente ou doença na infância, Stalin tinha o braço esquerdo ligeiramente atrofiado, que geralmente resguardava da exposição pública, e a mão esquerda muitas vezes curvada para dentro, como uma garra ferida.

A vida de Stalin foi marcada por contradições e contínuos esforços de autorreinvenção. Em 1912, Djugashvili deu lugar a Stalin, "Homem de Aço". Em 1922, se tornou secretário-geral do Partido Comunista; após a morte de Lenin em 1924, ele e Leon Trotski lutaram pelo controle do Estado soviético. Trotski foi expulso do partido em 1927 e exilado da União Soviética em 1929. Vitorioso, Stalin mudou a data de seu nascimento para 21 de dezembro de 1879, possivelmente para que seu cinquentenário fosse celebrado em 1929, quando tinha consolidado firmemente seu poder. Em 1937, junto a Marx e Lenin, a imagem desse homem baixo e marcado pela varíola, filho de um sapateiro analfabeto, se elevava em estandartes gigantes sobre a Praça Vermelha em Moscou durante desfiles ou flutuava no céu em dirigíveis gigantes. Em 1953, ano de sua morte, seu rosto era associado, na mente de pessoas em todo o mundo, ao terror político em uma escala sem precedentes. Assim como se reinventara, Stalin reinventou a Rússia, transformando sua nação em uma potência militar, com capacidade de agir ao redor do globo. Ao contrário de Hitler, Stalin morreu em seu leito.

A imagem do poder de Stalin, contudo, sempre pareceu casada ao braço atrofiado, e não chega a ser um exagero sugerir que essa mão geralmente invisível teve em suas garras muito da história soviética e mundial.

Próximo ao fim de 1930, Stalin escreveu a Maksim Górki, o escritor russo de fama mundial que emigrou para a Itália após a revolução, na esperança de atraí-lo de volta:

> As coisas não estão indo mal por aqui.[8] Na indústria e na agricultura, o sucesso é inegável. Deixe-os, todos estes fósseis medievais, uivar Europa afora, no volume máximo de suas vozes, sobre a "decadência" da URSS. Dessa forma, não modificarão uma vírgula de nossos planos ou negócios. A URSS será um país de primeira linha, com a maior produção industrial e agrícola

> tecnicamente equipada. O socialismo é invencível. Não haverá mais uma Rússia "*miserável*". Isso acabou! Haverá uma poderosa e opulenta Rússia de *vanguarda*.

Não muito depois da visão confiante de Stalin de "um país de primeira linha, com a maior produção industrial e agrícola tecnicamente equipada", o escritor Isaac Babel retornou a Moscou, após uma visita à Ucrânia assolada pela fome. Ele confidenciou a um amigo ter testemunhado coisas sobre as quais era impossível falar ou escrever — canibalismo e privação desumana. Em seguida a uma viagem similar, Boris Pasternak escreveu a uma amiga: "Havia tamanha miséria, desumana, inimaginável, um desastre tão terrível que passou a parecer quase abstrato, não se encaixando nos limites da consciência. Adoeci. Por todo um ano, não consegui escrever."[9] O que tornava a coisa ainda pior era a suspeita de que essa "miséria, desumana, inimaginável", fora, de alguma forma, engendrada ou pelo menos gerenciada pelo governo, por Stalin, por razões que ninguém era capaz de entender. A "Rússia de vanguarda" de Stalin jamais se tornaria real.

No entanto, a crueldade por trás dessa visão não era exclusiva de Stalin. Lenin a invocou em 1922, quando ordenou um ataque final à Igreja Ortodoxa com o propósito de confiscar sua imensa riqueza. O documento com essa ordem foi descoberto por Richard Pipes nos arquivos secretos de Lenin em Moscou; o documento foi publicado pela primeira vez em 1996 no volume *The Unknown Lenin* [O Lenin desconhecido], dos Anais do Comunismo:

> Penso que, aqui, nosso inimigo [a Igreja] cometeu um enorme erro de estratégia ao tentar nos arrastar a uma batalha decisiva, em um momento particularmente desesperançado e particularmente desvantajoso para ele. Em contraste, para nós, este

> momento não é apenas excepcionalmente favorável, mas provavelmente o único em que poderemos, com 99% de chance de sucesso total, esmagar o inimigo e garantir para nós uma posição indispensável por muitas décadas à frente. É justamente agora, e somente agora, quando, nas regiões de fome, pessoas comem carne humana e centenas se não milhares de cadáveres estão espalhados pelas ruas, que podemos (e, portanto, devemos) executar o confisco de bens da Igreja com a energia mais brutal e impiedosa, sem parar [até] esmagar qualquer resistência.
>
> Devemos, aconteça o que acontecer, executar o confisco de bens da Igreja da forma mais rápida e decisiva, de modo a assegurar para nós um fundo de várias centenas de milhões de rublos de ouro (tenhamos em mente a gigantesca riqueza de alguns dos monastérios e abadias) [...]. Todas as considerações indicam que posteriormente não seremos capazes de fazer isso, pois nenhum outro momento, exceto o da fome desesperada, nos dará uma disposição entre as grandes massas de camponeses que nos garanta a simpatia dessas massas ou, ao menos, sua neutralidade.[10]

O Estado deve exercer todo o seu poder "com a energia mais brutal e impiedosa". Deve esperar o triunfo "com 99% de chance de sucesso total" somente quando as "pessoas comem carne humana" e "centenas se não milhares de cadáveres estão espalhados pelas ruas". Nem crueldade pessoal nem desejo de vingança explicam tais ações dos bolcheviques. Antes, haviam sido preparadas por uma forma de pensar baseada em uma ideologia que livrava Lenin e o Estado bolchevique tanto da substância como do vocabulário da moralidade tradicional — dos fósseis "medievais" urrando Europa afora, como disse Stalin. Contudo, o que deu a Lenin essa liberdade, paradoxalmente, também o deixou sem opções:

"podemos (e, portanto, devemos)", ele escreve. Dezesseis anos após o decreto secreto de Lenin para confiscar bens da Igreja, no auge do Grande Terror, Andrei Vyshinski, procurador da União Soviética e, posteriormente, embaixador junto às Nações Unidas, descreveu sua recente viagem de inspeção de vários campos no *gulag*. Em um memorando de 1938, endereçado a Nikolai Yejov, o chefe do NKVD (o KGB da época), escreveu:

> Entre os prisioneiros, existem alguns tão esfarrapados e cheios de piolhos que representam uma ameaça sanitária aos outros. Esses prisioneiros se degradaram a ponto de perder qualquer semelhança com um ser humano. Com a falta de comida [...] recolhem sobras [lixo] e, segundo alguns prisioneiros, comem ratos e cães.[11]

Vyshinski cita o procurador-chefe do campo Bamlag:

> Na enfermaria, há prisioneiros deitados nus em longos beliches, literalmente espremidos como sardinhas em lata. Não são levados ao banho por semanas, devido à falta de roupas de baixo e lençóis. Em algumas salas, há mulheres deitadas em beliches no mesmo ambiente que homens. Um doente com sífilis se deita ao lado de um com tuberculose. Em uma sala comum, há doentes com erisipela (infecciosa) junto com outros com males estomacais [...]. Os que chegam não têm roupas de baixo, nada além de farrapos. O terrível é não haver sequer uma muda de roupas de baixo, botas ou vestimentas no Bamlag. Seus corpos são cobertos com feridas, mas não tomam banho, pois não receberam roupas de baixo. Seus farrapos estão cheios de centenas de piolhos. Não há sabão. Muitos nada têm com que se cobrir para ir ao banheiro [...]. Assemelham-se a humanos, ou melhor,

> a selvagens, ou seres da Idade da Pedra [...]. E trens carregados de pessoas sem roupas continuam a chegar, e as pessoas seguem pela estrada descalças, desnudas, e aqui a temperatura varia de menos vinte a menos cinquenta graus centígrados.

Essas pessoas apenas "assemelham-se a humanos"; são "selvagens, ou seres da Idade da Pedra". Por ser membro do Comitê Central, Vyshinski pôde colocar em palavras o que Isaac Babel não podia e concluiu que "alguém — obviamente, hostil — está fazendo com que pessoas morram durante a viagem e morram na chegada". Não ocorria a ele que tal horror fosse produzido pelo próprio sistema. A crença na ideologia era tão intensa que, como no caso de Yejov em 1940, era inconcebível que o próprio partido, e não inimigos hostis, pudesse produzir esses resultados. O grande experimento da "humanidade progressista" — criar, segundo leis científicas de materialismo dialético, uma nação vanguardista e se tornar um "país de primeira linha" — poderia falhar somente devido à ação de inimigos de fora; em consequência, o sistema criava ondas sem-fim de tais inimigos e arrastava massas inumeráveis à destruição e à morte.

Em outubro de 1952, Stalin chamou o chefe dos serviços de segurança e os interrogadores que não conseguiam alcançar progressos significativos na obtenção de confissões no que ficou conhecido como "Conspiração dos Médicos". Muitos médicos foram presos e torturados quando Stalin alegou que entre eles havia judeus que lideravam uma conspiração para assassinar líderes do Politburo. Após a morte de Stalin, o governo soviético repudiou a "conspiração", jogando a culpa nos oficiais de segurança, e libertou os médicos da prisão. Na reunião de 1952, Stalin exigiu que os interrogadores surrassem os médicos:

> — Surrem-nos! — [Stalin] exigiu de nós, declarando: — O que são vocês? Querem ser mais humanistas do que Lenin, que ordenou a Dzerjinski que atirasse Savinkov pela janela?[12]

Fizeram como Stalin exigiu, e um interrogador afirmou após a morte de Stalin que, durante uma sessão de tortura, o velho Dr. Vasilenko "perdeu todo o seu aspecto humano" e implorou por misericórdia.[13] Dias e noites de tortura física e mental, privação de sono e humilhação reduziram-no a um daqueles vistos por Vyshinski no *gulag* em 1938 — literalmente uma não pessoa.

O exercício da "energia mais brutal e impiedosa" contra aqueles reduzidos a "não pessoas" ou criaturas da Idade da Pedra se tornava possível uma vez que eram identificados como inimigos. Esse processo de identificação não era simples; mas, uma vez alcançado, era letal e irreversível. O mecanismo desse processo reside no coração do Estado stalinista e representa a fusão de uma forma de pensar, uma forma de ver e um conjunto de poderosas ideias políticas. No âmago dessa forma de pensar está Josef Stalin.

Parte I

Conexões

1

Aterrissagem, janeiro de 1992

O voo da Aeroflot havia sido adiado três vezes, totalizando quase seis horas, em um maçante dia de janeiro em Nova York. Enquanto cada atraso era anunciado, foi impossível, do Aeroporto JFK, me comunicar com Jeffrey Burds, um jovem historiador americano e meu único contato em Moscou com os diretores dos arquivos soviéticos. O contato com Burds foi feito através de Ivo Banac, um professor de história na Universidade de Yale que orientou o trabalho de pós-graduação de Burds e foi um dos primeiros conselheiros acadêmicos do projeto Anais do Comunismo. Eu conhecia Burds somente das correspondências e conversas telefônicas, e não tinha muita certeza de que alguém estaria à minha espera quando o avião pousasse.

Agora, passadas quase vinte horas e sob o efeito de uma fadiga que jamais havia sentido, pela janela do avião contemplo surpreso um corte irregular no solo congelado que parece crescer em direção a nós à medida que descemos. Postes ao longo de sua borda se projetam como dentes que nasceram fora de lugar. Adiante desse corte, aparecia a pista vazia que levava ao terminal do Aeroporto Sheremetyevo de Moscou.

Meus primeiros pensamentos quando as rodas do avião tocaram o chão foram: Como pode este ser, de fato, o aeroporto de Moscou? Como pode ser este o aeroporto da capital da segunda maior superpotência do mundo? Parecia menor do que o JFK, La Guardia, O'Hare ou qualquer outro importante aeroporto americano. Onde estão os outros aviões? Onde estão os funcionários uniformizados que manejam os bastões luminosos? Onde estão os carros de bagagem que deveriam estar se movendo sob as asas do 747? Poucos aviões, a maioria de outros países da Europa Oriental, estavam estacionados nos hangares, mas pareciam estar estranhamente posicionados uns em relação aos outros e aos portões do terminal, como se abandonados às pressas sem a preocupação de que alguém voltaria a voar neles. Faltava algo.

Instruído por Burds, eu trouxe grande suprimento de uísque Jack Daniel's, salames, biscoitos, chocolates no formato da Estátua da Liberdade, maços de cigarros Winston, assim como uma quantidade estratégica de *valuta* — notas de um dólar — e várias notas de cem (nenhum outro valor intermediário, me disseram, seria aceito nas ruas ou em casas de câmbio). Reuniões haviam sido agendadas; pessoas me esperavam. Olhando o terminal vazio, tive uma breve apreensão de estar no lugar errado e de que todos os planos que havia imaginado já tinham sido esquecidos.

É uma sensação estranha estar em um lugar novo, mas, de alguma forma, conhecido, que lembra um retorno, mas tão diferente que as simples palavras "*Kofe? Chai?*" ditas pela comissária que se aproximava pelo corredor bastaram para acelerar meu coração. Os corriqueiros sinais *vykhod* ("saída") e *vkhod* ("entrada") assumiam um novo e vibrante significado. Como para a maioria da minha geração, que cresceu no período da Guerra Fria, minhas ideias sobre o comunismo e o sistema soviético foram tiradas de livros e reforçadas, diariamente, por violentas imagens na televisão e no cinema: imagens de Kruchev batendo seu sapato na tribuna, na ONU, o bloqueio naval de Cuba pelos Estados Unidos, confrontos no Muro de Berlim, intermináveis colunas de tanques e mísseis soviéticos desfilando pela Praça Vermelha, isso era tudo o que a maioria dos americanos sabia do mundo que as palavras *kofe* e *chai* agora traziam à vida para mim.

Aterrissamos em Moscou no dia 9 de janeiro de 1992, sob uma luz mortiça e embaçada. Em um estado entre sonolência e alerta, eu não tinha capacidade de dizer se era manhã ou tarde. Enquanto nos reuníamos próximo a um conjunto de portas de vidro corrediças no fim da rampa de saída, um letárgico jovem soldado, de pele branca e amarrotada, se desenroscou lentamente de uma cadeira e nos direcionou a um corredor. Uma submetralhadora estava descuidadamente pendurada em sua cintura. Guiados pelo sonolento guarda por uma larga escada a uma grande área de recepção que levava ao *Pasportnii Kontrol*, nos juntamos a centenas de outras exaustas almas humanas. Algumas pessoas pareciam adormecidas em pilhas na escada. Fumaça de cigarro enchia o ar. Luminárias cilíndricas cor de cobre, dispostas no teto como em uma colmeia, pareciam absorver iluminação, ao invés de emiti-la. "Eu na fila", um homem alto, velho, em um sobretudo cinza, grunhiu em inglês com forte sotaque a uma pequena senhora de cabelos grisalhos que pulava de um lado a outro, como um pássaro engaiolado, e perguntava a quem ouvisse: "Onde é fila? Onde é fila?" Não havia uma fila. A massa humana que se acumulava rapidamente forçava para a frente.

Um grupo de petroleiros texanos encontrava-se na minha frente; os homens tinham pesadas mochilas de couro sobre os pés e ansiavam por tomar o caminho dos campos petrolíferos da Sibéria e do Extremo Oriente. Havia avós ansiosas por reencontrar as famílias deixadas para trás, desajeitados homens de *biznes* segurando suas pastas com firmeza e um grande número de comerciantes do Extremo Oriente empurrando fardos de mercadoria desconhecida, embrulhados com papel marrom ou selados com plástico. Ocorria um grande atraso sempre que um deles chegava ao posto de controle. As jovens guardas de fronteira, em uniformes verde-oliva e chapéus de abas largas, verificavam e reverificavam os documentos, faziam chamadas telefônicas e, antes de deixarem passar um deles, pareciam dispostas a esperar eternamente pela autorização de uma alta autoridade não identificada e inalcançável. Em minha visita seguinte, em julho, um anúncio de algo chamado *BeeLine*, primeira companhia de telefonia celular da Rússia, havia sido instalado acima das cabines de vidro do controle.

Quando, por fim, passei pela frágil barreira cinza, com meu passaporte devidamente carimbado e minha bagagem inspecionada de modo apático, senti meu coração disparar com o choque de ter conseguido. Eu estava do outro lado. Contudo, enquanto abria caminho em direção à área de espera do terminal, a alegria deu lugar à náusea, devido ao estonteante fedor humano que envolvia o prédio principal e atordoava os sentidos. A ventilação não funcionava havia dias, e ninguém, me disseram, sabia quando voltaria a funcionar. Com vários graus de gelo no termômetro, era impossível abrir portas e janelas.

O fedor azedo e pesado parecia deixar uma marca a cada respiração, fazendo com que a pessoa, de alguma forma, se retraísse nela própria; o fedor se tornava parte da pessoa, contra sua vontade, não obstante a força de eventos nas ruas, praças e prédios do governo em Moscou que fizeram "história". Eu já podia sentir minha vontade de resistir minguando, quando um homem jovem, alto, forte, vestindo uma parca verde, apareceu de repente à minha frente. O capuz estava jogado para trás, revelando uma massa de cabelo despenteado e um rosto de menino, amigável e honesto.

— Você é Jonathan Brent — anunciou, como um diretor de teatro entregando um papel a um ator. E acrescentou: — Estivemos aqui e voltamos duas vezes! — Não havia tempo para explicações. — Nikolai está aqui. O carro está esperando. Vamos.

Era Jeffrey Burds.

Antes que pudesse resgatá-la, minha grande mochila foi pega por detrás e levantada por alguém que eu ainda não tinha notado. O homem era mais alto do que eu e tinha um comportamento que me pareceu militar. Com um movimento dos ombros, indicou que eu devia segui-lo. Ele era forte, com ombros largos, rosto simétrico e um bem-aparado bigode castanho. Abrindo caminho, ele mantinha o olhar direto à frente.

— Cuidado! — gritou Jeff. — Elas o esbofetearão se não tomar cuidado.

Cuidado com o quê? Não deu tempo de perguntar. A porta de vidro do terminal me pegou distraído e tive que dar um pulo para o ar congelado da Rússia, escapando por pouco de ser atingido pelo violento retorno da porta.

Enquanto esperávamos pelo carro na calçada, perguntei a Jeff como sabia quem eu era.

— Fácil. Não há muitos americanos. Você parecia perdido. Qualquer um percebe — seus sapatos, seu casaco, o corte de cabelo. Alguém o perturbou? Jamais pegue um táxi. Nunca deixe que carreguem sua bagagem. Você fala russo?

— Não muito bem.

— Então, fale o menos possível.

A energia de Jeff era febril, explosiva, cheia de urgência, como se, a qualquer momento, os trágicos e belos eventos em curso neste país fossem resplandecer em uma epifania.

— Você vai gostar de Mariana — assegurou-me quando nos encontrávamos em segurança no pequeno carro cinza de Nikolai, que cheirava a gasolina e graxa. Ele explicou que havia combinado para eu ficar com Mariana, mãe de seu amigo Lyonya. Quando paramos para pagar o estacionamento, Nikolai abaixou os faróis e desligou o motor. Ele pôs algumas notas alaranjadas de rublo nas mãos sem luvas do caixa, um pequeno homem de sobretudo. O funcionário dirigiu-se à cancela e destravou a ponta que estava presa a um batente de concreto com o que parecia ser apenas uma fita de borracha ou couro. A longa cancela de madeira subiu suavemente, e seguimos em direção à via congestionada. Caminhões militares sopravam fumaça diretamente na janela do carro quando nos ultrapassavam. Sem conseguir fechar a janela, abaixei todo o vidro para deixar entrar ar fresco. Estava muito frio.

Nikolai disse algo em russo.

— Nikolai diz para fechar a janela. Você não tem um chapéu.

Outro caminhão militar passou cuspindo fumaça. Eu estava zonzo. "*Ne rabotai bez upora*", estava escrito no capô.

— O que quer dizer isto? — perguntei, apontando.

Jeff traduziu:

— Não opere sem ajuda — disse. — É o Velho Ano Novo — comentou Jeff, completando que a maioria das pessoas nada tinha para celebrar. — Lyonya está lá, mas sua esposa foi passar alguns dias fora para visitar os pais, de modo que Mariana pudesse ter mais espaço. Isso é mais seguro para você, e mais barato.

— Quem é Lyonya?

— Um arquivista na Igreja Ortodoxa. Ele se converteu à Ortodoxia Russa e, recentemente, convenceu Mariana a se converter também.

Jeff conheceu Lyonya por causa de seu trabalho nos Arquivos Municipais de Moscou e, através de Lyonya, Mariana. Ficar em um apartamento particular seria muito melhor do que ficar em um dos antigos hotéis Inturist, onde os grampos podem ter sido desativados, mas permanecem infestados por insetos.* Quando Jeff falou sobre minha viagem, Lyonya imediatamente ofereceu o apartamento de sua mãe. Ao fim, Lyonya se tornaria coeditor de um volume na série sobre a revolução bolchevique e a Igreja Ortodoxa.

Jeff explicou que, no dia seguinte, eu me reuniria com os diretores dos arquivos, e, com sorte, Nikolai poderia agendar uma reunião com o chefe de todo o sistema de arquivos, em algum momento durante minha permanência. Representantes do KGB souberam que eu estava a caminho e queriam me encontrar.

— Você trouxe os Winstons? — Jeff perguntou.

— Sim, mas eu não fumo.

— Não importa. Abra um maço, tire um cigarro e o acenda; depois, empurre o maço para o outro lado da mesa. — Eu parecia cético. — Faça isso. Quem estiver sentado à sua frente empurrará seu maço para você. Tire um cigarro, ponha-o na boca

*"*Where the bugging may be gone but there were still plenty of bugs.*" O autor faz um trocadilho com o verbo *to bug*, que pode ter o significado de aplicar grampos telefônicos, e a palavra *bug*, "inseto". [*N. do T.*]

e acenda-o — não trague, se não quiser — e devolva o maço. É um primeiro passo.

À noite, eu gastaria algum tempo planejando a estratégia. O aspecto mais importante dessa negociação, Jeff ressaltou repetidas vezes, era demonstrar respeito por aqueles no outro lado da mesa. Não venha como um heroico conquistador; não seja um americano presunçoso; não faça pouco caso deles porque o sistema deles falhou e o nosso triunfou. Nikolai Petrovich agiria como um intermediário com o arquivo. Ele também seria nosso motorista. Por ser historiador e diretor de um importante departamento na Universidade Estatal Russa para Humanidades, ele conhecia todo mundo.

— Aquele é o marco do ponto mais distante do avanço dos nazistas em direção a Moscou — Jeff disse, apontando para o enorme monumento de aço representando uma armadilha contra tanques junto à estrada. — Agora, é claro, já está dentro dos limites da cidade.

Quer dizer que, afinal, chegaram a Moscou, pensei, sem saber se poderia dizer isso em voz alta.

2

Mariana

Tendo enviuvado recentemente, Mariana fora casada com um general do Exército russo; ela deu aulas de piano por muitos anos e vivia, Jeff me disse, em um dos melhores complexos de apartamentos em Moscou, na avenida Kutuzovski, junto à Praça da Vitória. Ela falava um pouco de inglês e um pouco de iídiche. Deve ter sido muito bonita na juventude, como se podia concluir da pequena fotografia oval pendurada na parede de meu quarto modesto, na qual uma jovem de cabelos escuros olhava além da câmera com um anseio romântico nos olhos negros. A Mariana que se encontrava diante de mim, vestida com um leve roupão, tinha dentes recobertos de ouro, cabelos tingidos e a pele flácida de uma velha. Possuía as mãos sensíveis de uma pianista; mas, agora, seus olhos vivos e perscrutadores pareciam ser sua única ligação com a fotografia na parede. Tinha um pequeno poodle preto que chamava de *chyornaya idish sobaka* — seu "cachorro preto judeu".

A comunicação com Mariana não me pareceu um problema quando, logo depois que Jeff e Nikolai partiram, veio ver como eu estava.

— *Chai?* — ela perguntou, assomando na porta.

— *Da* — respondi, como se fosse a coisa mais simples do mundo. — *Spasibo.*

Até agora, tudo bem.

Segui Mariana até a pequena cozinha, onde uma pequena chaleira cinza, daquelas que eu não via desde a década de 1950, já estava esquentando no pequeno fogão a gás. Tudo parecia pequeno: o teto parecia baixo, a janela me pareceu estreita, as cortinas eram finas como papel. A luminária de teto tinha quatro lâmpadas, mas só duas estavam acesas e pareciam apenas ligeiramente incandescentes. As cadeiras de madeira pareciam frágeis e suas peças, mal coladas. Não havia toalhas ou guardanapos de papel. Jeff me alertara para que eu trouxesse meu próprio papel higiênico; agora eu entendia por quê.

Na prateleira acima da pia havia uma lata de café instantâneo Nescafé Gold. Duas ou três flores laranja com formato de globo pendiam de seus talos em um vaso de vidro transparente. Ao lado delas havia uma caixa de madeira na qual estava escrita a palavra *sol* — "sal". Acima da prateleira havia um pequeno quadro com frutas e vegetais frescos — uma abundância de tomates, cenouras, ervilhas, beterrabas e vagens, ladeadas por uma aurora de brilhantes maçãs, peras, bananas e laranjas. Rachaduras se estendiam no topo da parede, entre grandes fragmentos de tinta descascando. Acima da porta da cozinha havia uma prateleira com caixas e jarras de vidro com sementes secas, nozes, vegetais cozidos ou em conserva.

Um agradável frescor emanava da janela acima do aquecedor; atrás da janela, o vento soprava. No lado de fora, uma luz solitária do pátio refletia na neve. Já estava escuro.

Mariana colocou um prato com fatias de maçã sobre a mesa, junto com pão preto. No dia seguinte, ela prometeu, faria uma verdadeira refeição judia. Em minha xícara, pôs um líquido escuro de uma pequena vasilha de porcelana e completou com água fervente.

Ela estava muito interessada nos Estados Unidos, particularmente no preço de uma boa fechadura para sua porta da frente e no preço de um apartamento. Queria saber quantos quartos havia em minha casa, com que tipo de pessoas eu vivia, quanto custavam comida e vitaminas. Ela tinha ouvido falar em assistência social. Era pouca ou bastante? Um amigo havia escrito a ela dos Estados Unidos e disse que era bastante, mas Mariana tinha certeza de que não poderia ser qualquer outra coisa além de *nishchii* — "uma miséria". Confirmei sua suspeita, e ela pareceu satisfeita. Pegou uma colher na gaveta e a brandiu.

— *Skol'ko?* — perguntou, balançando a colher sobre a xícara.

— *Skol'ko?* — repeti.

— *Da.*

— Quanto?

Ela balançou a cabeça, sorrindo.

— Sim, sim... quanto?

— Na América?

— *Da, v Amerike.*

— Esta colher? — Estiquei a mão para pegá-la. Era leve como uma pluma, feita de alguma liga de alumínio e uma inequívoca relíquia dos anos 1950 ou até de antes: como na chaleira, reconheci algo de minha infância, um sinal indeterminado, mas inconfundível, de escassez, frugalidade, carência, deixado pelas privações da guerra, mas que, em meados daquela década, se tornara algo do passado. Aqui, nenhum daqueles objetos domésticos descartados por minha família ao longo da ascensão a uma vida material melhor foi jogado fora. Eu segurava em minha mão o utensílio quase sem peso, com uma mistura de pena e alegria de encontrar algo que jamais esperava ver novamente — embora não pudesse dizer exatamente o que era.

— *Ne znayu* — tive de admitir. Eu não sei. Contudo, ao ver a decepção no rosto de Mariana, disse que achava que deveria custar cerca de um dólar, o que demonstrei sacando uma nota de um dólar do bolso e erguendo um dedo.

— *Eto mnogo?*

— Muito?

Mariana assentiu com um movimento de cabeça.

— Na América?

Ela parecia intrigada.

— Na América, está bem. É o valor correto.

— *Eto malo* — disse ela, desapontada, soltando a colher.

— Não, não é pouco. Está certo. É o que deveria custar — tentei explicar, mas ela tinha voltado ao fogão. No silêncio, busquei formas de corrigir a situação. Nada me ocorria. Por fim, Mariana se sentou sem puxar conversa e permanecemos assim por um longo tempo, sentados à pequena mesa na cozinha de paredes amarelas e janelas embaçadas, diante de um calendário com um quadrado plástico deslizante para marcar a data.

— O que você pensa sobre o futuro? — perguntei de uma forma meio confusa.

Mariana pareceu entender, mas apenas balançou a cabeça.

— *Ne dumayu, ne dumayu* — "Não penso", foi tudo que pôde responder.

O refrigerador ao lado do fogão era do tipo que havíamos descartado quando eu era criança, embora permanecesse na garagem durante muitos anos. De vez em quando eu o visitava, sem uma intenção específica a não ser vê-lo de novo, talvez por minha mãe tê-lo usado e, após sua morte, o refrigerador estar, de alguma forma, ligado a ela. Era nossa "caixa de gelo", como meu pai dizia. Uma vez, criei coragem para abrir a porta e fui repelido pelo fedor interno. Tampando meu nariz, olhei as paredes amareladas e manchadas, as frágeis prateleiras enegrecidas. Uma grande mancha negra parecia crescer no fundo. Bati a porta e saí correndo, jurando que nunca mais ia olhar de novo.

Agora, no pequeno apartamento de Mariana em Moscou, vejo o pequeno refrigerador ao lado do pequeno fogão, com as familiares quatro bocas e o esmalte rachado. Senti-me em casa com o som da chama e o barulho do motor do refrigerador que, quando criança, escutava de noite, fingindo que dormia no quarto ao lado. Todas essas coisas descartadas voltaram, repentinamente, a ser caras, mesmo quando, logo depois, Mariana ergueu uma faca e perguntou:

— *Skol'ko?*

Os objetos no apartamento de Mariana deviam ser manipulados de forma especial; não como eu estava acostumado a fazer em casa, onde eu pegaria uma cadeira da cozinha pela parte de trás e a arrastaria pelo piso ou a empurraria com meu pé sob a mesa para o lugar à direita; ou onde, tarde da noite, eu entraria no banheiro, zonzo, ligaria a água quente sem controlar a força de minha mão; ou onde eu abriria uma porta sem primeiro pensar no grau de pressão que a maçaneta podia suportar.

No apartamento de Mariana, me joguei sonolento na cadeira do quarto e, por um segundo, pensei que ela fosse desmanchar embaixo de mim. Quando pus um livro na mesa baixa ao lado da cama, avaliei que um objeto mais pesado jogado com força poderia quebrá-la. Decidi deixar minha mochila no chão. Em minha primeira ida ao banheiro, abri a torneira da esquerda, pensando que seria a de água quente, e descobri que era a de água fria; a torneira da direita era a quente. Quando a água quente saiu fervendo, afastei o esguicho de mim com tal fúria que a água espirrou para fora da pia. Fechei a torneira de água quente, de novo, com tal força que ela passou do ponto onde devia parar e, para meu desespero, a água voltou a jorrar. Meu Deus! Na primeira hora já tinha destruído o encanamento de Mariana. Apesar da queimadura na mão, delicadamente ajustei a torneira ao ponto preciso para que a água deixasse de jorrar e com cuidado devolvi o esguicho móvel para o centro da pia. Esperei. A água havia parado. Respirei fundo. No dia seguinte, como Mariana nada disse sobre a pia, me dei conta de que, para ela, o desastre do qual estive tão próximo era o estado natural das coisas.

Na primeira noite, me deitei embrulhado no grosso cobertor fornecido por Mariana e, na semiescuridão, olhei para a mesa baixa ao lado da cama. Parecia que nenhum dos objetos no quarto algum dia havia sido novo, como se todos tivessem vindo ao mundo já usados e quebrados. Uma palavra passou a pairar em minha consciência e lá tem estado há uns vinte anos: "*Rykhlyi*", repeti inúmeras vezes para mim mesmo, sem saber muito bem o significado. Saí de baixo da coberta quente determinado a encontrar meu dicionário de bolso. Mas eu já não me lembrava em que direção estava a cama, onde estava a porta ou onde estava minha pasta. Cambaleei em frente, temeroso de bater em alguns dos objetos já semidestruídos do quarto. Parei. Fiquei com ouvidos atentos. Onde eu estava? Sozinho neste quarto escuro. Não havia qualquer som, exceto o de água pingando na pia da cozinha. De repente, o motor do refrigerador acelerou e engasgou, de uma forma da qual me recordava. Fui seguindo junto à parede até a porta, roçando a mão na fotografia de Mariana quando jovem. Ela se soltou, mas, felizmente, não caiu do gancho. Na porta, vasculhei para cima e para baixo, movendo minha mão em círculos, mas não conseguia achar o interruptor. Fui para o outro lado da porta. Nada do interruptor. Um pensamento fortuito me ocorreu. O banheiro no fundo do corredor. Eu podia ir até o banheiro. Com certeza acharia um interruptor para isso. Abri a porta de meu quarto cuidadosamente e olhei no corredor escuro. Tudo estava quieto, e, para meu indescritível alívio, Mariana havia deixado uma pequena luz acesa no fim do corredor, sem dúvida antevendo tal contingência. Voltei para o quarto, busquei minha pasta, que lembrava ter deixado estrategicamente aos pés da cama, vasculhei seu interior e, para minha felicidade, encontrei algo que tinha a grossura e o tamanho certos. Sob a luz da única lâmpada no fim do corredor, consultei meu dicionário de bolso e, depois de alguns erros de ortografia, achei o que buscava: *rykhlyi*. "friável, frouxo, poroso". "Friável"? Facilmente redutível a fragmentos, mas não facilmente quebrável. Uma palavra *rykhlyi*.

Acordei antes do amanhecer, o que não ocorreu até próximo às nove horas. Dirigi-me à janela e afastei a cortina. O céu ainda estava bem escuro, mas, no outro lado do grande pátio, um quadrado de luz amarela aparecia. Um vulto podia ser visto no quadrado de luz — mas eu não era capaz de dizer se era de homem ou de mulher. Levantar a essa hora do dia, para fazer o quê? Ponderei. O que se poderia fazer? Olhei com mais atenção o vulto no pátio. Um homem de camiseta estava à janela olhando para baixo. E era tudo. Voltei para a cama e sucumbi a um sono desconfortável, afetado pela diferença de fuso horário.

À medida que o sol entrava pela janela, percebi que no fundo do quarto havia um grande amontoado de coisas de todos os tipos, que não notara ao chegar. Três aparelhos de televisão, um refrigerador idêntico àquele na cozinha de Marina, um grande guarda-roupa e vários pequenos armários empilhados um em cima do outro e sob as mesas. Enquanto mirava as caixas que, sem dúvida, continham outras bugigangas, entendi o que me perturbava desde o momento em que pus os pés no apartamento: o teto parecia extremamente baixo. Fazendo um retrospecto, suspeitei de que a sensação de estar confinado tinha algo a ver com as caixas de papelão empilhadas por todo o apartamento, às vezes chegando até o teto.

No chuveiro, mais uma vez, temi que se esticasse o braço ou me virasse de repente havia risco de quebrar algo que eu não era capaz de antecipar. A cortina de plástico diante da banheira não era suficiente para o espaço, e, quando consegui descobrir como usar a ducha, já havia respingado água em todo o banheiro. Onde colocar a escova de dentes sem pôr em perigo a fina prateleira de vidro? Onde colocar o tubo de pasta de dentes enquanto os escovava, o creme de barbear enquanto fazia a barba? Onde colocar meus pés, que eu girava aos poucos, como se envolvidos por infinitamente frágeis fios de vidro?

Por fim, parei de tentar me lavar, voltei para o quarto e vesti roupas limpas. Um pouco indeciso, fui para a cozinha, onde Mariana se encontrava como a deixara na noite anterior, diante do fogão, vestida com o leve roupão. Seu corpo foi sacudido por uma tosse funda, brônquica.

Após o "Bom dia" e "Como passou a noite?", apontei para minha garganta. Mariana assentiu. Dei uma tossida. "*Da*", ela confirmou. Sua voz estava rouca. Voltei a meu quarto e peguei uma caixa de pastilhas para tosse e ofereci-lhe duas pílulas vermelhas, parecidas com sementes.

— *Malenkii* — zombou ela.

— Mariana — insisti. — Por favor, aceite-as. Parecem pequenas, mas são fortes e aliviarão sua tosse. — E apontei para minha garganta.

Ela parecia cética.

— Tome — disse eu e, de um ímpeto: — *Prinimayete, pojalusta.*

Ela sorriu desconfiada, mas permitiu que eu colocasse as pílulas em sua mão aberta e as deixou escorregar para um pequeno pires branco na mesa da cozinha.

— Djonatan — Mariana sorriu enquanto pronunciava meu nome. — Djonatan. *Eto yabloko.*

— Uma maçã?

Mariana fez que sim.

— Meu nome — me dei conta de repente. — É verdade, é uma maçã.*

Eu havia combinado de encontrar Jeff Burds na Praça da Revolução, fora do Kremlin. Estava ficando tarde.

— Tome-as — repeti, enquanto me dirigia à porta, estendendo minha mão.

Mariana veio correndo da cozinha atrás de mim e me agarrou pela manga do casaco.

— Não, não, não! — gritou. — Não! *Shapka, dgye shapka?*

— *Shapka?*

Ela apontou para minha cabeça.

— Chapéu?

—- *Da.*

**Jonathan* é uma variedade de maçã (*Malus domestica*), de casca avermelhada e sabor ácido. [*N. do T.*]

— Sem chapéu.

— *Pochemu?* Deve...

— Não uso chapéu — disse e puxei o capuz de minha parca.

— Não, não, não! *Ochen kholodno.* Frio. Muito frio. Fica doente, doente. Não serve.

Ela fechou a porta com força e fiquei estático enquanto ela correu a seu quarto e me trouxe um boné de lã de esquiador para que eu usasse.

— Cabiessa?* — Ela apontou para minha cabeça.

— *Da.*

— Agora, põe...

Antes que eu pudesse pegar o boné de suas mãos, ela se aproximou e cobriu minha cabeça até as orelhas com ele.

— *Khorosho* — aprovou. "Vá."

*No original, *khed* — transliteração de *head* (cabeça, em inglês). [*N. do T.*]

3

Nos arquivos

Saindo do apartamento de Mariana, o fedor azedo que tentei não sentir na véspera me aguardava. O cheiro de Moscou — desagradável, sujo, acrimonioso —, um acúmulo de cinquenta anos sem luz do sol ou brisa refrescante; era como se passasse a fazer parte das coisas, sob elas, ao redor delas e emanasse de seu âmago, das caixas de correio quebradas, das paredes rachadas, dos canos com vazamento e fios elétricos torcidos na entrada do prédio de Mariana. Dos velhos sapatos e vassouras, de pás quebradas e baldes transbordantes largados pelos cantos; de velhas garrafas de cerveja, de embalagens e de trapos descartados.

Jeff me avisara que o elevador não parava no terceiro andar, mas, como Mariana morava no sexto, eu podia usá-lo sem susto. Lembrei-me disso vagamente enquanto o elevador subia com um rangido, fazendo tremer a grade metálica preta que o envolvia. Esperei que a porta se abrisse. Ela não se abriu e, em seguida, o elevador desceu. Será que eu devia bater na porta de Mariana, pensei, para avisá-la que a porta não estava funcionando? Antes que eu pudesse me decidir, Mariana apareceu. Será que sua porta não foi fechada e trancada? Não era uma porta grossa, pesada? Como ela poderia ter adivinhado o problema? Ela nada disse ao apertar o botão na parede e chamar o elevador de novo. Por fim, ele chegou rangendo. Quando a porta, mais uma vez, não se abriu, me senti vingado. Contudo, antes que eu pudesse me vangloriar, Mariana simplesmente pegou a maçaneta e puxou a porta. "*Vot, vot*", foi tudo o que pude ouvir enquanto me empurrava para dentro. Virando-me no pequeno compartimento, vi uma expressão preocupada no rosto de Mariana, como se duvidasse de que me veria novamente.

Jeff havia escrito instruções bem específicas de como eu deveria tomar o trólebus em um ponto na avenida Kutuzovski, não muito distante do monumento à vitória do príncipe Mikhail Kutuzov sobre Napoleão em 1812. Contudo, quando, por fim, achei o caminho pelo pátio congelado do prédio de Mariana em direção à avenida, onde uma multidão já esperava pelo trólebus que poderia passar ou não, decidi testar minha habilidade de comunicação e estiquei a mão para um táxi. Os táxis estavam por toda parte, totalmente não regulados pela municipalidade e informais. Qualquer pessoa com carro podia fazer uma corrida por um preço combinado. Um carro parou imediatamente.

— *Ploshchad Pobedy, pojalusta* — informei meu destino. O jovem motorista sorriu e olhou à volta para o monumento à vitória do príncipe Mikhail Kutuzov. Claro. Estávamos na *Ploshchad Pobedy* — Praça da Vitória.

— *Ploshchad Revolutsii* — corrigi. — Praça da Revolução.

Ele fez sinal para que eu entrasse.

— *Amerika!* — exclamou, colocando uma fita de "A Hard Day's Night" dos Beatles no toca-fitas e aumentando o volume.

Enquanto o pequeno Jiguli ia sacudindo pela Kutuzovski, tentei decifrar os letreiros das lojas, com pouco sucesso. Multidões esperavam pacientemente no frio intenso, grandes pirâmides de gelo se formavam nas calçadas, uma linha de luzes coloridas balançava em pontes e passarelas — o Velho Ano Novo se prolongava ou ainda não havia começado, eu não sabia dizer. Sacolas de plástico podiam ser vistas penduradas nas janelas dos apartamentos. Posteriormente, alguém me disse que esse era um modo de substituir a refrigeração, de modo que as pessoas podiam desligar a eletricidade. Um trólebus parou junto ao meio-fio com um rumor, e uma massa de gente se apinhou nas portas centrais.

Como Nikolai fizera na véspera, ao parar no tráfego, o jovem motorista desligava o motor do carro e abaixava os faróis. O para-brisa não tinha limpadores; uma das portas traseiras não tinha maçaneta; uma rachadura longa e fina cruzava todo o para-brisa. O motorista não usava cinto de segurança e tinha um cigarro na boca. Papelão havia sido espalhado no piso. Em um sinal, um caminhão parado ao nosso lado lançou uma grossa nuvem de fumaça negra pela janela dianteira do carona, que não podia ser totalmente fechada. Ninguém era capaz de explicar por que os canos de descarga dos caminhões soviéticos miravam a fumaça diretamente nas janelas dos carros. O cheiro da descarga, gasolina e graxa me deixou tonto. Li repetidas vezes nos capôs dos numerosos veículos militares: *Ne rabotai bez upora* — Não opere sem ajuda.

Quando chegamos à Praça da Revolução, estendi a nota de um dólar que tinha na mão; o motorista assentiu e a embolsou agradecido. Eu não tinha ideia de quanto custava uma corrida de táxi, e me pareceu que ele também não, mas um dólar foi o bastante.

A primeira reunião no Arquivo Central do Partido estava marcada para as 11 horas. O diretor do arquivo estaria presente, juntamente com o vice-diretor e alguns arquivistas. Ansioso, consultei meu relógio e me perguntei se os relógios em Moscou estavam sete horas adiantados em relação a Nova York, ou oito — se fosse esse o caso, eu teria perdido a reunião. Enquanto eu olhava à minha volta, procurando por um relógio público, Jeff se materializou, mais uma vez.

— Estava procurando por você pela praça — disse. — Venha. Você está com seu visto e passaporte? Os Winstons? Preste atenção, abra um maço e o deixe pronto.

Mostrei a Jeff a garrafa de Jack Daniel's.

— Guarde isto. Primeiro, temos o Central do Partido; depois, o Arquivo Estatal Russo de Economia; a seguir, o GARF, Arquivo Estatal da Federação Russa. Almoçaremos no Bar Espanhol. Depois, se Nikolai conseguir agendar, um encontro com alguns oficiais do KGB. Tomaremos o metrô. É a maneira mais rápida. Nikolai nos encontrará no arquivo. O diretor é Vladimir Petrovich Kozlov, um democrata partidário de Gorbachev. Eles estão ansiosos para conhecê-lo. Eu farei a tradução. Quero que você conheça um grande amigo meu, Fridrikh Igorevich Firsov, diretor de publicações do arquivo do Comintern — um grande estudioso e um grande homem. Ele sofreu ataques no arquivo por causa de sua posição anticomunista e, possivelmente, por ser judeu. A mãe dele era judia. É vergonhoso. E você deve ainda conhecer Andrei Konstantinovich Sokolov, um dos poucos historiadores verdadeiramente progressistas em Moscou.

Jeff disse tudo isso de uma só vez, enquanto disparávamos pelas aleias, escadas acima, sob passarelas e ao longo de calçadas cobertas com uns 15 centímetros de gelo.

— Aqui, todos estão doentes. Todo mundo fuma. As pessoas envelhecem mais rápido do que nos Estados Unidos. Você deu o salame para Mariana?

Na verdade, não. Dar um salame para minha anfitriã como se fosse uma cesta básica me parecia algo extremamente esquisito, especialmente sem ser capaz de dar alguma explicação. Todavia, dei a ela uma garrafa de uísque americano e uma caixa de chocolate, que ela aceitou sem comentários.

— Está bem — Jeff me assegurou. — Cuidarei disso. Lembre-se, a coisa mais importante é mostrar respeito. Escute. Aprenda com eles. Eles se encontram em situação de pobreza, mas muitos são grandes estudiosos.

Soldados uniformizados, com submetralhadoras penduradas nos ombros, eram vistos em quase todas as esquinas, enquanto oficiais em chapéus militares de aba larga e sobretudos andavam pelas ruas, misturando-se aos pedestres, de uma forma que eu jamais havia visto em qualquer cidade americana. Os rostos dos jovens recrutas fazendo manobras pelas ruas em torno da área do Kremlin tinham algo de lupino, voraz, assustadiço.

Acercamo-nos do Arquivo Central do Partido a partir de uma rua lateral, no congestionamento de carros e caminhões. *Militsiya* com submetralhadoras encontravam-se diante de cada prédio do governo. Três grandes pilastras cinza separavam três painéis de janelas na frente da estrutura em forma de caixa na rua Bolshaya Dmitrovka. Acima das pilastras, repousando sobre uma verga vermelha e ornadas por blocos retangulares de granito negro, as imagens de Marx, Engels e Lenin miravam o horizonte; no nível da rua, no canto esquerdo da entrada principal do prédio, o pôster de uma beldade nepalesa ou tibetana envolta pelos tradicionais e coloridos véu e manto fitava o observador com olhos hipnóticos. O pôster não continha qualquer texto.

O guarda conferiu nossos passaportes, vistos, *propusk* (permissão de entrada) e indicou que podíamos subir para nossa reunião. No topo de um pequeno lance de escada, um Lenin de pedra branca estava sentado à vontade em um estrado, em um nicho fracamente iluminado, mas central, no corredor que levava aos elevadores. Com uma perna cruzada sobre a outra, este jovem Lenin inclinava-se à frente, atento, discreto, porém carregado de energia — perscrutando com paciência e muito interesse todos os que vinham a seus arquivos, como se os desafiasse com a pergunta: *Você é capaz de ver o que eu vejo?*

Em uma de suas maravilhosas histórias, Andrei Platonov capturou a essência desse desafio quando escreveu sobre "a grande esperança mundial que se tornou a ideia central daqueles cujas vidas medíocres não tinham objetivo ou propósito claro antes da guerra civil" que se seguiu à revolução.[14] O olhar discreto, embora firme, pessoal, público, de Lenin daria esse propósito às pessoas. A elas mostraria o caminho em direção à "grande esperança mundial". Aos pés de Lenin havia um pequeno vaso de vidro com violetas frescas.

Nos dez anos seguintes, sempre que cheguei, encontrei o mesmo pequeno vaso de vidro com violetas. Há cerca de cinco anos, as flores frescas foram substituídas por flores de plástico. Hoje, não estão mais lá. Ao longo da história soviética e, particularmente, no tumulto dos últimos dezesseis anos, esse arquivo sofreu suas próprias transformações. Originalmente fundado na década de 1920 como Instituto do Marxismo-Leninismo, teve o nome alterado para Instituto de Marx, Engels, Lenin e Stalin na década de 1930; contudo, após o Discurso Secreto de Kruchev em 1956, o nome de Stalin foi removido; na década de 1980, se tornou Arquivo Central do Partido e, em 1991, Centro Russo para Preservação de Documentos da História Contemporânea (RTsKhIDNI); em 1999, passou a ser o Arquivo Estatal Russo de História Social e Política (RGASPI). Durante todas essas mudanças, a expressão perscrutadora de Lenin não se alterou. Será que ele aguarda o retorno ao poder, como os remanescentes da família real no exílio após a revolução de 1917? Todavia, singular é seu exílio, pois habita precisamente o mesmo local desde que nele foi instalado em 1981, réplica de outra estátua de Lenin existente na parte posterior do prédio, no pátio externo.

Embora esse Lenin de olhos de águia esteja agora exilado em sua própria casa, como o tsar Nicolau II antes dele, não foi exilado dos corações e mentes de milhões de russos, quer o "objetivo ou propósito claro" seja por eles obtido de Lenin ou não. Cada vez menos pessoas obtêm-no de Lenin, e, em breve, nascerão crianças que conhecerão seu nome somente através dos livros. Hoje, em um lado da entrada dos arquivos — que, em 1992, era uma área de recepção vazia, ventosa, cinzenta —, há uma loja que vende fotocopiadoras, algo que Lenin jamais poderia prever. No outro lado da entrada, uma livraria agora vende grande variedade de livros de história de diferentes editoras, muitos dos quais contêm documentos guardados no arquivo. O arquivo precisa alugar esses espaços para pagar aquecimento e eletricidade. Em 1992, nem a loja de fotocopiadoras nem o quiosque de livros existiam, e a entrada úmida e não aquecida lembrava os hangares abandonados do Aeroporto Sheremetyevo. O grande arquivo de Lenin não era um caso isolado. Em outro arquivo, para acender a luz, o diretor abriu a gaveta de sua escrivaninha, pegou uma lâmpada, subiu na cadeira e colocou a lâmpada no bocal.

Após alguma hesitação quanto aos elevadores — havia dois, mas ninguém sabia qual estava funcionando —, os três, Jeff, Nikolai e eu, nos apertamos na pequena cabine e nos demos conta de que não sabíamos que botão apertar. Queríamos ir para o terceiro andar, mas o elevador mostrava dois números 2; a sequência era 2, 2, 3. Ou o primeiro 2 era um 1 ou o 3 era um 4, e o "um" não mostrado seria uma espécie de porão. Por fim, apertamos 3 e, quando o quadrado preto no painel pulou para fora e o elevador parou com um tranco, chegamos ao andar correto.

Seguimos por um corredor fracamente iluminado e acarpetado com o que um dia fora uma bonita passadeira oriental. Havia escritórios em um dos lados; cada um tinha o nome do ocupante marcado com letras douradas em uma placa de plástico cor de rubi. Muitas das portas de carvalho estavam seladas com um pedaço de fita, de sete ou dez centímetros de comprimento, embebida em cera vermelha e esticada no vão entre a porta e o batente; um método de segurança que deve ser remanescente da década de 1930. O colorido tapete ao longo do corredor vazio estava gasto em muitas partes, e o cheiro rançoso de Moscou, sentido pela primeira vez no apartamento de Mariana, impregnava todo o prédio.

Vários arquivistas e seus assistentes se reuniram na antessala do escritório do diretor. Dois secretários encontravam-se às suas mesas, um de frente para o outro, ao fundo. Em cada mesa havia dois telefones de disco, um preto e um branco, e uma grande máquina de escrever mecânica. Na parede, sob o relógio que marcava cinco horas — embora fossem 11h —, havia um grande calendário de 1992, com o dia 10 de janeiro, terça-feira, indicado por um anel de plástico. Acima das datas, havia a ilustração de uma camponesa russa vestida em trajes tradicionais e carregando água de um poço, enquanto seu pretendente de olhos claros a observava com um sorriso alegre no rosto bonito e simétrico.

— Este é Fridrikh Igorevich Firsov — disse Jeff, apresentando-me ao homem em um terno cinza soviético. O que tornava o terno "soviético", nunca pude determinar com precisão, mas era uma combinação de tecido barato, cores desbotadas, lapelas largas e fora de moda e um corte que era ligeiramente largo demais ou apertado demais. — O professor Firsov é um grande estudioso e diretor de publicações do arquivo do Comintern.

— *Ochen priyatno* — falei, estendendo minha mão e repetindo o que fora instruído a dizer. Firsov apertou minha mão cordialmente. Careca, da minha altura, ele tinha olhos amendoados penetrantes, lábios grossos e expressivos.

— *Ochen priyatno, ochen priyatno* — repetiu ele.

— Ele quer cooperar. Fridrikh Igorevich fará tudo que puder — sussurrou Jeff, aproximando-se de meu ouvido. — Devemos construir esse projeto de baixo para cima. Este é o lugar para começar. Com bastante pressão de baixo, os administradores concordarão com o que propusermos. Ele tem o material sobre Stalin e o Comintern.

Enquanto esperávamos, pessoas não identificadas entravam e saíam da sala, e eu tinha a nítida impressão de estar em exibição: *Então, é assim que eles se parecem*, davam a entender os olhares de relance.

Uma senhora de meia-idade, de aspecto austero, fitava o chão e não notou a presença de Firsov, Burds ou a minha enquanto passava por nós, até desaparecer em uma sala fechada, à direita. Nikolai permanecia impassível, como se tudo estivesse saindo como planejado.

— S. A chefe de Firsov, uma stalinista. Ela não está gostando nada disso. Contornaremos o problema. Firsov está confiante de que ela possa ser contida — Burds me assegurou. — Estamos esperando por Kozlov. Talvez ela tenha ido buscá-lo.

Logo depois, um homem alto, de meia-idade, cabelos castanhos, vestindo terno e gravata, saiu pela porta por onde S. entrara. A seu lado estava um homem mais jovem com cabelos negros como carvão e olhos escuros, grandes e observadores. Todos aguardavam. O homem alto acenou para que entrássemos na sala.

— Kozlov — Jeff sussurrou para mim. — É importante que ele esteja aqui.

Vladimir Petrovich Kozlov, antigo diretor do Arquivo Central do Partido, acabara de ser nomeado vice-diretor de todo o Serviço Federal de Arquivos da Rússia, conhecido como Rosarkhiv.

Em um lado da sala, havia uma mesa com uma pilha de papéis; no outro, uma porta fechada, acima da qual estava pendurado um retrato de Lenin com a aparência de um gentil, embora severo, professor que corrigiria nossos erros, em contraste com a estátua no átrio abaixo, onde seu olhar parecia perscrutar os corações e mentes das pessoas. Havia vários Lenins.

Indicaram que me sentasse à parte central da longa mesa, no centro da sala. O lugar para sentar era relevante, mas, então, eu não sabia por quê. Contudo, o mais poderoso homem presente, Vladimir Kozlov, não ocupou a cadeira central diante de mim:

ele se sentou uma ou duas posições à minha esquerda. O homem jovem de cabelos negros tomou seu lugar à minha frente e aguardava algum sinal para iniciar a reunião. Jeff se sentou à minha esquerda e diante de Firsov; Nikolai, à minha direita e diante de um homem jovem com um bloco de notas. Enquanto nos sentávamos, peguei meu maço de Winstons e acendi um cigarro. A pessoa no outro lado da mesa fez o mesmo. Sorri e empurrei o maço em sua direção. Após um momento, ele o pegou, tirou um cigarro e começou a empurrar o maço em minha direção. Levantei a mão e balancei a cabeça. Ele então empurrou seu próprio maço de cigarros em minha direção. A transação terminou, e todos, exceto Firsov, tinham um cigarro na boca. Como nem eu nem Jeff fumávamos, nosso lado estava relativamente claro, enquanto o outro rapidamente foi tomado por uma névoa espessa.

Após mais alguns momentos, Kozlov começou a falar em russo, e Jeff traduziu para mim. O governo da Rússia, disse Kozlov, esperava que entrássemos em um novo período de cooperação e compreensão com os Estados Unidos, um período de abertura e autenticidade; em resumo, que uma nova época estivesse sendo inaugurada. Um sinal disso era a disposição da nova liderança russa em explorar os arquivos da União Soviética e permitir que pesquisadores e editores estrangeiros fizessem uso do material que encontrassem, de modo a estabelecer um registro verdadeiramente histórico. Esse trabalho, ele enfatizou, deve ser feito de modo puramente acadêmico, desinteressado e equilibrado, sem os prejuízos e as simples formulações maniqueístas da Guerra Fria. Com esse espírito, Kozlov dava as boas-vindas à Editora da Universidade de Yale aos arquivos e aguardava, com interesse, discussões proveitosas. Ele fez uma pausa.

Senti a necessidade de replicar, mas não havia preparado um discurso, nenhuma ideia me ocorria. Comecei sem um final claro à vista, mas entendi que devia dizer algo. Falei em inglês, e Jeff traduziu. Após agradecer a Kozlov as boas-vindas a mim e à Editora da Universidade, expressei a esperança de que nossa discussão fosse proveitosa e o desejo de explicar por que havia vindo. Como todos ao redor da mesa, eu disse, eu havia crescido sob o signo da Guerra Fria; quando criança, eu havia me escondido embaixo da mesa temendo o ataque de um inimigo desconhecido; na televisão, havia visto o impasse fatídico entre navios americanos e soviéticos nas costas de Cuba; muitas noites, me deitara com medo de invisíveis partículas de radiação caindo sobre nós continuamente, provenientes de nossos testes com bombas atômicas; havia protestado contra a Guerra do Vietnã e, em consequência, passado uma noite na cadeia; quando criança, todas as manhãs, pegava o ônibus escolar tentando decifrar a importância das palavras "Nós o enterraremos", impressas em uma propaganda para as Nações Unidas, junto à imagem de um homem pequeno, atarracado, em pé sobre um pódio, com um punho levantado, como se estivesse com raiva. Todavia, a expressão de seu rosto não era hostil. Por que ele desejava nos enterrar, e será que o faria? Essas eram as perguntas com que lutava todas as manhãs enquanto seguia no ônibus escolar. Cresci ouvindo o disco do Coro do Exército Vermelho de meu pai e marchei pelo apartamento embalado por suas melodias gloriosas. Quem era capaz de cantar canções como aquelas, eu pensava, não poderia ser nosso inimigo. Estudei russo na faculdade; em parte, para ler Tolstoi e Dostoievski; mas, principalmente, porque desejava aprender as letras das canções do Coro do Exército Vermelho.

Agora, havia vindo a Moscou com a esperança de que fôssemos capazes de negociar com confiança e chegar a um acordo que enriquecesse os dois lados da mesa.

Posso ter me estendido um pouco demais, mas desejava deixar claro que, para mim, essa não era apenas uma negociação comercial, mas a busca do entendimento de um enigma que não se tratava de um conjunto de questões acadêmicas ou políticas, mas o contexto de minha experiência de vida e de minha geração de americanos. Quão pouco compreendia dos motivos de meus anfitriões no outro lado da mesa. Quão simples meu relato dos traumas de minha geração deve ter parecido àqueles que foram tocados pelo terror da década de 1930, pelos monumentais sacrifícios da Segunda Guerra Mundial, quando 20 milhões de russos perderam a vida, pela chamada estagnação das décadas de 1970 e 1980, pela alegria e pelo profundo desespero que se seguiram ao "colapso" e à perda do império. Para mim, essa experiência veio através da mídia. Para eles, como um redemoinho.

Quando concluí, Vladimir Petrovich se levantou e anunciou que tinha de sair para uma reunião no Kremlin, mas que Oleg Vladimirovich Naumov, o recém-nomeado diretor do arquivo, como resultado da transferência de Kozlov ao Rosarkhiv, daria prosseguimento às discussões. Fridrikh Firsov e outros observaram atentamente a saída de Kozlov, e a mesa se reorganizou para o que viria a seguir. Contudo, o que viria? A troca de cigarros aliviara um momento de desconforto; mas, me dei conta de que precisava de mais cigarros, garrafas de Jack Daniel's ou memórias da Guerra Fria. Diante de mim se configurava um vazio que teria de preencher.

O silêncio foi quebrado quando Naumov, o homem de cabelos negros que se sentou à minha frente, perguntou em russo em que consistiria um contrato americano de publicação. Jeff continuava a traduzir, e sugeri que, talvez, seria interessante começar com uma descrição dos projetos que me interessavam e quais, após consultar especialistas americanos, eu achava que poderiam ser de interesse geral nos Estados Unidos:

O Grande Terror da Década de 1930
A Igreja e a revolução
O Comintern e a repressão na década de 1930
Cotidiano através de cartas de camponeses e trabalhadores da década de 1920
Cotidiano através de cartas de camponeses e trabalhadores na década de 1930

Esses eram os temas que Jeff, Nikolai e eu havíamos discutido na noite anterior, embora eu tivesse ouvido falar de tesouros como o diário de Georgi Dimitrov e, possivelmente, uma nova coleção de material até então secreto sobre Lenin. Como esses projetos seriam gerenciados?, Naumov perguntou. Das discussões preliminares com especialistas nos Estados Unidos, eu sabia que os arquivos soviéticos eram vastos, com várias centenas de milhões de pastas; cada pasta poderia conter centenas de documentos, e cada documento, centenas de páginas. Assim, imaginei que Yale patrocinaria equipes de pesquisadores, sob a direção de estudiosos, um americano e um russo, para explorar os arquivos e encontrar todo material que fosse relevante a um dado tópico. O material seria, então, filtrado para identificar os documentos mais importantes. Dos milhares possivelmente escolhidos, talvez uma centena seria publicada em cada volume. Cada documento seria cuidadosamente comentado e posicionado em seu contexto histórico, e o conjunto seria completado com um ensaio sobre história soviética escrito por um conceituado estudioso.

Naumov perguntou se consideraríamos a adição de outro projeto à lista, algo já bem adiantado no lado russo. Estaríamos, talvez, interessados nas cartas de Stalin e Molotov, do final da década de 1920 a meados da de 1930? Exultei com a proposta. Claro que estaríamos.

Seguiu-se considerável discussão sobre a natureza dos projetos, como as equipes de pesquisa seriam montadas, a necessidade de manter a lista aberta, de modo que pudesse ser acrescida à medida que o projeto evoluísse. Pareceu-me, então, que era hora de retornar à questão de como o acordo poderia ser estruturado e o que uma editora universitária poderia oferecer ao arquivo e aos pesquisadores.

Esse seria um projeto acadêmico e não comercial. Alguns dos livros poderiam vender cinco mil a dez mil cópias; alguns poderiam vender não mais do que quinhentas ou mil. Deveríamos, portanto, tratar cada volume de forma específica. Os termos usuais de um contrato universitário... Fiz uma pausa quando percebi uma explosão de atenção à palavra "contrato". Que tipo de contrato?, Naumov desejava saber.

Pensando rapidamente, sugeri que deveria haver diferentes contratos. Peguei uma folha de papel e comecei a rascunhar termos para um contrato com o arquivo; outro com os editores de cada volume, tanto o americano como o russo; e um terceiro com os pesquisadores. Os editores teriam seus próprios contratos? Sim, eu disse, claro. Os termos devem ser algo como isto, eu disse, segurando a folha de papel em que estive escrevendo e passando-a a Naumov.

Quem fizer o trabalho será pago por ele. E os pesquisadores também? Certamente. Como você os pagaria? Os pesquisadores seriam pagos de acordo com o trabalho e o arquivo, pelo direito de publicação. As pessoas receberiam por etapas, à medida que o trabalho fosse completado. Em seguida, disse algo que, creio, prendeu a atenção deles: o editor russo receberia o mesmo que o americano. E quanto seria?

Isto me trouxe de volta à conversa na cozinha de Mariana: a diferença entre *mnogo* ("muito") e *malo* ("pouco"), só que, agora, eu não podia pesar a colher de chá no meu dedo. Delineei o máximo que achei que a Editora da Universidade de Yale poderia pagar, dividido em três ou quatro partes: o arquivo, dois editores, até seis pesquisadores, um tradutor — sendo que a maior parte seria para o arquivo. Os valores que ofereci aos editores pareciam palatáveis, pensei, pois, como ressaltei, os editores russo e americano receberiam um contrato conjunto e igual remuneração. *Mnogo* ou *malo*, era *alguma coisa*. Além do mais, eu disse que a editora pagaria viagens aos Estados Unidos para o editor russo, para consultas, e viagens a Moscou para o editor norte-americano. E também pagaríamos por fotocópias, papel, *toner* e correio. No fim, também pagamos por fotocopiadoras e computadores.

Em minha mente, as despesas iam se acumulando, e eu não tinha qualquer garantia de financiamento para nada disso, exceto uma promessa informal de George Soros, com quem eu havia estado em contato em 1991, de uma modesta quantia seminal. Naquele momento, todo o projeto poderia ter se apagado como uma vela. O que o sustentou foi a convicção compartilhada pelos diretores dos arquivos e por Yale de que a publicação desses documentos era maior do que o dinheiro necessário para publicá-los ou o lucro que poderíamos ter com a venda deles, de que esses documentos possuíam valor histórico *essencial*, que não era simplesmente acadêmico ou comercial. Os documentos estavam, de certa forma, no centro do que nos deu uma vida comum no século XX e nos levariam mais próximos à compreensão dessa vida do que qualquer outro meio em nosso poder. Nem a ciência, nem os livros em nossas bibliotecas, nem especulações filosóficas, econômicas ou sociológicas, memórias ou psicologia ou o estudo de sistemas políticos poderiam fazer avançar nossa compreensão do coração do comunismo soviético com o mesmo poder e escopo, detalhe e penetração que esses documentos, quando colocados em contexto e cuidadosamente comentados.

No começo, muitos pesquisadores e jornalistas buscaram documentos-evidência que pudessem explicar tudo, que esclarecessem tudo, que fornecessem a visão interna, o detalhe secreto que faltava. Tais documentos-evidência eram raros, quase inexistentes. Deveriam ser.

O personagem de Kafka, Josef K., encontra um desses documentos em *O processo*, quando suborna o curador de sua esposa para que lhe permita ler os livros secretos que os juízes estudaram no desenrolar do julgamento. Ele espera descobrir as acusações que pesam sobre ele ou alguma pista quanto à motivação dessas acusações. Em vez disso, encontra

> um quadro indecente [...]. Um homem e uma mulher nus, sentados em um divã; a intenção obscena do artista era óbvia, mas sua inépcia era tão grande que, no fim, nada se via além de um homem e uma mulher, que emergiam muito corporalmente do quadro.

[...] "Então estes são os livros jurídicos que estudam", disse K. "Não serei julgado por tais homens."[15]

Os obscenos segredos do poder descobertos por K. pareciam antecipar a descoberta feita há sete ou oito anos, quando um arquivista que trabalhava no RTsKhIDNI se deparou com um esconderijo onde havia caricaturas e cartuns obscenos desenhados por membros do Politburo, em geral durante reuniões oficiais, que ridicularizavam, provocavam ou criticavam uns aos outros. Muitas das melhores foram feitas por Bukharin; uma tem uma legenda escrita por Stalin; várias são extremamente sarcásticas; algumas são pornográficas e abertamente sádicas.

Talvez o mais hediondo seja um cartum, com data de 5 de abril de 1930, a respeito de N. P. Bryukhanov, antigo Comissário do Povo de Finanças executado em 1938. Stalin escreveu: "Aos membros do PB [Politburo]. Por todos os pecados, passados e presentes, enforquem Bryukhanov pelos colhões. Se os colhões resistirem, considerem-no absolvido por julgamento. Se os colhões não resistirem, afoguem-no no rio. Eu, St."[16]

Um dos últimos tem data de fevereiro de 1937, com uma legenda que diz: "Beco sem Saída." O cartum representa uma cena brutal. G. L. Piatakov (1890-1937) e Lev Kamenev (1883-1936), ressuscitados dos mortos —ambos já haviam sido fuzilados), apontam dedos a figuras parecidas com linces e com as cabeças de Nikolai Bukharin (1888-1938) e A. I. Rykov (1881-1938). No topo da cauda ereta de Bukharin girava uma suástica. Outra suástica fora desenhada no chão, diante de uma multidão que entra no que é claramente o pátio de uma prisão e leva uma faixa com os dizeres: "Escola de Bukharin." Todo o país seria, nas palavras de K., "julgado por homens como estes" que desenhavam tais caricaturas. No fim, uns julgaram os outros. Rykov e Bukharin foram executados em 1938. A palavra *tupik*, ou "beco sem saída", tinha uma ressonância que o artista, V. Mejlauk, não poderia antecipar. No desenho, a palavra se referia a Bukharin, a Rykov e a seus seguidores; em retrospecto, poderia muito bem se referir a todo o sistema, que havia chegado a uma situação insustentável.[17]

As obscenidades nos livros secretos dos juízes de Josef K. e os cartuns secretos do Politburo soviético refletiam as traições que eram facetas aceitáveis da vida cotidiana sob o poder de Stalin e que incluíam relações entres pais e filhos, mães e filhas, maridos e esposas, amigos, amantes, chefes e empregados, professores e alunos, bate-papos nas ruas, e chegavam até às brincadeiras da manhã de domingo entre amigos. Contudo, incluíam também os mundos fictícios da inteligência soviética. Em 1950, a polícia secreta de Stalin acusou Lammot DuPont, juntamente com seu irmão Pierre DuPont, o presidente Truman, o general Omar Bradley e outros, de conspiração contra a União Soviética. Eles seriam responsáveis por um plano que previa um ataque nuclear à URSS. A conspiração era, na maior parte, uma invenção do MGB [Ministério para a Segurança do Estado], precursor do KGB, orquestrada por Stalin. O objetivo do ditador era aumentar a tensão da Guerra Fria e empurrar os Estados Unidos a um confronto nuclear com a União Soviética. O fato de que Lammot DuPont havia morrido em 1884 nada significava para aqueles que maquinavam essa conspiração. Quando o diretor do MGB informou a Stalin que "era difícil acreditar" no depoimento forçado das principais testemunhas desse caso (pois havia sido obtido sob coação e alinhavado como um Frankenstein), Stalin declarou que "se podia esperar qualquer coisa dos americanos, e, portanto, se as confissões [...] não eram convincentes, então [...] o MGB deveria torná-las convincentes para o julgamento".[18]

Stalin morreu antes que o plano pudesse ser totalmente colocado em execução, e, após sua morte, quase todos os envolvidos foram presos ou mortos. Todavia, antes de 1º de março de 1953, quando Stalin foi encontrado inconsciente no chão de sua dacha, o mundo — e, em particular, os judeus soviéticos — se preparara para mais um período de repressão, que incluiria prisões, julgamentos, execuções e deportações e deixaria o país em pé de guerra com os Estados Unidos. Como tal obscenidade *chegou* ao mundo normal? Como pôde ser ingerida pela consciência das pessoas e normalizada, de modo que, em março de 1953, muitas prisões já haviam sido feitas, execuções ordenadas e levadas a cabo, expurgos realizados?

Fridrikh Firsov me disse uma vez que ele partia do princípio de que a maioria dos documentos era falsa, até que se pudesse corroborar cada um por meio de outras fontes. O estabelecimento desse banco de material-fonte deveria ser a principal ambição de nosso projeto, e não a busca de um único documento explosivo que, na maioria dos casos, se revelava apenas como mais uma diversão indecente como os "livros jurídicos" que K. encontrou nos gabinetes dos juízes. Nem Oleg Naumov nem eu, quando nos sentamos à grande mesa de carvalho, tínhamos ideia de qual imagem da história soviética emergiria de nossa colaboração; mas, penso que ambos suspeitávamos de que seria uma que Lenin, fitando-nos de seu retrato na parede, provavelmente não aprovaria.

— Aqui está o conteúdo de um contrato de publicação — disse eu, enumerando as partes: cessão de direitos, *royalties*, o adiantamento, o número de palavras no livro, o prazo de entrega e alguns outros aspectos secundários. Mencionei que os *royalties* determinariam o valor do adiantamento, assim como o preço do livro e o desconto que seria dado aos compradores. Eu havia anotado tudo isso rapidamente em uma folha de papel usando dois modelos distintos: trabalhos acadêmicos especializados, com número limitado de exemplares; e trabalhos para leitura mais geral. Após explicações a respeito da natureza dos *royalties* e sobre como seriam pagos, Naumov pediu a folha de papel, que passei a ele com prazer. Disse que discutiriam o assunto entre eles e que eu deveria voltar no dia seguinte, para mais considerações. Apertamo-nos as mãos e dei a Naumov a garrafa de Jack Daniel's.

Na rua, Jeff estava muito animado. Inúmeras possibilidades. Pikhoia seria o próximo, mas como chegar até ele? Depois viria o grande arquivo da Federação Russa — o material de Romanov. Se não conseguíssemos falar com Pikhoia, queimaríamos uma etapa. Até amanhã, a notícia já terá corrido toda Moscou, bastava esperar. Até amanhã, todos saberão de nossa reunião. Todos saberão de "*royalty*" e contratos para os pesquisadores e, também, para o arquivo.

Por que isso era tão importante?, perguntei. Na era soviética, Nikolai explicou, o autor receberia um valor fixo e todo o lucro iria para o editor, vendesse ele um milhão de cópias ou mil. Eles roubavam tudo. Ninguém lucrava com seu próprio trabalho.

Pikhoia logo saberá, Jeff acrescentou. Provavelmente, de Kozlov. Devemos tentar. Tudo isso era dito em rajadas, quase telegraficamente. Nikolai agendaria o encontro para o dia seguinte no Arquivo Central do Partido (agora, RTsKhIDNI, uma sigla de que ninguém gostava) — mas, Pikhoia? Talvez, pensou Nikolai — *mojet byt'*. Gerações de arquivistas russos, Jeff me assegurou, veriam a folha de papel em que rascunhei os termos de um contrato com a palavra "*royalty*".

— A folha já faz parte do arquivo — disse Jeff e, na respiração seguinte, mencionou Firsov: — Você deve falar com Firsov. Ele virá ao apartamento ou iremos ao dele. Mariana é uma mulher maravilhosa, mas necessita de ajuda. — Jeff a ajudaria, eu não precisava me preocupar com isso. De qualquer forma, eu não precisava me envolver. Ele trataria disso com a própria Mariana. Tratar do quê? Eu não tinha ideia.

Jeff voltou-se para o arquivo. Kozlov estava lá. *Kozlov.* Pikhoia está com Yeltsin, mas Kozlov é a estrela em ascensão. Todos sabem disso. Não era garantido que ele estaria lá. Nem um pouco. Isso significava algo. Todos os arquivistas seniores estavam lá. Havia um interesse inequívoco, mas tínhamos de trabalhar rapidamente. Alemães e italianos estão por perto, à espreita. Até japoneses. Contudo, os japoneses nada sabem e se dão por satisfeitos com qualquer coisa. Alemães e italianos são ligados a institutos de pesquisa. Por enquanto, Yale é a única verdadeira editora. Mas, quem sabe? Se nos agarrarmos aos arquivistas, fazendo pressão de baixo para cima, se fizermos com que acreditem no projeto tanto quanto nós, poderemos conseguir algo, mesmo sem dinheiro. Pressão da base e reconhecimento no topo. Tínhamos de agir rápido. Nunca se sabe; e havia rumores a respeito do Instituto Hoover e da editora inglesa Chadwyck-Healy. Contudo, isso era sobre microfilmes. Grande projeto, mas não de livros. Eles têm dinheiro, muito dinheiro. Falam sobre grandes contratos, mas quem já viu o dinheiro? A fofoca não tem fim. E os nacionalistas clamam que os arquivos são os tesouros nacionais da Rússia, seu legado, e os estrangeiros estão chegando para roubar tudo. Devemos proteger Yale disso. O veneno deles será dirigido principalmente a Hoover, sem dúvida. Firsov é vital. Boa vontade é vital. Objetivos bem-definidos. Relações pessoais. *Znakomstvo.* A reunião foi um sucesso total. Nenhuma pergunta. Lembre-se desta palavra, *znakomstvo*, Jeff me disse. Significa "conhecido", mas, na verdade, diz muito mais: não apenas alguém que você conhece, mas que o conhece. Significa relações que unem uma comunidade de interesses.

4

Mariana, continuação

Quando Jeff e eu retornamos ao apartamento de Mariana, já estava escuro. Ela me olhou da cabeça aos pés antes de nos deixar entrar, como se temesse que alguma parte essencial de mim estivesse faltando. Ela interrogou Jeff detalhadamente.

— Ela quer saber se você usou o chapéu.

— *Da, da* — disse eu, feliz de ter me lembrado de colocar o chapéu antes de subir.

Jeff tirou de sua pasta um grande pedaço de *kolbasa** envolto em papel e o estendeu a Mariana.

Sem pegar o embrulho, ela se virou e caminhou para a cozinha. Jeff a seguiu, segurando a *kolbasa* à sua frente. Ouvi vozes exaltadas. Ela estava zangada e chateada.

— Qual é o problema? — perguntei quando Jeff voltou, ainda segurando a *kolbasa*.

— Ela se sentiu insultada — disse Jeff. — Eu não queria insultá-la, mas ela acha que a estou tratando como se fosse pobre. Ela disse para eu ir embora. Ela não quer caridade.

---

*Tipo de salsicha comum na Europa Oriental. [*N. do T.*]

Mariana não retornou da cozinha. Pedindo desculpas, Jeff devolveu a *kolbasa* à sua pasta e saiu.

Assim que ele se foi, Mariana começou a tossir, quase se engasgando na cozinha. Seus olhos estavam cheios de lágrimas. Sua respiração estava difícil. Ela batia na garganta.

— *Lekarstvo, lekarstvo* — insisti. — *Gdye?*

— *Vot* — disse ela, apontando para um pequeno prato na mesa da cozinha. Ali estavam as duas pílulas vermelhas, no mesmo lugar onde ela as havia posto de manhã.

— Não, não, não, Mariana. Você deve tomá-las. Engula-as. — Engoli em seco. — Remédio, *lekarstvo*. Por favor. *Pojalusta*.

Ela deu às pílulas um olhar de desprezo e começou a falar rapidamente. Entendi a palavra para médico, e quase nada mais. Ela começou a tossir novamente, em rajadas curtas e roucas.

— *Chai? Vodka?* — perguntou. — *Vodka?*

Assenti com a cabeça e me sentei. Tive a nítida impressão de tê-la ouvido dizer algo como *labadan*, mas ninguém a quem perguntei depois conhecia essa vodca. A garrafa escura não tinha rótulo e parecia ter algum tipo de folha em seu interior, ou talvez ela tenha dito que a cor vinha das folhas em que a vodca fermentara. O líquido que ela serviu em um pequeno copo tinha cor de chá e um sabor forte, quase amargo. Mesmo assim, bebi avidamente. Foi como se uma ratoeira se fechasse dentro de mim enquanto liberava algo leve e delicado, uma fita de seda que espiralou para minha cabeça. Uma quentura calma, desconhecida, mas, de alguma forma, íntima, permeou meu corpo e se espalhou instantaneamente aos extremos de meus membros. Foi minha primeira vodca na Rússia.

— Djonatan — disse Mariana alegremente, observando-me com atenção do fogão onde esquentava algo em uma panela. — Djonatan.

— *Da?*

— *Kak yabloko* — disse ela.

— Maçã?

Ela assentiu com a cabeça.

— Sim — respondi. — Como a maçã.

Mariana ficou muito contente com a piada e disse que era fácil lembrar do meu nome porque eu era uma maçã.

— *Kushat* — ordenou, enquanto servia grandes colheradas do conteúdo da panela no meu prato.

Agradecido, comi a mistura de arroz, pedaços de cebola e de algo sem cor que parecia salsicha de cachorro-quente, usando garfo e faca inesperadamente leves, saídos de uma gaveta na cozinha de Mariana e, também, de um passado que acreditava ter esvaecido para sempre, mas que, agora, parecia me envolver juntamente com a sedosa fita da vodca. Um passado não passado e não presente. Um passado em delicada turgescência sob o queixo de Mariana, no toque suave de seus dedos, nos olhos — da cor de sua *labadan* — que fitavam como se através da fresta de uma porta. Pensei com pesar na *kolbasa* de Jeff, enquanto pescava pedaços do que fora uma salsicha de cachorro-quente no arroz oleoso, compensando a falta de sabor com outro gole de vodca e um pedaço de aromático pão preto chamado Borodinski, temperado com coriandro. Não havia guardanapos na mesa, mas consegui pegar um lenço de papel em meu bolso e limpei minhas mãos enquanto Mariana estava de costas.

Depois do chá e de uma porção de biscoitos duros, quase sem gosto, com formato de estrela, nos dissemos boa-noite. Fui para o quarto, mas não conseguia dormir. *Ne rabotai byez upora* atravessou minha cabeça, antes de uma sequência louca de russo incompreensível me atacar como um interminável fluxo de carros e caminhões em um túnel. O que me aguardava no dia seguinte, não podia imaginar, e retornei à cena da manhã, no meio-fio, chamando um táxi para levar-me à Ploshchad Revolutsii, com uma massa de pessoas de cores apagadas surgindo de todos os lados em direção aos trólebus que rangiam e gemiam ao longo da Kutuzovski Prospekt, e senti novamente que meu coração parecia elevar-se como na ponta de uma espada.

5

O homenzinho

Na manhã seguinte, nos encontramos na Praça da Revolução, e Jeff me contou, excitado, que conversara com Nikolai. Ele confirmou que a notícia de nossa reunião já havia, de fato, se espalhado pelos arquivos e que teríamos reuniões no maior dos arquivos federais — GARF, Arquivo Estatal da Federação Russa — assim como no RGAE, Arquivo Estatal Russo de Economia e, talvez, em outro, se fosse possível agendar a reunião. O KGB não poderia me encontrar dessa vez; talvez, na próxima. Eu iria embora no domingo, mas não sabia dizer quantos dias faltavam. Hoje não era um dia. Era uma missão, uma tarefa. Domingo parecia irrelevante — a um milhão de quilômetros de distância. Quanto a Pikhoia, Nikolai ainda estava tentando agendar um encontro, mas isso exigia um dia de espera pela liberação de *propusk* e visto.

— Aqui — disse Jeff. — Trouxe algo para você. Acho que lhe interessará. — E colocou um exemplar de *Russkoe Voskresenie* (Ressurreição russa) em minha mão.

— O que é isso? — perguntei, olhando a capa.

Jamais havia visto algo parecido. O cartum podia ter saído em *Der Stuermer* na década de 1930. Incluía a caricatura de um homem com um rabo comprido, nariz adunco de semita, olhos salientes e vorazes mãos de três dedos que seguravam uma corda bifurcada: uma ligada por uma coleira a um corpo de besta, de quatro e com a cara de Boris Yeltsin; a outra por uma coleira a um corpo similar, com a cara de Mikhail Gorbachev; as duas figuras desenhadas de modo sinistro, como os linces das caricaturas de Bukharin e Rykov de 1937. O judeu demoníaco que segurava a corda estava vestido com a bandeira dos Estados Unidos. No canto superior direito da capa uma legenda emoldurada dizia: "Quando o poder do governo faz uso de todos os meios de que dispõe para levar toda a nação à destruição, cada filho da nação não tem apenas o direito, mas a responsabilidade de se revoltar. Adolf Hitler, *Mein Kampf*."

A revista de seis páginas trazia um longo artigo sobre as relações entre Hitler e Stalin, explicando que, na verdade, eles tinham muitos valores em comum, que Hitler era um homem da mais alta moralidade e que não teriam declarado guerra um ao outro se os judeus não os tivessem obrigado a isso.[19]

— Você encontra isso e muitas outras coisas parecidas em qualquer quiosque no metrô — disse Jeff, lendo minha mente. — Aqui está algo mais que o interessará. — Jeff apresentou uma cópia de *Os protocolos dos sábios de Sião*.* Eu nunca tinha visto isto, em nenhum idioma.

---

*Fraude literária que, supostamente, revelaria uma conspiração dos judeus para dominar o mundo. O livro surgiu pela primeira vez em 1905, na Rússia, resultado de plágios de um texto escrito pelo sátiro francês Maurice Joly, em 1864, intitulado *Diálogos no inferno entre Maquiavel e Montesquieu*, cujo objetivo era atacar Napoleão III e não fazia qualquer referência aos judeus. Embora tenha sido provado tratar-se de uma fraude, uma montagem com interesses políticos, o texto alcançou excepcional popularidade nas décadas de 1920 e 1930. Henry Ford financiou sua divulgação nos Estados Unidos, nos anos 1920. O livro foi usado por nazistas como uma das justificativas para o genocídio de judeus antes e durante a Segunda Guerra Mundial. [*N. do T.*]

— Isso não é ilegal?

— Pode ser comprado fora do Kremlin. É a democracia russa. O outro lado da liberação. — A edição trazia um prefácio escrito por Henry Ford.

Nikolai nos levou de carro ao GARF, a cerca de vinte minutos do centro. Novamente, as ruas estavam apinhadas com veículos militares que soltavam fumaça nas janelas dos carros de passeio; em cada parada, Nikolai desligava o motor e abaixava os faróis. Vapores de gasolina e fumaça encheram o carro. Minha garganta ficou irritada, e me senti tonto. Quando chegamos à ponte do rio Moscou, me senti enjoado. Os arcos e o gradil da ponte ainda exibiam cordões de lâmpadas festivas para marcar o Velho Ano Novo, como uma velha que se enfeitara para comemorar o próprio aniversário e fora esquecida pelos filhos. Lixo da folia da noite anterior espalhava-se pela passagem, e lâmpadas queimadas ainda estavam penduradas nos fios.

Segundo Jeff, GARF seria uma importante fonte de material sobre a história social da Rússia soviética — cartas do campo, atividades em sovietes de vilarejos remotos, assim como material sobre a própria revolução. Sergei Vladimirovic Mironenko era um historiador, e muito afável. Ele falava um pouco de inglês e, com certeza, gostaria de explorar qualquer possibilidade interessante; contudo, você deve se lembrar de que ele não poderia dar um passo sem a participação do antigo Arquivo Central do Partido (RTsKhIDNI). É claro que ele já sabia tudo sobre nossa reunião com Kozlov. Isso era muito importante. Que Kozlov tenha permanecido — meu Deus, você não faz ideia da impressão que isso causou nas pessoas. Significava, bem, significava que eles estavam interessados. Não, intrigados. Significava que estavam refletindo seriamente sobre a questão, e isso acabaria chegando ao nível ministerial. Por isso, a reunião com Pikhoia era vital. Todavia, devíamos trabalhar o máximo possível fora do radar. A esposa de Pikhoia trabalhava para Yeltsin. Alguns diziam que era sua amante.

— Nikolai — Jeff perguntou em russo —, o que você acha?

— *Normalno* — Nikolai respondeu, segurando firme no volante e olhando fixo à frente na cinzenta manhã. — *Vsyo normalno.*

— O que significa isso? — perguntei.

— Tudo está normal. Não há nada com que se preocupar.

GARF não é um prédio, mas um complexo; corredores unem vários repositórios e escritórios em torno de um pátio com múltiplas entradas e passagens. A configuração labirintosa exigiu que, do carro, atravessássemos o que parecia ser um jardim gelado e abandonado, com bétulas e bancos vazios, em direção a uma indescritível e estreita rampa, mais adequada a um complexo de armazéns de carga do que a um dos mais importantes arquivos da história da União Soviética desde a era imperial. Depois de abrir a porta e observar as pessoas que lá se encontravam, nos demos conta de que estávamos no lugar errado e tivemos de voltar por uma porta que parecia uma desleixada entrada de serviço.

A fachada encardida do prédio tinha manchas em vários lugares onde a pintura estava gasta ou rachada; no interior, logo chegamos a uma guarita, pequena e exposta ao vento, onde um oficial do Ministério do Interior, com uma submetralhadora na cintura, pediu nossos documentos. Outros dois guardavam cada lado da guarita. O oficial me examinou cuidadosamente e disse-nos para esperar. *Amerikanets?*, perguntou. Nikolai explicou o que vínhamos fazer. Nenhum *propusk* havia ainda chegado do escritório do diretor. Nikolai explicou que Mironenko nos aguardava. Ele pode os estar aguardando, respondeu o oficial, mas sem um *propusk* vocês não podem passar. Chame-o, sugeriu o guarda. Quem é este americano? Ele veio tratar de publicações com Mironenko. Chame-o. Nikolai foi ao telefone, em um cubículo próximo. Após vários minutos, ele retornou e disse que a secretária estava vindo; eu não saberia dizer se o guarda, um jovem com uma cara vermelha e manchada, gostara ou não desse resultado.

Logo éramos guiados por uma mulher jovem ao longo de corredores estreitos, cuja pintura de azul pastel havia muito desbotara, rachara e descascara. Fomos levados por lances poeirentos de escadas, em torno de cantos, passamos por certo tipo de escritórios sem iluminação, com muitas portas fechadas em todos os lados, mas sem as placas vermelhas e o típico tapete do Arquivo Central do Partido. Nenhum retrato de Lenin ou busto de Marx ou Engels guardava o percurso. Nenhum arquivista carrancudo se alvoroçava a nossa volta.

Após muitas voltas, chegamos a um corredor com um grande gabinete ao fundo. Tanto o interior como o exterior do prédio tinham um aspecto de inacabado, algo entre uma reforma e total decadência. O mesmo cheiro de Moscou era sentido aqui. Em toda parte. Parecia entranhar-se nos objetos e não apenas envolvê-los.

Eu nunca havia, de fato, pensado em cheiros de lugares. Na fazenda de meu pai, no Wisconsin, havia o cheiro do lago Superior e das florestas de pinheiros, o cheiro de cavalos, da terra molhada pela chuva; em Nova York, algumas vezes, há um cheiro em manhãs ensolaradas, ou o fedor do esgoto ou do lixo deixado nas calçadas ou o odor particular de um prédio de apartamentos.

Contudo, aqui em Moscou, o cheiro não era desse tipo. Não emanava de uma fonte específica, nem de múltiplas fontes; não era o cheiro do sistema de esgotos ou do rio ou do escapamento do carro ou do *smog* que se formara. Não era o cheiro de qualquer coisa na geladeira; era o cheiro da própria geladeira.

Quando entramos no gabinete, a jovem pediu que, por favor, nos sentássemos e tirássemos nossos casacos. O diretor nos receberia em breve. Logo, um homem grande, afável, de cabelos escuros e com um forte aperto de mãos nos convidou a entrar em sua sala. Sergei Vladimirovich Mironenko é uma figura energética, ambiciosa, um estudioso por mérito próprio e, agora, uma personalidade da televisão. Ele me pareceu instantaneamente acolhedor, caloroso e simpático. Sentado à mesa em sua sala, tão apinhada de caixas e arquivos que mal havia lugar para visitas, encontrava-se o vice-diretor, Vladimir Alexandrovich Kozlov — sem qualquer relação com o antigo diretor do Arquivo Central do Partido. Kozlov falava inglês e trabalhava com história soviética moderna, enquanto a área de atuação de Mironenko era o final do período imperial.

Aqui, o ambiente era menos formal, e Mironenko não fez discurso. Após uma conversa inicial, ele pediu que a assistente trouxesse chá e biscoitos. Expliquei, da melhor forma possível, meu interesse sobre a história e cultura russas e o período soviético. Ele soube que eu havia delineado três ou quatro projetos com RTsKhIDNI e gostaria de ter igual número com seu arquivo. Eu estava ansioso por atendê-lo, mas não sabia o que seu arquivo continha que poderia ser apropriado. Estaria eu interessado em documentos relacionados ao destino da família Romanov e o último tsar?, perguntou.

Haveria algo que ainda fosse interessante saber sobre o assunto?, perguntei. Ninguém jamais lera todas as cartas do tsar para sua esposa; ninguém lera os depoimentos do homem que executou o tsar e sua família; ninguém jamais vira o último diário da tsarina; ninguém jamais vira todos os documentos sobre a execução, incluindo o telegrama enviado por Lenin um pouco antes da execução assegurando que o tsar e sua família estavam sãos e salvos. Havia muito no arquivo que poderia responder à pergunta se a execução fora ordenada por Lenin, se o tsar era o líder fraco e efeminado que alegaram ser — e se *toda* a família fora executada ou se Anastásia, de alguma forma, escapara milagrosamente.

Vinte anos antes, em 1972, recém-formado, deixei minha namorada horrorizada com minha convicção de que o tsar e sua família — sim, até mesmo as bonitas jovens e o filho sem ação e hemofílico — mereceram ser executados pelos crimes que eles e todos aqueles que representavam haviam cometido contra o povo da Rússia, contra os judeus, contra a humanidade, a razão, a justiça e a verdade. Quando a situação se torna intolerável, há que agir. Era sua culpa se sua bonita família perecera. Era sua culpa ter permitido ser manipulado por sua dominadora esposa e pelo desonesto e grotesco Rasputin; era sua culpa e de seus conselheiros e sua herança se a Rússia escravizada levantara-se, com razão, contra eles e a favor de ideias universais de igualdade e justiça. Era culpa dos senhores capitalistas os serviçais e escravos indigentes sem condições de atender até mesmo as necessidades básicas da vida. Eles mataram crianças, minha namorada protestou em lágrimas, e as crianças eram inocentes. Inocentes! Inocentes! Já tinha ouvido demais. Ninguém é inocente — ou todos são.

Elas levavam uma vida de privilégios, e tiraram todo proveito da riqueza, prestígio e poder de seu pai. Elas eram bonitas, mas arrogantes, todas elas. Elas deviam desaparecer. Pena, aprendi com Dante, é uma emoção perigosa. Ela nos aproxima dos pecados de outrem. Pena consome nosso coração e compromete todos os princípios. Para mudar, é preciso não ter pena. Não devemos ter pena. Devemos nos curvar e de nossas botas retirar um punhal, como escreveu Maiakovski em "A nuvem de calças", quando as leis de nosso caráter e a história assim exigirem.[20]

— Este é o mais completo conjunto de documentos em qualquer parte do mundo — Mironenko dizia. — Penso que você se interessará por isso. Chame Khrustalyov — ordenou à assistente, a jovem mulher que nos guiara e, agora, se sentava na extremidade da mesa, tomando notas.

— Khrustalyov dedicou a vida a esses documentos — disse Kozlov. — Eles são sua vida. Ele sabe mais sobre a família real e o que aconteceu a eles do que qualquer outra pessoa no mundo.

— Ele trabalhou com esses documentos durante o período soviético? — perguntei.

— Sozinho, em silêncio, na obscuridade. Sim. Você verá. Ele é uma pessoa muito especial.

— E isso foi tolerado pelas autoridades?

Por que não?, explicou Kozlov. Desde que ele nada publicasse, nada dissesse e permanecesse mais ou menos escondido. Ninguém prestava atenção a ele.

Quando terminou de falar, todos miramos um pequeno homem emoldurado pelo batente da porta e com uma grande pilha de livros e manuscritos nos braços. Ele mal parecia ter um metro e meio de altura. Sua cabeça estava completamente coberta por cabelos grisalhos, mas ele tinha a aparência desajeitada e amassada de uma criança doente. A pilha de livros, álbuns e fichários em seus braços esticados chegava até os olhos. Ninguém sabia havia quanto tempo ele estava em silêncio na porta.

Mironenko chamou-o à mesa, mas ele não se mexeu, como um criado à porta da casa do patrão. Mironenko falou com gentileza, persuadindo-o a entrar. Enquanto o homenzinho mancava em direção à mesa, ficou claro quão pesado era o fardo de manuscritos e livros. Quando chegou à mesa, ele ergueu a pilha até a altura dos olhos e a soltou sobre a mesa. Ele não levantou o olhar, de modo que eu não podia dizer se estava zangado ou pesaroso. Sua barba estreita alcançava até abaixo da cintura; seus olhos eram inflamados; seus lábios, inchados; a pele cinzenta de seu rosto, seus lábios e suas mãos estava bombardeada com brotoejas. Seus dedos ossudos tinham unhas longas e pontiagudas. Ele usava uma jaqueta cinza mal-ajustada e uma gravata estreita, ligeiramente torta. Ele não emitiu um som. Quando Mironenko o apresentou, ele inclinou a cabeça, mas não abriu a boca. E manteve o olhar baixo e as mãos firmemente nos lados.

— Você tem uma grande coleção de material — Mironenko disse, encorajando-o.

O homem, pequeno como um gnomo, assentiu com a cabeça.

— E você trabalha com eles há muito tempo.

Ele assentiu novamente, fechando os olhos, que pareciam cheios de água.

— Ele tem trabalhado sozinho — disse Mironenko, virando-se para mim. — Em sua pequena sala, no último andar. Ele próprio vasculhou todos os arquivos e organizou tudo. Foram necessários anos de pesquisa paciente.

O homenzinho permaneceu em pé, sem expressão, como diante de um interrogador.

— Este homem da Universidade de Yale, nos Estados Unidos, está interessado em seu trabalho.

Ele assentiu, mas não tirou os olhos do chão.

— Ele deseja examinar algum material de seus arquivos. Você pode mostrar-lhe o que tem aqui.

Seus olhos piscaram em minha direção, como se eu fosse um fantasma ou tivesse vindo de outro planeta. Contudo, a breve visão de seu rosto não era de outro planeta; a expressão em seu rosto, naquele efêmero meio segundo, era simplesmente de outra época. Eu havia vindo do futuro para seu passado. Eu habitava uma zona que ele não podia tocar e não ousava fitar, como uma bonita mulher. Eu também não podia tocar sua zona. Ele mantinha os olhos baixos, com orgulho estoico. Eu desapareceria em breve, mas seus documentos permaneceriam, seu rosto me dizia. Eu morreria, mas a verdade permaneceria em suas mãos. E era uma verdade secreta.

— Ele é muito religioso — Kozlov comentou em seu inglês florescente, com uma voz que saía das profundezas de seu diafragma. — Isso não é apenas história — prosseguiu, confirmando o que eu suspeitava. — É sua tarefa sagrada. Olhe para ele. Ele nada tem além disto.

— Mostre-me o que tem aqui — eu disse ao homenzinho.

Ignorando o pedido, ele enterrou ainda mais seu olhar nos fichários sobre a mesa e falou de forma quase inaudível, voltado para o canto da mesa onde Mironenko estava sentado. Ele abriu a capa de um grande fichário, enquanto Mironenko transmitia as palavras de Khrustalyov para Jeff, que as traduzia para mim.

— Vladimir Mikailovich diz que estes documentos contam toda a história dos últimos dias do tsar, que são o verdadeiro registro de sua relação com a imperatriz, que contêm material sobre a execução jamais visto por alguém, como foi a execução, quem a levou a cabo, e por quê. Caso esteja interessado, ele terá prazer em organizar os documentos em um livro com comentários. Essas cartas entre o tsar e a imperatriz nunca foram publicadas. Ninguém conhece esses segredos. Este é o verdadeiro relato do martírio da família imperial. — Khrustalyov não levantou o olhar, apenas deu passos para trás, em direção à porta, como um fiel mordomo.

— Tenho muito interesse, sinto-me profundamente honrado que tenha feito tal oferta e anseio por trabalhar com você — respondi. Expliquei os termos de nossa discussão com o Arquivo Central do Partido, que cada volume teria um autor americano e um autor russo. Eu disse que ficaria muito contente se Vladimir Mikhailovich assumisse esse papel; contudo, ele teria de trabalhar em conjunto com um americano, para assegurar que o livro final fosse compatível com os interesses dos leitores americanos e ocidentais, tanto dos especialistas quanto do público em geral. Khrustalyov assentiu com a cabeça, sem olhar para mim. Ele sussurrou algo para Mironenko, que pediu que, por ora, deixasse em sua sala o material sobre a mesa. Sem se virar, ele caminhou para trás, atravessou a sala e desapareceu.

— Ele tem problemas de saúde e ficaria agradecido pelo trabalho. Todavia, tudo tem um custo. Como e quanto você pagará? — Kozlov perguntou de modo direto e surpreendente, e eu não saberia dizer se o fazia em seu nome ou no de Khrustalyov.

Eu disse que ainda não sabia — era algo que eu precisava discutir com a direção da editora da universidade; porém, de qualquer forma, era necessário que discutíssemos os termos gerais do contrato. Contudo, eu poderia dizer que o princípio de trabalho era que os editores americano e russo recebessem igual remuneração; pesquisadores, se necessário, seriam pagos mensalmente, com base no trabalho feito, e o arquivo receberia *royalties* pelos livros, assim como um adiantamento. Eu pagaria diretamente às pessoas que fizessem o trabalho.

— *Melochi* — comentou Mironenko sem entusiasmo. Olhei para Jeff.

— Detalhes.

— Se estiver verdadeiramente interessado, temos algo de valor possivelmente especial; embora, para ser honesto, muitos aqui achem que seja de pouca relevância. Talvez uma publicação separada ou, talvez, apenas para os outros livros — disse Mironenko.

— De que se trata? — perguntei.

— Volodya — Mironenko disse a Kozlov. — Veja se o diário de 1918 da tsarina está aqui.

Após uma busca, concluíram que o diário da tsarina não se encontrava entre o material trazido por Khrustalyov.

— Diga a Vladimir Mikhailovich para trazer o diário — Mironenko ordenou à assistente.

Logo depois, Khrustalyov estava em silêncio no batente da porta, segurando um pequeno volume entre as mãos.

O livreto — não mais do que 10 x 15 cm — era encadernado com tecido cinza pálido. No topo da capa, havia uma suástica invertida, que Kozlov prontamente salientou ser um antigo símbolo zoroástrico e não uma insígnia nazista. A imperatriz também decorava os batentes de portas de sua casa em Tobolsk com tais ilustrações.

— O que é isso? — perguntei.

— Abra-o.

Quando o abri, deparei-me com um frontispício decorado com o que eu sabia ser o alfabeto da Antiga Igreja Eslava. Abaixo de cada letra, havia um número. Havia uma dedicatória em inglês:

> À minha doce e querida Mamãe, com os melhores votos de um feliz ano-novo. Que a bênção de Deus esteja com você e a guarde para sempre.
>
> Sua filha que a ama
> Tatiana
> Tobolsk. 1918
> *Gubernatorsky dom*[21]

O diário fora presenteado à imperatriz por sua filha Tatiana. Embora fosse a imperatriz da Rússia, Alexandra, neta da rainha Vitória, escrevia seu diário em inglês, às vezes com algum erro. O diário começava na página 2.

Segunda-feira, 1º de janeiro, a temperatura era de menos quatro graus centígrados.[22] Às "7¼" — ou seja, às 7h15 — a imperatriz Alexandra Fyodorovna "se levantou. Às 8h, foi à igreja". Suas filhas Olga e Tatiana tinham febre: 37,3°C e 38°C, respectivamente, pois tinham sarampo. O tsarévitche Aleksei estava "bem de novo". A imperatriz "se sentou com as filhas, costurendo [*sic*]". Depois, almoçou com elas no quarto, às 12h. O tempo estava lindo e ensolarado. Às "4¼"(16h15), Kolya Derevenko "também tomou chá" com elas. Às 18h, descansaram até as 20h, lendo e escrevendo. A temperatura de Olga subiu 0,1°C; a de Tatiana, 0,5°C. Às 20h, jantou com as filhas. Às 21h, tirou a temperatura delas. Antes de se deitar, jogou cartas com Nicolau, que, depois, leu para elas enquanto a imperatriz tricotava.

— Isso é tudo o que contém — Kozlov afirmou. — Nada além de datas, horas, temperaturas. Pouca coisa além disso. — No entanto, havia algo mais — um silêncio entre todas essas datas, horários e temperaturas, um silêncio que dizia mais do que poderia ser dito com palavras sobre uma necessidade obsessiva de tomar nota de onde e quando cada coisa ocorria enquanto o mundo era virado de cabeça para baixo.

— Eu o quero — disse. — O que o diário não diz é tão importante quanto o que diz. Vamos colocá-lo na lista.

No dia 3 de janeiro, a imperatriz começou a tomar nota tanto no antigo como no novo calendário: 3 de janeiro agora também é 16 de janeiro — o calendário gregoriano, que Lenin adotara para o novo Estado soviético, era 13 dias adiantado em relação ao calendário juliano — daí que a Revolução de Outubro na Rússia anterior ao domínio bolchevique ocorreu, para o resto do mundo, que já seguia o calendário gregoriano, em 7 de novembro. Desde então, cada dia no diário da imperatriz trazia duas datas — velha e nova —, como se ela precisasse constantemente se orientar no novo tempo fazendo referência ao antigo.

As atividades puramente cotidianas de cuidar das filhas doentes e os cuidados constantes com Aleksei, tomar chá, jogar cartas com "N", tricotar e as leituras noturnas se desenrolam nesses grotescos deslocamentos de tempo e espaço. Depois que a família condenada se mudou de Tobolsk para Ecaterimburgo, para "a casa de propósito especial" onde seria executada, ocorre outro deslocamento, devidamente anotado pela tsarina:

> 22 de maio/4 de junho, terça-feira:
>
> O bebê [o tzarévitche] dormiu bem, mas não tão bem como na noite anterior.
>
> Manhã bonita, clara.
>
> O bebê passou o dia em meu quarto — apetiti [*sic*] ainda não bom.
>
> Os outros saíram de tarde...
>
> Joelho muito menos inchado (3 cm) ele pode ser levado amanhã. —
>
> Tomei um banho às 10h.
>
> *Lenin* ordenou que os relógios devem pôr [*sic*] 2 horas adiantados (economia de eletricidade), de modo que, às 10h, nos disseram que eram 12h.[23]

"Às 10h, nos disseram que eram 12h." Para os membros da família real, o tempo estava mesmo deslocado. O período revolucionário os havia esmagado. Havia esmagado toda a Rússia. As disjunções e interrupções eram excitantes — como nos poemas de Maiakovski — e catastróficas — como nas ruminações da imperatriz. Psicológica, social e politicamente, essa ruptura tinha importância incalculável para o entendimento de tudo o que viria. Todavia, em seu diário, os três centímetros de diferença no inchaço do joelho do tzarévitche tinham a mesma relevância que a ordem de Lenin. Talvez até mais. Aqui, os centímetros que mediam a vida cotidiana e os milênios que mediam as civilizações entravam em colisão com precisão e poder quase inimagináveis. O diário não era um documento; era um fóssil. O "passo irrelevante" do tempo, sem qualquer significado, era gravado aqui como se fosse no calcário.

Não muito antes da execução do tsar e de sua família, que ocorreu nas primeiras horas da manhã de terça-feira/quarta-feira, 3/16-4/17 de julho de 1918, Lenin recebeu uma consulta ansiosa de um jornal dinamarquês, o *National Tidende*:

> Há rumores de que o ex-tsar foi assassinado. Por favor, informe os fatos.[24]

Às 16h do dia 16 de julho, enquanto a imperatriz lia literatura espiritual com amigos e "rendava" (bordava), uma resposta foi transmitida:

> Rumores não verdadeiros ex-tsar salvo. Todos os rumores são apenas mentiras da imprensa capitalista. Lenin.

Nove horas depois, os membros da família foram fuzilados e seus corpos, atirados no vão de uma mina. Foram cobertos com cal corrosiva, e os esqueletos permaneceram intocados por quase 75 anos, até que foram exumados no início da década de 1990 e identificados por análise de DNA.

A imagem dessa execução deve ter lacerado o coração de Vladimir Mikhailovich Khrustalyov, enquanto organizava os documentos, peça por peça, ao longo de décadas, lendo os relatos dos próprios assassinos de como as balas ricochetearam nos diamantes costurados nos corpetes das grã-duquesas na sala de execução; repetindo para si próprio as últimas palavras da tsarina, "O quê, nem ao menos há uma cadeira? Nem mesmo nos permitem sentar?" e, quando as armas foram empunhadas, ouvindo o tsar exclamar, "O quê? O quê?", quando finalmente entendeu por que a família havia sido acordada às pressas à uma da madrugada.[25] Silenciosa e obscuramente, Khrustalyov construíra para si e para gerações futuras uma imagem do verdadeiro destino da família Romanov, com pouca esperança de que esta visse a luz do dia — um servo leal de dois senhores.

6

Mariana, continuação

Quando, naquela noite, bati na porta de Mariana por volta das seis e meia, a voz desconhecida de uma jovem perguntou quem era eu.

— *Eto Djonatan* — respondi, esperando não ter me enganado de porta ou prédio.

A porta se abriu imediatamente e diante de mim estava uma mulher bem-vestida, atraente, nos seus trinta anos, com cabelos louros curtos. Papagena?, ponderei. Mariana transfigurada?

— *Vrach* — ouvi a jovem dizer.

— Médica?

— *Da.*

A voz de Mariana soou de seu quarto, e a jovem médica foi ver o que desejava. Aproveitei a oportunidade para guardar minhas coisas, tirar o casaco e ir ao banheiro. Quando acendi a luz e fechei a porta, notei uma diferença no pequeno cômodo, mas não sabia dizer o que era. Parecia maior e mais claro. Quando terminei, fui à cozinha pegar um copo d'água. Aqui, também, notei uma mudança. Na noite anterior, quando sentado à mesa da cozinha, eu havia passado o dedo em um filme gorduroso na borda da janela, enquanto Mariana estava ocupada ao fogão. A gordura se fora. Olhei os cantos do cômodo — estavam limpos, sem as bolas de pó e teias de aranha que havia visto na véspera.

Quem teria feito tal limpeza? Quando a médica reapareceu, perguntei havia quanto tempo estava atendendo Mariana. Desde cerca das 11 horas, foi a resposta. Desde a manhã?

— *Da.*

E Mariana? Mariana desejava ver-me. Segui pelo corredor até seu quarto e parei no lado de fora, e disse olá através da porta fechada. Mariana gritou. Dirigi um olhar inquisitivo para a médica, que fez sinal para que eu seguisse adiante. Eu devia entrar no quarto de Mariana?

— *Da.*

Abri a porta e dei uma espiada para dentro. Mariana estava deitada de bruços, totalmente nua. Ela olhou para cima esperançosamente e acenou para que eu entrasse. Enquanto eu entrava, ela se ergueu do colchão apoiando-se nas duas mãos, arqueou as costas e gesticulou para que eu fechasse a porta. Ela tinha uma aparência forte, bem preservada. Seus cabelos louros agrisalhados estavam espalhados pelos ombros nus e seus olhos estavam bem abertos, na expectativa. Os músculos se retesavam em seus braços e saltavam em linhas tesas, em suas costas. Ao perceber minha perplexidade, ela se ergueu ainda mais e, deslocando o peso, apontou para as contas com uma das mãos. Várias bolas grandes de vidro, parecidas com ornamentos natalinos, pendiam de sua pele, dando a impressão de estarem presas por algum tipo de sucção. Cheguei mais perto. Havia grandes e profundas manchas vermelhas em suas costas. Quando ela se ergueu até quase estar sentada, as bolas tiniram.

Na cozinha, notei uma grande panela com água fervente no fogão, na qual havia várias daquelas bolas. A princípio, pensei que estaria enlatando conservas ou picles, mas então, uma expressão iídiche veio à minha mente: *Es hilft azai vi a taten a bankes* — "Faz tão bem quanto aplicar ventosas a um defunto", uma frase de outro século. Aquelas coisas penduradas nas costas de Mariana eram *bankes. Bankes!* Uma vez aquecidas, essas bolas de vidro com um furo criam uma espécie de vácuo quando pressionadas sobre a pele. Puxam o sangue para a superfície e, dessa forma, auxiliam a circulação. Quando criança, ouvi falar desses objetos míticos, geralmente no mesmo contexto que as *krysteers* (lavagens intestinais) sem Fels-Naptha* da infância de meu pai, que implicavam o tratamento mais cruel para quem persistia nas travessuras. Tais *bankes*, antigamente evocadas apenas como zombaria ou ameaça, estavam agora diante de mim, balançando nas fortes costas de Mariana, enquanto seu rosto se iluminava de prazer com essa demonstração do poder de *seu* remédio. Remédio russo, como dizia. Remédio poderoso. De uma pequena xícara de porcelana ao lado da cama, ela pegou minhas duas pílulas vermelhas e as devolveu na palma da mão.

— *Malenki* — ela insistiu — pequenas. *Malo.* Sem valor. Em seguida, apresentou as pílulas que a médica lhe dera. Cada uma tinha quase 2,5 centímetros e parecia apropriada para ser dada a cavalos. Esse era o remédio russo. Forte. Ela riu e gesticulou para que eu recebesse as minhas de volta.

Perdi a fala. Tentei mostrar que estava completamente derrotado. Seu remédio era mais forte do que o meu. Seu deus era mais

---

*Sabão em barra para tirar manchas oleosas de tecidos. No passado, era usado no tratamento doméstico de dermatites de contato. [*N. do T.*]

poderoso do que o meu. Mariana desfrutou seu triunfo. Balancei a cabeça surpreso e me retirei, sem ousar dar-lhe as costas.

Mais tarde, agora de camisola e se ocupando feliz com a cozinha recém-limpa, fez questão de me mostrar quão melhor estava sua respiração, sem dor ou congestão no peito, sem inchaço na garganta; para enfatizar, pôs minha mão na área macia nos dois lados de sua traqueia, logo abaixo do queixo.

7

Dia dois nos arquivos: o único americano

Através de conexões que jamais descobri, Nikolai conseguiu agendar um encontro com Pikhoia para depois de amanhã — véspera de minha partida de Moscou.

— Você não faz ideia do que isso significa — Jeff me assegurou. — É algo cerimonioso. Ele não fará nada que já não esteja previamente acertado. Porém, é um sinal. Significa que estão interessados. Talvez façam negócio. Querem saber quem é você. Todos conhecem o nome Yale. Contudo, muitos começaram a aparecer: alemães, italianos, ouvi falar de alguns japoneses; os ingleses estão aqui, os franceses. Neste momento, você é o único americano. Você não tem interesses comerciais, e isso é do agrado deles. Esse é um sinal, mas pode não ser o único. Você tem que agir rápido.

— Eles não querem ganhar dinheiro? — perguntei.

— É claro que sim — respondeu Jeff —, mas também temem isso. Ficam felizes de o dinheiro vir em sua direção, mas não têm pressa em fazer o que é necessário para ganhá-lo. Há um termo que começa a ser usado aqui, *delovoi*. Significa alguém capaz de tratar de negócios, mas eles não têm a noção de um homem de negócios ou de como ganhar dinheiro. Eles entendem o roubo — é o que fazem os super-ricos ou o Estado; contudo, ganhar dinheiro é uma ideia estrangeira. A maioria das pessoas nem ao menos sabe o que é um escritório; eles não têm, de fato, uma palavra para o que consideramos um "escritório", de modo que usam a palavra (inglesa) *offis*; o mesmo se aplica a negócio — *biznes*.*

Comecei a entender a impressão que tive na corrida de táxi ao longo da avenida Kutuzovski, no meu primeiro dia. Havia uma diferença entre essa rua e uma na América do Norte ou Europa. O que seria? Comecei a me dar conta de que as lojas ao longo do bulevar não eram anunciadas como no Ocidente. Não tinham identidade ou imagem pública. Uma loja de sapatos era simplesmente "Sapatos"; uma loja de roupas, simplesmente "Roupas Femininas"; um restaurante, apenas *Restoran*, e assim por diante. Em nenhum lugar se via uma Sapatos Johnston, uma Saks Quinta Avenida, ou uma Lanchonete do Luís.

A ausência do nome de uma pessoa ou de uma companhia privada denotava a fronteira entre o espaço público e o privado. Em 1992, essa fronteira ainda podia ser observada com alguma precisão: o privado não podia invadir a área pública, e quase tudo parecia público, exceto, é claro, lugares como o quarto de Mariana. O nome de uma pessoa ou interesse privado não era visto em público. Oferecer um contrato a um indivíduo que, então, receberia *royalties* era um tanto quanto relacionado ao

---

**Offis*, derivado da palavra inglesa para escritório, gabinete: *office*; *biznes*, derivado da palavra inglesa para negócio, atividade comercial, comércio: *business*. [*N. do T.*]

problema desse espaço público, mas eu ainda não era capaz de ver exatamente como.

A qualidade anônima do espaço público também se manifestava na ausência de propagandas ao longo das estradas. Um rosto privado em um local público era reservado somente a autoridades do governo ou aos rostos de bronze de grandes poetas ou estadistas. Onde faixas com os rostos de Stalin ou Lenin um dia dominaram os céus havia ainda grande incerteza quanto a agitar uma bandeira como a imagem de Ronald McDonald ou do Coronel Sanders,* para não dizer de um negócio privado russo. Não seria fácil preencher esse vácuo. O espaço público era reservado a heróis e emblemas do poder. Nele, não havia lugar para o pequeno negócio sujo de ganhar dinheiro.

Embora soubesse que já havia uma Pizza Khat,** que a tão esperada McDonald's havia sido aberta em 1990 na Praça Pushkin e que outra abriria em breve não muito longe dali, não seria fácil competir com as totêmicas presenças de Pushkin, Gogol, Tolstoi, do príncipe Mikhail Kutuzov, herói da Guerra de 1812, ou de Yuri Dolgoruki, fundador de Moscou do século XII que, desde 1954, contempla as fervilhantes ruas da cidade. Essas eram pessoas reais, líderes, gênios, mas quem *era* Coronel Sanders ou Ronald McDonald? Que relação tinham com o que os circundava? Por que eram tão felizes? Por que esse espaço, outrora repleto com imagens do poder soviético e da cultura russa, era agora ameaçado por frívolas imagens de dinheiro e prazer? Quem era o dono

---

*Personagens que identificam as cadeias internacionais de lanchonetes McDonald's e Kentucky Fried Chicken, respectivamente. [*N. do T.*]

** Denominação adotada pela cadeia internacional Pizza Hut para contornar a dificuldade de transliterar palavras inglesas em caracteres cirílicos, especialmente as iniciadas com a letra h. [*N. do T.*]

desse espaço? Quem o comandava? Quem era o responsável? Era desconfortante e, ao mesmo tempo, perversamente confortante descobrir, em minha primeira saída pela avenida Kutuzovski, não muito longe do complexo de apartamentos de Mariana, o familiar e enormemente ampliado rosto do homem dos cigarros Marlboro, pintado em uma das paredes laterais de um prédio de apartamentos. De camisa vermelha, chapéu de caubói, estribos, acendendo um cigarro e segurando as rédeas de seu cavalo, o Homem de Marlboro parecia prova irrefutável de que o Ocidente havia finalmente chegado à Rússia.

O necessário *propusk* estava à nossa espera quando chegamos ao Arquivo Central do Partido. Seguimos nosso caminho rapidamente. Enfrentamos o olhar inquisidor de Lenin, prosseguindo em direção aos atormentados corredores de seu instituto, à antessala do escritório desocupado de diretor no segundo terceiro andar (de acordo com os botões no elevador) e, por fim, ao escritório do diretor em exercício, onde uma delegação similar à da véspera nos aguardava, mas, dessa vez, sem a presença de Vladimir Petrovich Kozlov.

O diretor em exercício Naumov apresentou a folha de papel da reunião anterior, em que eu anotara as explicações sobre *royalties* e descontos, e pediu que discutíssemos o conceito de desconto: Por que era necessário? Para quê? Como vendíamos nossos livros? Para quem? O princípio de paridade entre os editores americano e russo era aceitável. Todavia, como faríamos o que precisava ser feito? Quem faria o trabalho? Como eles seriam remunerados? Como o conceito de direitos autorais se aplicava ao trabalho feito pelos editores?

Quando sugeri que dinheiro poderia ser transferido por cabo às contas bancárias pessoais, os arquivistas à minha frente miraram a mesa estoicamente e Naumov explicou que isso provavelmente não daria certo, pois ninguém tinha uma conta bancária, os bancos eram instáveis, ninguém confiava neles e, se o dinheiro caísse em uma dessas contas, nada restaria depois que os impostos fossem descontados. Teríamos de encontrar outra solução.

Discutimos a noção de "direitos". Se comprássemos certos direitos, devíamos saber que estes não poderiam ser vendidos a qualquer outra pessoa. Pesquisadores não associados ao projeto poderiam usar esse material enquanto estivéssemos no processo de seleção dele? Minha primeira resposta foi não, mas ficou claro que isso causou problemas — ou poderia causar problemas para os "nacionalistas", já desconfiados dos invasores estrangeiros. Pesquisadores russos poderiam utilizar o material. Outros não? Por que não? Acordamos uma fórmula arcaica, segundo a qual poderiam pesquisar e citar o material para as pesquisas, mas não poderiam publicar documentos como documentos. Poderiam usar 20% de um documento em um lugar, 20% em outro lugar, mais 20% e assim por diante? Quem faria isso? Quem saberia? Mas se fizessem... Ok, teremos de definir uma forma de delimitar o uso; caso contrário, um pesquisador astuto poderia citar 100% de um documento em cinco publicações sucessivas, violando nossos direitos exclusivos de publicação na totalidade. Há algo conhecido como uso justo, salientei, que é aceito universalmente, e, ao retornar aos Estados Unidos, eu enviaria uma cópia de suas diretrizes por fax.

Dito tudo isso, a Editora da Universidade de Yale deve ter diretos exclusivos de *publicação*; caso contrário, não poderíamos vender os direitos a editores estrangeiros que possam estar interessados. Por que Yale venderia esses direitos se o próprio arquivo os poderia vender? Porque Yale já tem toda uma rede pronta para isso;

o arquivo, não. O nome de Yale é conhecido em todo o mundo como uma garantia de qualidade e confiabilidade. Dividiremos a venda de alguma forma apropriada; mas, provavelmente, podemos ter um desempenho mais eficiente. Se vocês ganharem muito dinheiro com esses direitos, os editores se beneficiarão disso? Se ganharmos muito dinheiro, será um milagre; porém, podemos encontrar uma fórmula para cobrir isso também. Bem, milagres acontecem, especialmente na Rússia. E sobre uma edição russa desses documentos? Qual o problema? Vocês podem, sem dúvida, publicar tudo o que desejarem. Todavia, não temos dinheiro, e isto pode criar muita oposição se certos elementos nacionalistas descobrirem que os documentos estão sendo publicados no exterior antes de serem publicados na Rússia. O arquivo e a agência de arquivos, Rosarkhiv, serão acusados, com ou sem razão, de entregar tudo aos americanos. Bem, quanto custaria publicar cada volume na Rússia? *Nado podumat* — devemos pensar sobre isso. Há muito sobre o que pensar. Sim. Devemos acordar um protocolo de intenções e listar tudo que pretendemos fazer e tudo sobre o que devemos pensar. Devemos mostrar o protocolo a Rosarkhiv e, assim que recebermos uma permissão preliminar, podemos trabalhar nos detalhes e começar a preparar um contrato. Você pode preparar um protocolo de intenções antes de viajar? Sim, eu disse. Contudo, não sabia como faria isso sem um computador ou máquina de escrever. Tentarei.

Na opinião de Naumov, a única coisa que protegeria a posição de Yale nos arquivos seria a celeridade — chegar na frente. "*Bystro, bystro*", assim dizem que os soldados russos exortaram os prisioneiros de guerra franceses após a derrota de Napoleão: "Rápido, rápido." Quando esses soldados retornaram à França, se lembraram dessas palavras, que passaram, então, a ser usadas para denominar os novos e populares bistrôs franceses que ofereciam serviço rápido. Nós, também, devíamos trabalhar *bystro, bystro*. Nada estava garantido; as coisas mudavam diariamente. Havia tantos interesses conflitantes e poucos meios de controlar eventos em um país onde homens eram mais poderosos do que as leis. Ninguém sabia o que esperar. Os tribunais, em geral, eram corruptos. Somente o trabalho permaneceria.

Na época, me opus a essa estratégia, pois desejava assegurar a máxima proteção legal para nosso lado, mas o tempo mostrou que Naumov estava certo.

— Por isso Pikhoia é essencial — sussurrou Jeff. — Deixe-o ver que você é um responsável homem de negócios e, também, um estudioso que entende as necessidades dos arquivos e do conhecimento.

Discutimos o assunto por quase duas horas, até a hora do almoço.

— Não posso, na verdade, sugerir Trotski, mas é conveniente — disse Naumov.

— Trotski?

— Nossa cantina. O cozinheiro — seu nome é Lev Davidovich, mas o chamamos de Trotski — retornou para envenenar o que restou do Partido Comunista. O partido se foi, mas a comida é a mesma. Lamentavelmente, tenho um compromisso, mas Fridrikh Igorevich os acompanhará, caso decidam ir.

Fridrikh Igorevich Firsov nos guiou ao refeitório, no andar de baixo, onde comemos o que o fantasma de Trotski podia nos oferecer: arroz com pedaços de cebola e salsicha gordurosa, chucrute com pão preto.

— Diga-me o que há em seu arquivo — pedi a Fridrikh, depois de comer o que pude da mistura inapetente em meu prato.

— Documentos de partidos comunistas de todo o mundo.

— Dos alemães?

— Sim.

— E dos franceses?

— Sim.

— E italianos?

— *Konyechno.*

Uma ideia me veio à cabeça.

— Você, então, tem material do Partido Comunista americano?

— É claro, mas ninguém nunca prestou muita atenção ao partido americano. Não é um de nossos itens importantes. Em consequência, nem mesmo mantemos o material aqui em Moscou.

— Onde está?

— Durante a evacuação de Moscou em 1941, todos os documentos do Comintern foram removidos e enviados a locais remotos. O material dos maiores partidos foi trazido de volta após a guerra; porém, como o partido americano era de tão pouco interesse, a maior parte não voltou. Até onde sei, ainda está nos sacos. Se desejar, posso mostrar-lhe algumas coisas, mas não há muito aqui em Moscou.

Quando terminamos, Firsov me levou ao repositório, que consistia em caixas metálicas, do piso ao teto. Ele abriu uma aleatoriamente, pegou a folha de papel que estava por cima e a passou para mim. E esperou pelo efeito.

— Como você conseguiu isso? — perguntei. Era um folheto anunciando uma manifestação de rua, impresso em Detroit, Michigan, no final da década de 1930. — Como isto chegou aqui? — aqui, neste depósito no porão do antigo Arquivo Central do Partido, antigo Instituto de Marxismo-Leninismo, em Moscou, guardado pela estátua de V. I. Lenin no átrio e pela presença dos protetores arquivistas nos andares de cima. Esse contato imediato com minha pátria foi mais poderoso do que o rosto do Homem de Marlboro na parede do prédio na Kutuzovski. Esse evento, agora totalmente sem sentido, ocorreu sessenta anos atrás em Detroit, Michigan, uma cidade que Firsov não conhecia e sobre a qual, provavelmente, nada sabia, mas que, para mim, era o lar dos Detroit Tigers, Ty Cobb, Al Kaline, The Pistons, General Motors e Motown, a menos de 700 quilômetros de minha casa em Chicago. Para mim, o folheto era mais uma fotografia de família do que um "documento".

— Como chegou aqui? — perguntei novamente.

— Eles o enviaram — foi a resposta simples. — Eles nos enviavam tudo — Firsov disse com um largo sorriso. — Eles simplesmente o enviaram.

— Eles o enviaram?

— *Da.*

— Por quê?

Firsov deu de ombros.

— É o que faziam.

— Venha — disse Firsov. — Tenho algo em meu escritório que gostaria de mostrar-lhe.

Logo, estava de volta ao terceiro andar, diante de uma das portas seladas com fita e cera. Firsov removeu, cuidadosamente, a fita de seu suporte de parafina e a colocou no receptáculo cilíndrico. Inseriu uma longa chave metálica e abriu a porta. Quão singular, pensei, era esse método de selar a porta com uma fita delgada, dado que, nos últimos 75 anos, conversas em casa e no trabalho, livros e cartas, os aspectos mais íntimos da vida e da mente de uma pessoa, foram inescrupulosamente gravados por ouvintes anônimos, com microfones escondidos, esquadrinhados por mãos invisíveis que selavam novamente as correspondências, observados por câmeras demasiadamente pequenas para serem descobertas — como o prego de ouro no sapato da pulga, na história de Nikolai Leskov. Parecia-me que o selo na porta representava mais um ritual do que proteção real, algo como o que François La Rochefoucauld quis dizer ao afirmar que hipocrisia é o tributo pago pelo vício à virtude. Seria simplesmente para marcar com essa frágil fita, tal qual folha de parreira, que privacidade era um direito sagrado e, dessa forma, insistir no direito como princípio, mas não como prática? Manter viva uma ideia que pode ser restaurada, caso as circunstâncias viessem a mudar?

No escritório de Firsov, havia pilhas de fichários de documentos e livros. Uma grande máquina de escrever estava sobre a mesa. Firsov me convidou a sentar enquanto ia até a estante e pegava um volume. Ele o abriu em uma página e o pôs diante de mim, esperando que eu pudesse ler o texto em russo.

— Onde? — perguntei, ganhando tempo enquanto tentava identificar os caracteres cirílicos e montar as palavras.

Ele indicou um ponto na página. Assenti, sem nada entender de fato, exceto que a passagem em questão continha o nome Pyatnitski.

— Olhe com atenção — Jeff traduzia à medida que Firsov falava. — Vê? Vê?

Tentei, desesperadamente, ver, pegar o fio das palavras, mas este me fugia.

Firsov estava excitado.

— Isso prova que, desde o início, bem do início, o Comintern estava envolvido com o NKVD e espionagem. Aqui. Vê? — Ele pôs o dedo no ponto exato que provava isso. — Desde o início. Sempre foi um instrumento da política externa da União Soviética.

Jamais respondeu apenas aos desejos dos partidos estrangeiros ou das massas que representavam. Jamais. Nunca. Ordens vinham do Comitê Central, através da inteligência externa. Era uma estrutura fascista. Primeiro, Lenin. Depois, Stalin.

Eu não era capaz de decifrar a prova diante de meus olhos, no escritório de Firsov; porém, sua energia e seu entusiasmo em poder revelar esse documento eram como outra porta secreta que se abria, uma porta que eu poderia cruzar, mas só mais tarde. Depois de emigrar para os Estados Unidos, Fridrikh Igorevich passou a ser simplesmente Fred, um nome com que nunca me senti confortável em chamá-lo, mas no qual ele insistia.

— Também na América?

Firsov sorriu e deu de ombros:

— Descobriremos.

— Conte a Jonathan sobre sua entrevista à televisão — instigou Jeff.

Firsov levantou os ombros.

— Conte você.

— Houve, na televisão, uma discussão dos crimes do passado soviético, e Firsov foi convidado a participar como especialista da história do Comintern. Ele falaria sobre o Comintern e o terror da década de 1930. Tudo estava pronto — eu estava assistindo ao programa em meu apartamento; Firsov foi apresentado, e, assim que seu rosto apareceu na tela em rede nacional, por algum motivo, a eletricidade foi cortada e houve um blecante.

— Por quê?

— Por quê? Veja a cara de Firsov Igorevich.

Olhei, mas nada vi.

— Ele tem sobrenome russo — seu pai era russo. Todavia, qualquer russo que olhasse para ele saberia que é judeu — sua mãe era judia. Eles não admitiriam um judeu falando em rede nacional sobre crimes da União Soviética. Demasiadamente perigoso, ainda hoje.

— Isso é verdade? — perguntei a Firsov.

— Possivelmente — disse ele em russo.

O choque dessa iminência voltou a ocorrer após publicarmos o primeiro volume dos Anais do Comunismo em 1995, *The Secret World of American Comunism* [O mundo secreto do comunismo americano], editado por Harvey Klehr, John Earl Haynes e Fridrikh Igorevich. Os documentos reunidos para esse trabalho se tornaram aquela outra porta secreta. Levavam a um corredor cujo fim ainda não alcançamos.

The Secret World of American Comunism virou notícia em todos os Estados Unidos, na Inglaterra, na França e na Alemanha, pois apresentava nova e relevante documentação de que o Partido Comunista dos EUA esteve envolvido em espionagem a favor da União Soviética. E também confirmava o testemunho de Whittaker Chambers e de Elizabeth Bentley sobre a atividade do CPUSA. Entre os políticos de esquerda nos Estados Unidos, o volume causou uma torrente de protestos, pois reforçava a acusação contra Alger Hiss e, necessariamente, reabria a discussão sobre Joseph McCarthy. O livro causou igual fúria em Moscou, pois grande parte da documentação estava na forma de memorandos entre NKVD e Comintern. Embora esses memorandos fossem classificados como ultrassecretos nos arquivos do KGB, existiam cópias nos arquivos do Comintern, às quais tivemos acesso.

Na esteira da controvérsia surgida nos dois lados do mundo, recebi uma chamada telefônica do professor T. T. Timofeev, um membro de nosso comitê de conselheiros russos. Logo depois de assinarmos o contrato com o Rosarkhiv, estabelecemos uma equipe de conselheiros americanos e russos. Timofeev fora recomendado pelo Rosarkhiv, pois falava inglês e era um especialista nos assuntos americanos. Agora, ele estava ao telefone, em uma chamada de longa distância, de Moscou, dizendo a meu assistente que o assunto era urgente. Ele me explicou, em um excelente inglês, mas carregado de sotaque, que achava que nosso projeto não era "equilibrado" e que desejava retirar seu nome de nosso comitê editorial. Tentei persuadi-lo a permanecer, sem sucesso. Sua decisão era definitiva. A série não apresentaria uma imagem equilibrada, e ele não queria tomar parte nisso. Ele foi o único membro do comitê editorial russo a se desligar.

Imediatamente, liguei para Klehr com a notícia. Ele disse que notara o nome de Timofeev no comitê editorial, mas que não havia unido os pontos.

— Releia a seção sobre Eugene Dennis — disse-me ele. — Tenho certeza de que Timofeev é filho de Dennis.

A história é, ao mesmo tempo, reveladora e triste. Eugene Dennis, sucessor de Earl Browder como líder do CPUSA, encontrava-se em Moscou, com a esposa e o filho, não muito antes da invasão nazista em 1941. Pediram ao governo soviético que lhes permitisse voltar para casa, e foram informados de que deveriam deixar o filho em Moscou — talvez, como um refém. Dennis e a esposa deixaram o filho e retornaram aos Estados Unidos, e nunca o viram novamente. O filho acabou se tornando o professor T. T. Timofeev.

A maior parte do que Klehr, Haynes e Firsov descobriram nos arquivos consistia em fragmentos de informação espalhados em cerca de dez mil documentos, como peças de um enorme quebra-cabeça que tinha poucos marcos. Somente pesquisadores com conhecimento enciclopédico de seus temas poderiam encaixá-los corretamente. Não havia documentos-evidência que, isoladamente, pudessem contar "toda" a história. Contudo, havia numerosas pistas quentes.

Duas eram telegramas datados de 1925.[26] Um era endereçado a Armand Hammer por seu pai, Julius, instruindo-o a efetuar a transferência de 6.400 dólares para uma determinada pessoa; o outro era de Charles Ruthenberg, então líder do CPUSA, para Osip Piatnitski, chefe do Departamento de Relações Internacionais do Comintern — o mesmo Piatnitski sobre quem Firsov falara em seu escritório —, reclamando que Hammer ainda não havia entregado o dinheiro, que seria usado para financiar a publicação do *Daily Worker,* e pedindo que Piatnitski compelisse Hammer a pagar. Armand Hammer morreu antes da publicação de nosso livro em 1995, que o apresentou, juntamente com o pai, como espião do Comintern. Logo após a publicação, um homem que se identificou como advogado de Armand Hammer ligou para meu escritório e pediu que eu retornasse a ligação. Temendo repercussões legais, hesitei; contudo, por fim, criei coragem e telefonei para ele. Ele perguntou se eu era o sujeito que havia publicado aquele livro sobre o comunismo americano. Respondi que sim, e o que ele me disse deixou-me estupefato.

— Sempre sobre que havia algo suspeito em relação a Hammer, mas não sabia o quê. Obrigado por esclarecer o que era.

Do escritório de Firsov, fizemos o caminho de volta à Ploshchad Revolutsii, ao longo de tortuosos atalhos que, com frequência, nos obrigavam a passar pelas pistas de tráfego, onde os pequenos Jigulis e Ladas se lançavam sobre os pedestres, espalhando-os como se fossem pombos. Na estação do metrô, uma horda de pessoas vinha de todas as direções. Homens e mulheres carregavam baguetes sob os braços e enfiadas nos casacos ou valises já lotadas; alguns levavam vegetais ou sacos de leite; um homem, agasalhado apenas com um delgado sobretudo cinza, sem cachecol ou luvas, com uma expressão séria no rosto, levava dois ovos nas mãos estendidas e uma pasta preta pendurada no arco de um braço. Antes que desaparecesse, observei atônito sua figura espectral carregando os ovos nas mãos nuas e vermelhas, talvez para alguém que o aguardava ansiosamente em casa. O cheiro de gasolina e pão enchia o ar.

— O que é isso? — perguntei a Jeff, apontando para mesas postas ao lado da entrada da estação. — O que estão fazendo?

Tive a impressão de que, às mesas, sentavam-se senhoras vestidas com o mesmo casaco pesado, a mesma estola envolvendo a cabeça e o pescoço esquálido, o mesmo olhar determinado no rosto macilento, uma aparência de outro tempo e lugar, que seria incapaz de penetrar: frio, duro, sem expectativas, medo ou esperança.

— Vendem o que podem.

— Como assim? — perguntei, me aproximando de uma das mesas e examinando a rota mercadoria — um sapato velho, uma caixa de fósforos, uma panela, um saco de celofane de meias femininas, um pacote de preservativos, uma escova de dentes cinzenta. A senhora não levantou o olhar ou mexeu a cabeça.

— Vendem o que tiverem em casa. Qualquer coisa. Estão desesperadas.

— Uma escova de dentes usada?

— É.

— O país tem uma estação espacial na órbita da Terra e estas senhoras se congelam até a morte, vendendo suas escovas de dentes nas ruas de Moscou?

— É.

Seguimos o caminho ao longo das calçadas até o ponto de ônibus mais próximo, onde pararia o trólebus para a Kutuzovski Prospekt e a Ploshchad Pobedy. Jeff me disse o número e o repeti.

— Muito bem — disse ele. — Você se lembra de onde fica o apartamento de Mariana?

Assenti com a cabeça.

— Nos vemos amanhã. Lembre-se: às 11 horas, com Pikhoia. Será um grande dia.

O ar se tornara gelado. Quadrados amarelos começavam a ser visíveis nos prédios de apartamentos ao longo da avenida. Todos os carros tinham os faróis acesos, e tudo parecia flutuar em semiluminosidade, em zonas de claridade e escuridão; enquanto eu esperava no meio-fio, já em dúvida quanto ao ônibus que devia tomar, uma interminável corrente de luzes vermelhas fluía a distância, acima de nossas cabeças, em direção a um destino longínquo e incerto. De vez em quando, via uma mãe segurando uma criança toda embrulhada contra o frio, de uma forma diferente de tudo que já observara nos Estados Unidos, como se a pequenez da criança tivesse de ser totalmente protegida em um globo de pele e maciez, de modo que somente os olhos e um cacho de cabelos dourados ficassem visíveis. Todas eram mantidas junto ao corpo das mães, lembrando-me do modo como os papais pinguins protegiam os ovos entre os pés até que se abrissem.

De repente, toda a cena me fez pensar em uma velha boneca aninhada russa; tudo o que eu podia ver eram ovais encapuzadas se movendo para cima e para baixo pelas ruas, emolduradas na envolvente proteção das peles de inverno. Ovais dentro de ovais, acentuadas pelos *shapki* que algumas usavam no lugar de capuzes, casando com a forma da criança no colo da mãe.

Minha mente vagava por essas impressões sem propósito quando ouvi o barulho de um trólebus parando. Sem prestar muita atenção ao letreiro, acreditando que estava certo, me permiti ser levado para o interior do ônibus por meio de um processo de empurrar por trás e pelos lados — completamente fora do controle de qualquer um. Achei um assento na cabine superaquecida, abri minha parca e, de repente, senti que era furtivamente observado, examinado. Um americano? Isso era bom ou ruim? Uma criança em uma parca azul espiava, cautelosa, das profundezas de um grande capuz forrado de pele. Nossos olhares se cruzaram por um segundo, antes que ela desviasse o seu, como se não fosse a mim que observava. Ninguém mais parecia prestar a menor atenção.

O ônibus se afastou do meio-fio e seguiu pela rota que eu esperava; mas, de repente, fez uma curva para a direita. Quando vim para a Ploshchad Revolutsii de manhã, havia percebido que, em um dado ponto, a Kutuzovski se bifurcava. Talvez fosse isso — uma rua paralela à que eu queria. Aguardei. O ônibus seguia por esse braço do lado direito. Aguardei. O ônibus não parecia inclinado a voltar para a Kutuzovski. O que fazer? Levantar-me e pedir ao motorista para parar? Como? Em que língua, com que palavras? Perguntar a alguém se o ônibus ia para a Ploshchad Pobedy? No ônibus, não conseguia me lembrar de como dizer "ia" na forma gramaticalmente correta. Aguentar a humilhação de ser um americano estúpido — vir até aqui para isso? E se o ônibus seguisse indo, indo, indo e acabasse desaparecendo no fluxo da interminável corrente de luzes vermelhas, na imagem que eu criara daqueles destinos que eu desconhecia? E se eu não conseguisse encontrar meu caminho de volta? A visão de desaparecer junto com o ônibus me dominou. Eu desapareceria. Não, o fato é que eu *poderia* desaparecer. A 11 mil quilômetros de casa, em um mundo do qual meus avós *haviam* desaparecido 85 anos antes. Seria tão fácil jamais encontrar o caminho de volta.

Então, um pensamento me ocorreu, ao qual voltei a recorrer muitas vezes: *Deixe as coisas acontecerem. Simplesmente, deixe que aconteçam. Deixe o ônibus ir para onde vai, você chegará aonde quer, o que será será. O que será será.* Naquele momento, essa simples e total capitulação à situação permitiu que eu controlasse a respiração e não fizesse um escândalo, o que parecia mais importante do que chegar aonde queria. A última coisa que podia imaginar era chamar atenção e quebrar o contêiner de invisibilidade em que parecia estar encerrado. Relaxei, sem expectativa, apenas observando as fachadas dos prédios que, à medida que seguíamos viagem, escureciam gradativamente. Estava prestes a me entregar completamente à sensação de me dissolver na invisibilidade, de ser varrido em uma obscuridade sem propósito e desatenta, quando o ônibus pegou uma rota que fazia uma curva gradual para a esquerda e, rapidamente, pude identificar a Kutuzovski Prospekt! Como isso aconteceu? Logo, passamos um arco com uma placa que eu mal consegui identificar na agora semiescuridão: Teatr Koshek. Durante o dia, eu tinha notado que estava coberta com uma faixa onde havia as silhuetas pretas de dois gatos. Casa de Gatos? Teatro dos Gatinhos? Teatro dos Gatos? Para crianças? O que seria isso? Somente muitos anos mais tarde aprendi que esse era o local em que um internacionalmente renomado treinador russo de animais exibia seus gatos "treinados" em shows que deliciavam as crianças e seus pais. Para mim, contudo, era um marco implantado em minha mente sem que, na época, me desse conta. Meu coração disparou. Aqui estava eu. Como? Parecia um milagre. Três paradas mais adiante, o imponente Arco do Triunfo, erguido para comemorar as vitórias da Rússia ao longo da história, se tornou visível. Dirigi-me à porta como se nada tivesse acontecido e, quando o trólebus parou com um tranco, desci.

Que alegria entrar no emaranhado do pátio do condomínio de Mariana, vagar pelo congelado *playground* no centro até encontrar a entrada que reconheci como sendo a do prédio onde estava hospedado. Que alegria inalar fundo o cheiro de Moscou quando abri a porta da entrada principal e cheguei ao elevador após os escaninhos de correspondências com suas portas metálicas amassadas, após o lixo empilhado em um canto, a parede com pintura rachada e o malicioso grafite que incluía a palavra "foda". Inalei o cheiro de Moscou até o fundo dos pulmões, entrei no elevador, e, quando a porta se fechou com estrépito, eu sabia que estava em casa.

8

Pikhoia

Rudolf Germanovich Pikhoia ocupava, em 1992, uma posição de considerável eminência, tendo sido escolhido por Boris Yeltsin diretor do recém-estabelecido Serviço Federal de Arquivo da Rússia, o Rosarkhiv. Seu escritório na rua Ilinka ficava em um complexo de prédios que, como soube mais tarde, também abrigava o Arquivo do Comitê Central e o Arquivo do Presidente.

Após um demorado procedimento para liberação na guarita de controle, fomos recebidos por uma jovem muito simpática que, não obstante, parecia extremamente consciente de si mesma ou, talvez, de seu recente papel — um papel profissional — no novo governo. Seus olhos afastados e sua boca, larga e aberta, em conjunto com a forma desajeitada em que mantinha os braços, como se não soubesse onde colocá-los, davam-lhe uma espécie de feiura tolstoiana. Ela caminhava à nossa frente, olhando ocasionalmente, com os cantos dos olhos, para Jeff ou para mim, como tentando perceber nossa reação, como uma jovem usando saltos altos pela primeira vez, muito atenta àqueles que vinham atrás de si. Seus cabelos louros pintados tinham um brilho químico, firme. O mesmo se podia dizer da sombra em seus olhos e do esmalte de unha — tinham algo de falso, como a manteiga ou o café que as pessoas usavam durante a Segunda Guerra Mundial. Ela nos guiou por uma série de corredores labirínticos, com portas de carvalho pálido nos dois lados. Exceto pela fachada, esse prédio nada tinha da deterioração do Arquivo Central do Partido (GARF). As passadeiras turcas estavam limpas, as paredes não tinham rachaduras ou manchas, a iluminação funcionava, os oficiais e arquivistas que vi estavam bem-vestidos e, embora parecessem sérios, não tinham a aparência ansiosa e apressada de muitos no GARF.

Todavia, eu tinha dificuldade em conciliar esse interior com a fachada suja e sem pintura, que não parecia diferente de um armazém abandonado em Bridgeport, ou com a entrada apertada e desorganizada, cuja única amenidade consistia em uma escova elétrica de sapatos que, de fato, funcionava.

A jovem assistente nos mostrou onde pendurar nossos casacos e chapéus e apontou para as grandes cadeiras estofadas na sala de espera. Quando sorriu para nós, sua feiura desapareceu. Um retrato de Boris Yeltsin estava pendurado na parede, acima das estantes; várias publicações e brochuras estavam sobre uma mesa.

— Não deixe de ressaltar a natureza acadêmica de seus interesses — sussurrou Jeff, inclinando-se em minha direção. Ele repetiu isso a Nikolai, que assentiu.

— *Da* — disse Nikolai —, *eto vajno.*

Depois de cerca de 15 minutos, fomos chamados à grande porta dupla que levava ao escritório de Pikhoia. Jeff e eu caminhamos na frente de Nikolai e estávamos prestes a entrar juntos quando Nikolai segurou Jeff. Eu me virei.

— Dá má sorte duas pessoas cruzarem um portal juntos — Jeff sussurrou.

Pikhoia, que estava sentado à sua mesa no canto distante da grande sala, levantou-se e veio ao nosso encontro. Ele me pareceu baixo, escuro, inchado e sem fôlego, como se zangado ou distraído, pego no meio de algo muito mais importante. Ele foi cordial, mas parecia querer demonstrar sua importância, sem saber muito bem como fazê-lo. Ele resolveu o dilema assumindo uma atitude irritante, mas logo se deu conta de que isso podia não ser apropriado. Ele nos convidou a sentar à longa mesa e se sentou no outro lado, diante de min. Uma mulher mais velha, munida de um bloco de papel e caneta, tomou assento diante de Jeff, e um homem alto, com cabelos cor de areia, também munido de um pequeno bloco de notas, sentou-se diante de Nikolai. Rituais simétricos como esse foram um componente essencial de todas as reuniões oficiais que mantive durante muitos anos.

— Infelizmente para nós, esta é uma época importante — disse Pikhoia. — Em contraste com o provérbio irlandês, "Espero que viva em uma época sem importância". Devemos, então, fazer o melhor possível. — Ele esperou para ver se eu percebera sua ironia. Quando indiquei que sim, ele prosseguiu: — Sejam bem-vindos a Moscou. Estamos no início de uma era entre dois mundos. É uma época difícil. Ninguém sabe o que acontecerá.

Embora tivesse começado com um clichê, percebi que sua última frase expressava uma real ansiedade, que ele já expressara tantas vezes aos visitantes estrangeiros que as palavras já nada significavam para ele. Somente muito mais tarde pensei sobre o que ele queria dizer com viver entre dois mundos sem garantias, sem certezas, sem um mapa, um mundo muito parecido com o que experimentei momentaneamente no ônibus, quando esse tomou a rota da esquerda quando eu queria ir para a direita e não dominava o idioma para que me entendessem.

— Nós, nos Estados Unidos, também não — respondi um pouco rápido demais. — Contudo, agradeço suas boas-vindas e gostaria de dizer que espero que a Editora da Universidade de Yale possa estabelecer uma parceria com os arquivos soviéticos.

Pikhoia ouviu educadamente, e a mulher mais velha tomou notas. Falei sobre o projeto que ainda não era um projeto, preenchendo as lacunas na hora, propondo tópicos que ainda não havia discutido com qualquer outra pessoa, afirmando e reafirmando que a história da União Soviética era, na minha opinião, o ponto de largada para o entendimento da história mundial nos últimos 75 anos do século XX. Enfatizei que, para mim, esse não era um projeto para entender somente a história soviética, mas para entender, também, minhas experiências e as de minha geração, que cresceu na América pós-Sputnik. Recontei para ele o que se passava na sala de estar da casa de meus pais, onde aprendi o nome de Alger Hiss e assistia, sem compreender, às audiências de McCarthy transmitidas pela televisão em 1954. "Ele é um homem mau", dizia meu pai, apontando para o televisor, mas, naquela época, não era claro para mim a quem ele se referia. "Algo perverso está acontecendo na América."

Contei a Pikhoia sobre o terror que tomou conta dos Estados Unidos na época do assassinato de Kennedy e o efeito de *O candidato da Manchúria.** Protestar contra a Guerra do Vietnã

---

*Novela política escrita por Richard Condon em 1959, em que o filho de uma poderosa família americana com tradição política é submetido a uma lavagem cerebral para se tornar assassino involuntário a serviço do Partido Comunista. Em 1962, a obra foi adaptada para o cinema por John Frankenheimer, estrelada por Frank Sinatra, Laurence Harvey e Janet Leigh. Nova adaptação foi filmada em 2004 por Jonathan Demme, estrelada por Denzel Washington, Liev Schreiber e Meryl Streep. [*N. do T.*]

em Columbia era, de certa forma, uma continuação do que eu havia visto e ouvido em casa em 1954 e, depois, em 1963. No entanto, tudo isso estava direta ou indiretamente ligado a um adversário sobre o qual eu e a maioria de minha geração sabíamos relativamente pouco: a União Soviética.

Jamais visto com clareza, nunca compreendido, um inimigo mortal — não obstante, para aqueles atraídos pela revolução, por sua literatura e música, não apenas um inimigo. Parecia o refluxo inevitável de tudo à nossa volta. Era aquilo que sempre existira contra nós, um antimundo e, de certo modo, um antieu. Formava o complemento natural, a antítese necessária que refletia cada movimento nosso e nos tornava cientes de nós mesmos. Eu não disse tudo isso, mas eu sentia e pensava dessa forma — ou, pelo menos naquela época, em parte — e queria que Pikhoia soubesse que, para mim, isso representava mais do que um mero acordo comercial.

Pikhoia ouvia, mas não estava claro se ouvia apenas aguardando o ponto em que eu pararia.

— Discutiremos suas negociações com o Arquivo Central do Partido assim que você preparar um acordo preliminar. Levará algum tempo, mas será um processo justo. Precisamos avaliar nossas opções e você, as suas. Esperemos que seja para um mundo melhor.

Ele se levantou e entendeu a mão.

— *Do svidaniya. Vsyevo khoroshego.*

Ele era agradável, de um modo desagradável; sem pender pessoalmente para um lado ou para o outro, mas claramente desejando que eu entendesse que minhas opiniões eram irrelevantes. De repente, a sala pareceu demasiadamente grande, cavernosa, como um terno dois números maior; de alguma forma, agora parecia haver uma quantidade exagerada de assistentes. A escrivaninha ficou muito distante; o teto, muito alto; a longa mesa, ainda mais longa. Um desconforto se estabeleceu.

Qual era o objetivo?

— Vamos tomar um café — disse a Jeff e Nikolai depois que fomos acompanhados até a porta pelo afável assistente de cabelos cor de areia, que parecia prestes a dizer algo, mas parecia incapaz de fazê-lo. — Preciso avaliar isso.

— Ele lhe deu 14 minutos — Nikolai disse. — Isso é muito bom. É tudo que importa.

— Não estou seguro de que os tenha dado, mas, de todo modo, os peguei.

Tínhamos uma reunião no escritório de Naumov às 14 horas. Havia ainda muito tempo para conversar, e Nikolai propôs que fôssemos a seu escritório na Universidade Estatal Russa para Humanidades (RGGU, na sigla em inglês).

A RGGU foi criada em 1991, na fundação do Instituto Estatal de História e Arquivística de Moscou. Agora, eu entendia um pouco melhor como Jeff conheceu Nikolai e por que Nikolai tinha contatos em toda a comunidade de arquivistas. Nikolai era um homem fisicamente poderoso, com pouco menos de 1,80 metro de altura, olhos azuis caídos e gentis, posicionados simetricamente em um bonito rosto. Ele apertava minha mão com o vigor de um homem acostumado ao trabalho físico, um detalhe que me deixou confuso, desde o momento em que me foi apresentado como um historiador. Com relação a Nikolai, a quem, com o tempo e mais intimidade, passei a chamar de "Petrovich", me parecia haver algo incompleto nele, algum plano ou ambição que não realizou, alguma intenção que não ganhou vida, tendo permanecido em um armário, como um velho uniforme militar ou terno de casamento.

Falamos muito da possibilidade de sua ida aos Estados Unidos para visitar-me na fazenda de meu pai. A fazenda ficava no nordeste do Wisconsin, em uma área originalmente colonizada por pescadores e madeireiros finlandeses e suecos, mas alguns fazendeiros russos, holandeses e alemães também se fixaram na terra. Um de nossos maiores amigos, John Roman, um imigrante russo, fora um pescador excepcional. Durante o verão, John Roman vinha várias vezes à nossa casa, sempre no final da tarde e sempre sem avisar, com um grande pacote, embrulhado em jornal, debaixo do braço. Depois que a água para o chá tivesse fervido no fogão e meu pai servido uma dose de conhaque ou uísque, ele desembrulharia o pacote, que, invariavelmente, continha trutas de bom tamanho recém-pescadas no rio Cranberry. Ele se gabava de ser capaz de pescar qualquer peixe em qualquer lago com "minrôcass",* uma palavra que meu irmão e eu repetíamos sem parar quando caçávamos iscas nas valas de barro vermelho perto de casa.

Com suas "minrôcass", John conseguia pescar vários tipos de perca, truta, salmão, lúcio e, até mesmo, peixe-branco. O momento mais miraculoso de sua vida se deu quando pescou o que pensou ser nada mais do que um pedaço de madeira, mas que, na verdade, era um peixe imenso. Depois que as autoridades inspecionaram o lago, concluíram que se tratava de um esturjão, uma espécie que jamais havia sido vista por ali; o guarda-florestal estimou que o peixe pesava mais de 50 kg. O monstro quase afundou a canoa de John. Depois de subir lentamente à superfície,

---

*No original, *voorms*, imitando o sotaque de John para *worms*, minhocas. [*N. do T.*]

emergiu da água e, segundo John, o mirou por alguns segundos antes de mergulhar de volta para o fundo, arrastando o pequeno bote. John não se limitou a cortar a linha; em pânico, jogou tudo na água — vara de pescar, carretel, minhocas, rede — e remou em direção à margem o mais rápido que pôde.

Quando, nas quentes tardes do verão, vinha com seu pacote de trutas, John usava outra palavra. Ele costumava pedir um "copo de *chai*", com uma voz grave e doce que adorávamos imitar, pois parecia guardar um milhão de aventuras e terras distantes. Tudo era estranho: *Chai?* Chá? Um copo de chá? Ninguém bebia chá em copos, mas em xícaras. Todavia, John Roman bebia seu *chai* languidamente em um copo, sem leite, apenas com açúcar; se fosse um cubo de açúcar, ainda melhor. Nikolai disse que também adorava pescar e que já havia pescado esturjão no Volga. Talvez, depois que terminarmos todo o trabalho nos arquivos, possamos sair e tomar chá com uma dose de conhaque. Sonhei em sair a pescar lúcios e trutas com Nikolai no Wisconsin, mas isso não foi possível. Ele morreu tragicamente em um acidente absurdo. Nikolai cortava madeira em sua dacha quando o machado escapuliu e o atingiu na perna, causando um corte profundo. Embora o ferimento tivesse sido tratado, um coágulo sanguíneo se formou, chegou ao cérebro e o matou antes que voltasse a Moscou no dia seguinte.

Em seu escritório, agora, cercado por livros e arquivos, Nikolai tinha o controle firme das coisas.

— Sentem-se, sentem-se — disse a Jeff e a mim, enquanto instruía sua assistente a buscar mais cadeiras. Um pequeno samovar estava sobre uma mesa próxima, com copos e um pequeno prato de açúcar. Era o primeiro samovar que eu via em Moscou, e tive vergonha de meu desapontamento ao perceber que nada mais era do que uma imitação elétrica barata — nada como os elegantes samovares de prata que se viam em *Doutor Jivago* e em *Nicolau e Alexandra*. Quão facilmente imagens simples se fixam em nossas mentes.

— *Chai?* — Nikolai perguntou, enquanto vários estudantes vestindo jeans entraram na sala para ver o que estava acontecendo. Nikolai indicou que se sentassem em um círculo à nossa volta.

— Tanya — Nikolai chamou, e a jovem deixou sua mesa no lado de fora da porta e veio ao escritório. — Sirva-nos chá.

Sem uma palavra, Tanya foi ao samovar e serviu o chá.

— Qual foi o objetivo daquela reunião? — perguntei.

Nikolai disse simplesmente:

— *Vysyo v poryadke.* — Está tudo bem. Não se preocupe.

— Sim, mas por quê?

— Por nada.

— Nada?

— Apenas para conhecê-lo. Examiná-lo. Agora, ele vai decidir com quem deseja fazer negócio. — Jeff traduzia à medida que Nikolai falava.

— O que o fará ver o projeto com bons olhos?

— O que der a ele o maior lucro; o que der a ele o maior número de inimigos. Há algo que controla o mundo social por aqui: *znakomstvo*. Não se esqueça disso. Todos querem saber o que podem lucrar. Quem tem conexões com quem.

— O que ele viu? Que lucro ele pode pensar que terá?

Nikolai piscou os dois olhos como um gato.

— Quem viver verá.

Nikolai parecia feliz e chamou Tanya para que trouxesse um prato de biscoitos, o que ela fez rapidamente — os mesmos biscoitos secos e quase sem sabor que vi no apartamento de Mariana na véspera. Jeff também estava contente.

— É importante que você seja visto com Nikolai. Ele é respeitado aqui. Significa que Nikolai está apostando em algo — porque acredita em você. A maioria dos investidores estrangeiros não conta com um suporte local para seus planos. Isso é essencial. Lembre-se: construa da base. Assim são as coisas por aqui; a isso pessoas como Pikhoia respondem, a esse tipo de pressão.

A sinceridade de Nikolai diante dos estudantes me pareceu extraordinária, mas essa experiência se repetiria numerosas vezes durante minha permanência na Rússia, quando as condições eram favoráveis.

Muito tempo depois, descobri o famoso brinde de Stalin em 7 de novembro de 1937; suas palavras colocavam o princípio básico de Nikolai em um contexto bastante distinto.

> Muito foi dito sobre grandes líderes.[27] Todavia, uma causa jamais é ganha se as condições perfeitas não existirem. *O mais importante aqui são os quadros intermediários* [...]. *Eles são os que escolhem o líder, explicam nossa posição às massas e asseguram o sucesso de nossa causa. Eles não tentam subir além de seu posto; nem chegamos a percebê-los* [...]. O mais importante são os quadros intermediários. Generais nada fazem sem um bom corpo de oficiais. Por que predominamos sobre Trotski e o resto? Trotski, como sabemos, era o homem mais popular em nosso país depois de Lenin. Bukharin, Zinoviev, Rykov, Tomski, todos eram populares. Na época, éramos poucos conhecidos, eu, Molotov, Voroshilov e Kalinin. Éramos trabalhadores do campo no tempo de Lenin, seus colegas. Todavia, os quadros intermediários nos deram suporte, explicaram nossa posição ao povo. Enquanto isso, Trotski ignorou completamente esses

> quadros [...]. O que a vitória da causa requer são as condições certas; assim, os líderes sempre serão encontrados. Não basta meramente apontar a verdadeira rota [...]. *O fundamental* são os quadros intermediários. Isso deve ser ressaltado, e jamais devemos esquecer que, as outras condições sendo iguais, *os quadros intermediários decidem o resultado de nossa causa.*

Nossa estratégia, então, seria criar uma espécie de célula miniatura no estilo soviético, uma organização que fosse local, familiar, bem-informada e capaz de neutralizar os Trotskis que aparecessem em cena, ou seja, aqueles com dinheiro e prestígio, mas sem organização ou capacidade de explicar "nossa posição às massas"? Entre os Trotskis incluíam-se elegantes editores comerciais franceses, alemães, japoneses e americanos, uma editora inglesa gigante, uma fundação italiana de longa história e antigas relações com os soviéticos e vários empresários dos Estados Unidos que desejavam escavar os arquivos para seus próprios interesses pessoais. O que eu não conseguia ver na época, mas que agora ficou claro, era que essa organização, essa "célula", fora projetada para um mundo que, pelo menos em princípio, não existia mais. Contudo, enquanto se libertavam do passado soviético, não haviam ainda entrado no novo mundo, onde acordos comerciais pudessem ser conduzidos com normas de negociação estabelecidas e, além disso, contratos legais fossem respeitados. Na ausência de tais proteções, somente uma organização pequena, ordenada e local poderia funcionar. Ademais, era o que sabiam construir. E demonstrava, em pequena escala, como estruturas culturais ou expectativas pretensamente obsoletas poderiam ser reproduzidas em condições radicalmente distintas de vida cotidiana; demonstrava como a cultura persiste por mais tempo do que ideias ou regimes. Quão diferente era a necessidade de criar nossa "célula", com nosso quadro formado pelos alunos de Nikolai, da necessidade da tsarina de registrar que "às 10h, nos disseram que eram 12h"?

Chegamos ao Arquivo Central do Partido pontualmente e fomos guiados escada acima até a sala de reuniões.

— Devemos compor um protocolo para mostrar a Pikhoia — afirmou Naumov. — Podemos usar uma de nossas máquinas de escrever, mas devemos mostrar algo.

Quando sugeri que poderia ser difícil datilografar um texto em inglês usando uma máquina de escrever russa, Naumov sorriu misteriosamente.

— Já foi feito.

Após duas horas, compusemos um documento claro de duas páginas que delineava a missão acadêmica do projeto; um comitê de conselheiros — com russos e americanos; uma lista de seis projetos, divididos em duas categorias: os de interesse puramente acadêmico, como as cartas entre Stalin e Georgi Dimitrov; e outros, como a história do CPUSA, que poderiam ser de interesse mais amplo. Determinamos que haveria verdadeira colaboração entre as partes: cada volume teria um editor americano e um russo, e cada livro teria edições simultâneas em inglês e em russo. Muitas questões ficaram sem respostas, mas decidimos resolver os problemas à medida que surgissem, em vez de tentar resolver tudo logo no início. Assim que o protocolo fosse aprovado por Pikhoia, poderíamos seguir adiante até um contrato definitivo.

Enquanto terminávamos nossa discussão, entrou na sala um idoso vestindo um pesado casaco de lã, galochas pretas e um chapéu cinza de estilo ocidental. Ele se acercou de Naumov e sussurrou algo, sem prestar atenção à minha presença junto à longa mesa e, aparentemente, sem mostrar qualquer interesse no documento que preparávamos. Ele ouviu atentamente a resposta de Naumov, se virou, e estava prestes a deixar a sala quando Jeff se aproximou dele e fez uma apresentação.

— Vladimir Pavlovich Naumov, este é Jonathan Brent, da Editora da Universidade de Yale.

— *Privet* — disse ele, olhando, por fim, em minha direção.

— Este é o professor Naumov, pai de Oleg, uma grande figura nos arquivos — sussurrou Jeff.

— Prazer em conhecê-lo — disse eu, apertando sua mão. A mão do idoso professor era diferente de todas as que eu já apertara. Os dedos de Vladimir Pavlovich eram longos, com unhas perfeitamente manicuradas, macios e reservados — mãos tranquilas. Na verdade, quando passei a conhecer Vladimir Pavlovich melhor, comecei a me dar conta de que a tranquilidade de suas mãos se refletia em seus olhos, sua boca e seu temperamento. Ele não apertou minha mão, foi como se permitisse que minha mão apertasse ela própria. Ele tinha um sorriso de boa índole, seus grandes olhos brilhavam com inteligência e, talvez, com algo mais, atrás das grossas lentes dos óculos mal-ajustados.

— Seu filho é um excelente negociador — disse eu, confiante, sem saber a palavra para "negociador", inventando algo que pensei que ele pudesse entender.

Eu não saberia dizer se Vladimir Pavlovich me ouviu ou se a palavra que usei estava correta; ele sorriu e se virou, procurando Oleg, que imediatamente veio até nós. Ele ajudou seu pai a vestir o casaco, que havia ajudado a tirar pouco antes, e o acompanhou até a porta. Não ficou claro se havia me visto ou ouvido meu nome, e eu não fazia ideia de por que apareceu na sala em que negociávamos o protocolo.

Depois que terminamos, eu queria levar todos para um jantar antecipado, uma proposta recusada por Naumov, mas aceita por Jeff e Nikolai. O único local nas proximidades e com comida decente em que todos conseguiram pensar foi o Bar Espanhol, no Hotel Moscou, em frente ao Kremlin, na Praça Manej. Hoje, há um novo *shopping center* por perto, e o hotel está sendo reformado. A peculiar história arquitetônica do Hotel Moscou se revela na fachada assimétrica; o projeto original apresentado a Stalin tinha duas opções, separadas na planta por uma fina linha a lápis. Stalin não percebeu a linha a lápis e, portanto, não se deu conta de que eram propostas duas fachadas distintas. Ele assinou a planta no meio da folha — em cima da linha divisória. Demasiadamente temeroso para perguntar que fachada Stalin preferia, o arquiteto resolveu o problema usando as duas e executando o projeto exatamente como estava na folha de papel assinada por Stalin.

O resultado foi um prédio com uma fachada em dois diferentes estilos. Apesar desse exterior discutível, o Bar Espanhol era um ponto de encontro de estrangeiros, a comida era relativamente barata, e o serviço, tolerável. Um grande pôster de dançarinos flamencos parecia ser o esforço mais visível de estabelecer um motivo espanhol na decoração, embora um ou dois itens de origem ou sabor espanhol pudessem ser encontrados no menu, em particular a empanada de frutos do mar.

Vários estudiosos americanos encontravam-se lá quando chegamos, incluindo Norman Naimark, de Stanford. Eu disse que parecia haver diferentes Moscous. Alguns, como Firsov, esperavam um golpe fascista; outros, o simples colapso e anarquia. Outros tinham esperança de que de a democracia predominasse.

Pode haver um golpe, Naimark disse, mas não será fascista. Um homem forte acabará surgindo de tudo isso para colocar as coisas no lugar. Algum tipo de oligarquia é provável. Dezesseis anos mais tarde, a previsão feita por Naimark no Bar Espanhol passou a ser a mais provável de todas.

Vitali Makhlin, um russo estudioso de literatura que se juntou a nós, disse achar que nada poderia salvar a Rússia. *Dukhovnost* — espiritualidade — era sua maldição e bênção. As pessoas são capazes de pensar em tais abstrações, de ver no coração da existência, mas não são capazes de consertar um elevador ou um aparelho de televisão. Isso é um problema. Isso é um problema russo.

Quando terminamos, perguntei se podia pagar com cartão de crédito. A garçonete não tinha certeza e se assustou um pouco com a pergunta; mas, após consultas atrás do balcão, disse que sim. Ela desapareceu e foi seguida pelo gerente, que desejava ver meu passaporte e visto. Ele os levou a uma sala no fundo e gastou cerca de vinte minutos preenchendo no computador os formulários necessários para completar a transação com o cartão American Express. Por fim, reapareceu, pedindo desculpas pela demora, e assinei o recibo. No mês seguinte à minha volta de Moscou, verifiquei a conta para ver se a cobrança havia sido feita corretamente. A transação não aparecia naquela conta. Nem na do mês seguinte. Nunca apareceu.

Eu havia agendado um encontro com Vika Sagalova, editora de uma prestigiada companhia editora; enquanto relaxávamos do jantar, ela apareceu. Conheci Vika nos Estados Unidos, no ano anterior, através de um amigo comum na Universidade do Noroeste. Quando soube que viria a Moscou, consegui o número de seu telefone e me surpreendi quando atendeu. Vika falava bem o inglês e parecia ansiosa por retomar o contato.

Ela parecia preocupada e distraída, parada na entrada do Bar Espanhol, vasculhando o salão. Quando me viu, percebi que ficou desapontada ao notar que Jeff e Nikolai estavam presentes. Incentivei-a a entrar e fomos para uma pequena mesa sob uma guirlanda de videiras artificiais e pôsteres de violonistas espanhóis.

Ela nada queria para comer, talvez apenas chá. Vika me disse que sua filha havia emigrado recentemente e, agora, vivia em Chicago. Ela queria se tornar uma especialista em literatura espanhola.

— Meus olhos ficaram pequenos de tanto chorar — disse Vika. Ela e o marido temiam o caos e a instabilidade à sua volta, em parte por ser judia, embora seu marido não fosse. Histórias terríveis apareceram nos jornais recentemente; uma sobre a filha de um conhecido jornalista, que foi empurrada para um elevador por dois bandidos. Eles rasgaram a blusa da moça; no entanto, não a violentaram, simplesmente riscaram uma estrela de davi com a faca em seu peito, ensoparam-na com vodca e fugiram.

A editora de Vika, uma das melhores na era soviética, acabara de falir. Ela era editora-sênior. Onde poderia conseguir outro emprego?

Quantos livros publicaram?, perguntei. Vika respondeu que publicavam cerca de 35 títulos por ano, principalmente literatura de qualidade, um número respeitável, mesmo que modesto. Todavia, quando perguntei quantos empregados tinham, ela se recusou a responder.

— Por quê?

— Porque você vai rir de mim.

Assegurei-lhe que não. Ela hesitou. Eu disse:

— Vika, por que eu riria de você? Você é uma amiga e colega.

Contudo, quando ela, relutantemente, revelou que empregavam quase 750 pessoas, caí na risada.

— Vika — disse eu —, vocês merecem a falência.

— Eu sei. Com certeza, eu sei. Como você vê, tudo é uma piada.

— Não, não é uma piada, mas é um absurdo ter 750 pessoas para produzir 35 títulos. O que faziam?

A maioria dos empregados, disse Vika, era de moças que trabalhavam em turnos. O primeiro turno chegava por volta das dez da manhã. Elas penduravam seus casacos, faziam chá, liam os jornais, fofocavam e, talvez, preenchiam um ou outro formulário, o levavam ao longo do corredor a outro departamento, onde era carimbado, e retornavam a seus lugares, onde terminariam de ler os jornais, tomavam outra xícara de chá e iam para suas casas. O segundo turno era parecido com o primeiro, apenas começava mais tarde, e assim por diante. No fim do dia, esse enorme grupo de mulheres nada produzira de valor. Mesmo assim, a editora publicava literatura séria e trabalhos de história, de autores como Vasili Grossman, Nikolai Erdman e Vladimir Nabokov. Vika e um punhado de outras pessoas faziam todo o trabalho. Costumavam imprimir centenas de milhares de cópias, a maioria das quais permaneceria estocada em armazéns. Hoje, ela reclamou, não há distribuição, e as pessoas leem cada vez menos.

— As pessoas pensam apenas em comida.

— Você sabe, com certeza. Você sabe, com certeza. Pois, certamente, você sabe — ela me disse; e, em outro rompante de desespero: — Você entende meu inglês?

— Sim — respondi. — Entendo.

— Sim, com certeza, você entende.

Ela me agradeceu por encontrá-la, entregou-me uma carta para o amigo na Noroeste, que prometi colocar no correio assim que chegasse aos Estados Unidos, e pediu que eu ligasse para ela na próxima vez que viesse a Moscou. Talvez as coisas melhorassem. Talvez. No entanto, ela tinha muito medo, sempre.

Prometi que ligaria para ela. Quando estávamos prestes a pegar os casacos com o idoso funcionário, Vladimir Pavlovich Naumov surgiu novamente, acompanhado de um ou dois homens. Ao me ver, estendeu a mão, na qual, mais uma vez, senti a minha se dissolver na falta de pressão. Perguntou até quando eu ficaria em Moscou. Disse-lhe que partiria no dia seguinte.

— Que pena — disse ele. — Você deve voltar.

9

Adeus

Deixei para fazer a mala de manhã. Eu tinha um último presente para Mariana, uma pequena caixa de chocolate, que desejava dar a ela em minha última noite. Daria a Nikolai o salame *kosher* que guardei. Quando estávamos na pequena cozinha tomando chá e um pouco mais de sua *labadan*, a porta da frente se abriu e surgiu um jovem forte, bamboleante, que se apresentou como Lyonya, o filho de Mariana. Porém, ele se apresentou a mim não como se eu fosse um americano vindo de oito fusos horários de distância, mas como um primo que nunca tinha visto. Ele era amigável, sem ser muito cortês; ele não se interessava por perguntas formais: de onde você é, o que você faz, o que o trouxe aqui, você tem filhos? Em vez disso, em uma espécie de linguagem metade russa, metade inglesa, falou de seu trabalho nos arquivos da Igreja Ortodoxa, sobre a reforma do prédio de apartamentos, do sistema telefônico, e tudo mais que a ele ocorresse.

O telefone tocou, e ele se arrastou para atender num cômodo nos fundos. Enquanto falava com a pessoa, apareceu com um longo fio de extensão enrolado na cintura e nos braços, como uma trepadeira em uma árvore. Depois de dar mais algumas voltas pela sala, o fio se prendeu no pé de uma cadeira, e Lyonya pacientemente fez o caminho inverso, dando voltas, giros, falando sem parar; de alguma forma, conseguiu enroscar-se novamente com o fio. Ele falava como falaria para si próprio no banho. Quando, por fim, terminou, sorriu com grande prazer:

— Djeff, Djeff. Você... — Apontou para o telefone e riu. — Djeff. Oh, Djeff...

Eu não sabia se Jeff contara a ele sobre a *kolbasa* de Mariana ou sobre a reunião com Pikhoia. Em casa, em seu mundo. Nada estranho ou incomum. O remédio de cavalo de Mariana, as teias de aranha nos cantos do banheiro, a gordura nas janelas, a *labadan* fermentando na cozinha, o pequeno fogão, a faca que poderia flutuar na água, o arroz com tiras de cebola e salsicha, os biscoitos duros, todos eram elementos de um mundo no qual a reunião com Pikhoia e os *bankes* de Mariana tinham igual valor. Eu o invejava. Em casa, em sua casa, o que importava se era uma coisa ou outra, enquanto ele se enroscava pelo caminho, em seu domínio, puxando o fio da extensão atrás de si como o cobertor de uma criança? Dando voltas, retornando, desaparecendo no outro quarto, tagarelando, rindo, exclamando "Djeff, Djeff"; tudo isso implicava afeição, preocupação, ironia, cordialidade. Uma pessoa para quem tudo é uma extensão dessa cordialidade, para quem o pessoal e o público estão enroscados um no outro, como ele no fio do telefone, e cuja falta de conversa educada era simplesmente o resultado de não ver que a divisão entre o exterior e o interior era necessária. Você está em meu apartamento? Ótimo. Quem é você? Não, não quem, mas *o que* é você?

Mais tarde, naquele anoitecer, lembrei-me de que precisaria pagar Nikolai por seu trabalho e, para isso, queria um envelope, mas tinha apenas uma vaga recordação da correspondente palavra russa. Perguntei a Lyonya se tinha um *kovyor.*

— *Kovyor?* — perguntou, incrédulo, olhando pelo chão e pelas paredes.

— *Da.*

Ele apontou para o tapete no piso.

— *Da* — repetiu. — *Da, da, da... vot* — disse, como se chegasse ao fim de uma inútil linha de raciocínio. O sacudir dos ombros e a expressão em seus olhos sugeriam que, se eu realmente precisava dele, estava a meu dispor, mas não conseguia imaginar por que eu o queria.

— *Kovyor, da* — repeti.

Mais uma vez, sacudiu os ombros como se dissesse, "leve-o, já que precisa dele, mas não tente justificar".

Como ele não trouxe o envelope, entendi que a conversa não poderia seguir adiante. Sorri e dei boa-noite; Lyonya fez o mesmo.

Não consegui o envelope, e, no fim, não importava. Até que conferi em meu dicionário e descobri o erro, mas era muito tarde, e eu não tinha as palavras para explicar. Lyonya jamais me perguntou por que eu precisava de seu tapete.

Na manhã seguinte, Jeff e Nikolai chegaram cedo ao apartamento de Mariana. Eu ainda precisava fazer a mala e acertar contas com Mariana e Nikolai. Busquei minhas roupas sujas, que havia colocado em um saco plástico. Não as encontrei. Abri a mala, achando que, inadvertidamente, pudesse tê-las guardado e verifiquei que a mala já estava feita, as roupas sujas lavadas e dobradas, minhas calças passadas e cuidadosamente acomodadas. Como isso pôde ter acontecido? A jovem médica teria retornado? Saí à procura de Mariana, que estava na cozinha, fervendo um pote de chá.

Ela indicou que eu me sentasse e pôs diante de mim um prato com pão, manteiga e fatias de queijo suave. Logo, trouxe uma xícara de chá. Eu não tinha palavras para lhe agradecer ou para perguntar se tinha lavado minhas roupas. Tirei do bolso a quantia que havíamos combinado, contei as notas e as entreguei a ela. Sem olhar para as notas, ela as colocou em um canto da mesa.

— *Eto malo ili mnogo?*

Em resposta a sua pergunta se era pouco ou muito, tentei dizer que era o que havíamos combinado anteriormente, mas não pude saber se ela entendeu ou achou que era o bastante.

Jeff entrou e disse que me apressasse ou perderia o voo. Mariana seguiu-me até o quarto e, enquanto Nikolai pegava a mala, bloqueou a porta. Ele pôs a mala no chão.

— *Sadityes, sadityes* — Mariana ordenou, e todos nos sentamos. Contudo, quando me sentei na borda da cama, ela reclamou e indicou que me sentasse na mala. Após um minuto de silêncio, ela bateu as mãos, deu um salto de onde estava, beijou-me nos dois lados do rosto e gritou "*khorosho*". Estávamos livres para sair. Eu disse a Mariana que voltaria. Ela perguntou se eu poderia trazer-lhe uma boa fechadura para a porta e eu disse que tentaria.

Parte II

A busca

10

No labirinto

Voltei a Moscou em julho para retomar as negociações com as direções dos arquivos — RTsKhIDNI e Rosarkhiv. Passei outros dez minutos com Pikhoia, no vazio cavernoso de seu escritório, explicando nossas intenções. Passei vários dias com Oleg Naumov, reformatando e ajustando as responsabilidades mútuas que constariam no provável contrato. Logo percebi que a forma mais rápida de concluir as negociações era desprezar o conselho de um pragmático advogado especializado em direitos internacionais de publicações, que havíamos contratado para nos ajudar com o contrato. A abordagem agressiva defendida por ele exigia direitos exclusivos e deixava um papel marginal para nossos parceiros russos. E também assegurava o fim do projeto. Instintivamente, só mostrei a Naumov o rascunho de contrato preparado pelo advogado — a um custo considerável para Yale — depois que, por fim, chegamos a um acordo. Quando Naumov o leu, me disse com todas as letras que, se tivéssemos feito a proposta nos termos ditados pelo advogado, o negócio não teria sido fechado. Toda a confiança teria sido quebrada.

Preferi seguir uma estratégia que aprendi na infância, na fazenda de meu pai no Wisconsin. Devíamos instalar um cano subterrâneo da casa ao celeiro, que ficava a cerca de trezentos metros. O cano que vinha da casa era de duas polegadas; quando o tiramos do solo junto ao celeiro, percebemos que o carpinteiro finlandês, Olavi, o havia reduzido para uma polegada. Se o reduziu a uma polegada no celeiro, perguntei, por que não o reduziu na casa? Por que desperdiçar todo esse cano de duas polegadas?

— Você prefere ser estrangulado no pescoço ou no tornozelo? — replicou Olavi.

Essa sabedoria simples parecia apropriada para outras coisas além da instalação de canos. Primeiro, deveria haver confiança, e isso não poderia ser alcançado com as restrições impostas pelo advogado. Todavia, o problema essencial era mais profundo. Nosso advogado fez o que devia fazer, pelo que foi pago para fazer: defender exclusivamente *nossos* interesses. Para fazer um acordo com o arquivo, precisaríamos ter um contrato que resguardasse os interesses *mútuos* da editora e do arquivo. Somente assim teríamos sucesso.

Entretanto, do ponto de vista da editora, a perda de pura exclusividade era preocupante. Como asseguraríamos que o material que pretendíamos publicar não seria usado em outro lugar? Essa era a preocupação crônica das editoras ocidentais. Como assegurar que o mesmo material não seria vendido duas vezes? E como eu convenceria a gerência da Editora da Universidade de Yale a comprometer-se com um projeto caro e precário como esse sem as férreas salvaguardas legais?

As únicas salvaguardas que tínhamos, e ainda temos, eram a qualidade do trabalho contratado e a diligência com que o executaríamos. Contudo, isso não era algo que eu pudesse vender com facilidade aos céticos profissionais da editora e aos colegas. No final, foi John Ryden, diretor da editora na época, que viu as possibilidades do projeto e me autorizou a me afastar do advogado contratado e trabalhar com os de Yale, a quem tinha maior chance de convencer. Qualquer passo em falso nessa etapa teria sido fatal.

Em agosto, recebi a notícia de Nikolai de que o contrato havia sido "aprovado", e, como ele predisse em julho, o pânico se instalou rapidamente. A tradução russa do contrato em inglês tinha espaço simples, enquanto a versão em inglês tinha espaço duplo. Em consequência, teria de ser refeita e, novamente, analisada e aprovada. Além disso, muita fofoca do mundo dos arquivos de Moscou vazou para a imprensa e as universidades. Os comunistas linha-dura, dos quais ainda havia muitos, sempre denunciavam acordos desse tipo, e os nacionalistas xenófobos achavam que era uma traição, outra maneira de o Ocidente violentar a mãe pátria. Contudo, Nikolai assegurou-me que "*vsyo normalno*" — tudo ia dar certo. Ele tinha certeza de que a nova administração resistiria à pressão, por conta de todas as salvaguardas embutidas no contrato e da reputação internacional de Yale. O contrato se tornara mais do que um simples documento de negócio, ele me disse.

Em outubro de 1992, o contrato foi, de fato, assinado. Naumov e eu tivemos o mesmo pensamento:

— A primeira coisa a ser feita é dar cabo de todos os advogados — eu lhe disse, quando encerramos a última iteração, após centenas de rascunhos e alarmes falsos.

Quando recebi os contratos definitivos assinados e despachados de Moscou por correio expresso, pareceu-me que nossa estratégia estava correta e a batalha tinha sido ganha. Eu estava excitado e liguei para Naumov em Moscou. A linha estava muda, e, por fim, ouvi sua lacônica resposta em seu inglês vacilante:

— Vencemos a batalha, e agora a guerra pode começar. — Contudo, quando ele disse isso, senti que estávamos do mesmo lado.

A sabedoria de sua resposta chegou até mim em dezembro de 1992, quando recebi uma mensagem com palavras duras anunciando que o contrato tinha sido anulado e que eu devia ir a Moscou imediatamente para renegociá-lo. Renegociar — o quê? Será que nosso pragmático advogado estava certo? Será que Olavi e o humilde cano de duas polegadas estavam errados? Talvez confiança não pudesse levar tão longe.

Disseram-me categoricamente que, se não estivesse em Moscou em janeiro, o contrato seria cancelado. Várias falhas haviam sido identificadas e só poderiam ser resolvidas em Moscou.

Eu não podia acreditar. O que teria acontecido? Eu não estava sendo convidado a Moscou, mas convocado. O contrato fora aprovado pelos advogados do Rosarkhiv e de Yale. Apenas a palavra "resolvidas" (*reshat*) nos deixava alguma esperança, pois sugeria que eles vislumbravam uma solução.

Após ansiosas discussões em casa e no trabalho, decidi que a única coisa a fazer era retornar a Moscou e renegociar. Todos suspeitavam de fraude, de uma tática traiçoeira — suborno? Por que eu achava que, com minha ida a Moscou, reconsiderariam? Será que haviam recebido uma oferta melhor? Como fui tolo por crer nesse processo, por ter me sentido tão confiante a ponto de informar as pessoas e a mídia sobre uma grande iniciativa acadêmica. Todos me veriam como um tolo. Que idiota eu pareceria quando tudo desmoronasse.

Enviei um conciso e-mail a Nikolai perguntando se três dias seriam suficientes. Um, ele respondeu enigmaticamente, deve bastar. Isso era algo bom ou ruim? Mais uma evidência de que se tratava de algo fútil e ele não queria me dizer? Perguntei novamente a Nikolai se minha ida era mesmo necessária. "Venha agora ou não se dê ao trabalho de vir depois", foi sua resposta.

Ninguém, nem mesmo Olavi, podia me ajudar nessa situação, e me senti tão dilacerado como jamais pensei ser possível. E não podia explicar às pessoas o que estava em jogo. Por enquanto, nada havia a mostrar, nenhum documento, nenhuma publicação. Como eu poderia demonstrar aos outros a importância desse projeto, uma vez que nada havia de substancial para distingui-lo de um sem-número de outros sonhos acadêmicos que resultaram em nada? Como poderia contar a outros a emoção de ter nas mãos aquele folheto de Detroit da década de 1930 e *saber* que muito mais estava guardado naquelas caixas metálicas no arquivo de Firsov?

Ademais, eu e minha família havíamos nos mudado de Chicago para New Haven em outubro de 1991; em novembro de 1992, tínhamos poucos amigos e nenhum parente por perto. Nosso filho mais velho estava no ensino médio; o segundo ainda não tinha dois anos de idade, e nossa filha nasceu em novembro.

— Se você pegar aquele avião, nem precisa voltar — disse minha esposa no calor da discussão.

Na verdade, eu não sabia como tudo seria resolvido. A única coisa com que podia contar era uma fé obscura na capacidade de minha família em resistir às tensões e pressões daquela época e minha fé na boa vontade de meus colegas russos na busca de uma solução para nossos problemas.

Eu não sabia que problemas eram, mas suspeitava de que estavam relacionados ao fato de que, no último mês, um diretor permanente, chamado Kyrill Anderson, havia sido nomeado. Concluí, do sobrenome Anderson, que devia ser descendente de escandinavos, e pouco mais podia conjeturar. A única outra informação que recebi de Nikolai foi que Anderson era considerado um *delovoi chelovek* — um homem com senso de negócios que consegue fazer as coisas andarem.

Quando cheguei a Moscou em janeiro de 1993 — um ano após a primeira viagem —, as notas de rublos nas cores laranja, vermelho e azul — que, a princípio, mais me pareceram dinheiro de brinquedo do que moeda com real valor — estavam sendo substituídas e eram trocadas a mil por dólar. Falava-se em, simplesmente, cortar um ou dois zeros para evitar uma crise monetária. O prédio semiconstruído na Praça da Revolução que vi no ano anterior, envolto em uma lona verde de proteção estampada com o símbolo de uma construtora austríaca, permanecia atrás do véu verde, no mesmo estado inacabado, como uma noiva abandonada no altar. As ruas estavam cinzentas e congestionadas como sempre, e as pessoas ansiosas como antes.

Em setembro de 1993, Boris Yeltsin dissolveria o Parlamento e brigas começariam a tomar as ruas de Moscou; em outubro de 1993, Yeltsin bombardearia a Casa Branca russa (o prédio do Parlamento) para esmagar a oposição. Haveria distúrbios nas proximidades da Torre Ostankino, a principal antena de transmissão de rádio e televisão. Um dos participantes nos distúrbios afirmou que houve mais de mil mortos. Quando um repórter disse não ter visto corpos, nem mesmo nos hospitais locais ou no necrotério, o homem apenas riu e disse:

— É claro que não há corpos. Como pode haver corpos se a polícia os come?

Quando cheguei a Moscou em janeiro, meses antes desses eventos, havia muita discussão a respeito de uma aliança vermelho-marrom entre comunistas não reestruturados e grupos nacionalistas-fascistas para fazer oposição a Yeltsin. O jornalismo extremista que vi em minha primeira visita continuava a florescer nas estações de metrô e nos quiosques nas esquinas. A atmosfera era sombria e de resignação.

No lado de fora do Arquivo Central do Partido (agora, Centro Russo para Preservação e Estudo de Registros da História Moderna, RTsKhIDNI), o mesmo pôster colorido chamava os passantes a distantes terras orientais; Marx, Engels e Lenin ainda fitavam melancolicamente a rua Bolshaya Dimitrovka. Nada havia mudado. No lado de dentro, a mesma pequena senhora grisalha, com o mesmo avental de um azul-cinzento e meias brancas enroladas acima dos tornozelos, estava junto a um canto da ventosa sala de casacos, ao lado da guarita, fitando como sempre um ponto no meio do amplo átrio, e, como antes, não fez o menor esforço para pegar meu sobretudo, como se eu não estivesse ali. O mesmo guarda passou o mesmo olhar preguiçoso em meu *propusk* e nos deixou entrar com a mesma expressão semiconsciente nos olhos. O mesmo vaso de violetas frescas encontrava-se aos pés de Lenin, a mesma expressão fixa em seus olhos, e o mesmo cheiro estagnado e acre enchia o corredor.

Subi ao segundo terceiro andar e caminhei ao longo do salão pensando que podia não passar ali novamente. Um maço de Winstons e a emoção do momento histórico podem não bastar. Na sala de espera do escritório do diretor, o mesmo calendário estava pendurado na parede e o relógio de plástico parado nas cinco horas. Depois de alguns momentos, Oleg Naumov saiu, acompanhado do novo diretor, que apertou minha mão amigavelmente.

— Bem — disse ele —, parece que temos trabalho a fazer. Podemos começar.

Ele falava um excelente inglês, com um forte sotaque quase gutural que eu não conseguia identificar. Com mais de 1,80m de altura, Kyrill Anderson era um homem enorme, com mãos poderosas como raízes de árvore, um pescoço grosso, taurino, e ombros sólidos. Ele demonstra senso de humor, coleciona cachimbos, netsuquês e outras miniaturas, é um especialista em história francesa dos séculos XVIII e XIX e tem particular orgulho da inigualável coleção que o arquivo tem de caricaturas da época da Revolução Francesa.

Em nosso primeiro encontro, não usava terno, nem mesmo um blêizer, e não me chamou a atenção como particularmente *delovoi* em paletó de couro e gravata, mas também não me chamou a atenção como o oposto. Ele havia estado no exterior; era alegre e confiante; não precisava impressionar ninguém.

— Venha por aqui — disse, levando-nos até a sala de reuniões que também era o escritório de Naumov.

Antes de nos sentarmos à grande mesa, um na frente do outro, Naumov acendeu a luz. Anderson percebeu minha reação.

— Bem, por economia. Está um pouco frio também — comentou —, é bom para os documentos. De toda forma, nada podemos fazer. É a Rússia.

Estava frio porque podiam ligar o aquecimento somente em certas horas do dia.

— Bom, aqui está você, em Moscou — Anderson começou, assim que me sentei no mesmo lugar de um ano atrás. — Espero que a viagem não tenha sido um grande transtorno. Estou contente por ter vindo. *Temos* um problema. O problema é nosso, não é seu, não é meu. Devemos trabalhar juntos para uma solução. Você concorda?

Eu nunca tinha ouvido tais palavras nas negociações anteriores em Moscou. Tampouco as ouvi nos Estados Unidos. Concordei.

O problema principal parecia ser até que ponto estudiosos e pesquisadores russos poderiam fazer uso do material enquanto o preparávamos para publicação.

— Somos uma instituição de pesquisa — explicou Anderson. — Não podemos impedir que estudiosos russos tenham acesso e, também, devemos encontrar uma forma de publicar esses livros na Rússia.

Este parecia ser o obstáculo mais simples, e ofereci total permissão para publicar os livros em russo. Contudo, não era tão simples: sem dinheiro para imprimir os livros, de que servia a permissão? Já havíamos discutido isso, sem chegar a uma decisão objetiva quanto à questão do subsídio que Yale teria de fornecer para impressão, papel e composição. Foram necessários dois dias para que estabelecêssemos os algoritmos adequados para acesso e porcentagens para subsídio. O processo de impressão russo é diferente do nosso: o tamanho das folhas de papel de impressão é diferente, os custos são calculados de modo diferente.

Por que era tão diferente aqui? Por mais de uma vez, me senti tentado a perguntar. Eu podia imaginar a resposta de Anderson: *Por que* vocês *são tão diferentes?* Até então, nunca havia me ocorrido que o significado inglês de uma palavra não era *o* significado daquela palavra. Ou que, se uma palavra tivesse raiz no latim, o significado latino era *o* significado. Quando deparei pela primeira vez com a palavra russa *rezolyutsiya*, associei-a à palavra "resolução", e esse é, de fato, um dos significados da palavra em russo. Contudo, o significado secundário era um que eu encontrava nos documentos; não significava "resolução", mas "instruções" a serem apendidas a uma decisão. A palavra *pretenziya* também gerava a mesma situação. Um de seus significados em russo é "pretensão", mas, nos documentos que estudei, é usada com mais frequência para significar "reivindicação". Tais mudanças semânticas ocorriam em todos os idiomas; contudo, apenas quando fiquei cara a cara com elas e me aborreci com as dificuldades que representavam é que passei a me perguntar por que não podiam simplesmente usar *nossos* significados. Não era o mesmo problema? *Nosso* significado era justamente isto: *nosso*. Nos idiomas, não há absolutos. Na publicação de livros, também não. E em muitas outras coisas.

Contudo, eu tinha de explicar isso a John Ryden; de tudo, essa era a parte que, decididamente, *não* era nosso problema, mas meu apenas. Entendi que era essencial que os livros fossem disponibilizados em russo para leitores russos, caso contrário, não seria uma forma de pilhagem? De que outra maneira esse conhecimento poderia penetrar a sociedade russa? Sem esse conhecimento, como uma nova sociedade poderia começar a ser construída?

Quando terminamos de renegociar diversos pontos do acordo original, Kyrill sugeriu que eu retornasse ao arquivo para uma última conversa antes de deixar Moscou. Perguntei se antevia problemas adicionais. Não, ele disse, mas era melhor ter cuidado.

Sucesso. Quase gritei de alegria quando Jeff, Nikolai e eu ziguezagueávamos esbaforidos pelas ruas geladas no meio da multidão. O céu estava baixo e cinza; como na visita anterior de janeiro, pirâmides de gelo de quase um metro e meio de altura estavam empilhadas no meio das calçadas. Havia grandes buracos no calçamento, e calhas de drenagem desciam pelas fachadas dos prédios como veias inchadas. De tempos em tempos, pequenos pelotões de recrutas do Exército Vermelho abriam caminho agressivamente no meio da massa de gente. Debaixo de chapéus de feltro cinza, com estrelas de cinco pontas, de plástico de cor rubi, coladas na frente, olhos de meninos fitavam ansiosos e desafiadores.

Sucesso. Teria sido um teste? Quão empenhado eu estava? Quão comprometida estava Yale? Vir e *não* tentar subornar ou persuadir ou forçar? Contudo, eu ainda não tinha conseguido um centavo sequer para o projeto e sabia que o custo seria elevado, particularmente para ajudar a subsidiar os volumes russos. Contei a Jeff o que meu avô dissera quando meu pai anunciou que iria para a universidade — o primeiro membro da família a fazer isso.

— Maravilhoso — disse meu avô. — Isto é a América. Todos podem ir para a universidade.

— Mas, pai — suplicou meu pai —, universidade custa dinheiro.

Meu avô riu.

— Dinheiro? Qualquer idiota pode ir para a universidade com dinheiro. O *khukham* vai sem dinheiro. E isso é o que você deve ser.

Jeff refletiu por um momento.

— Tenha cuidado com iídiche por aqui — disse ele. — Muitos no arquivo não gostarão. Firsov pode confirmar.

Jeff alertou-me para ser especialmente cuidadoso em nossa próxima reunião. Lembre-se, é o KGB. Eles o examinarão minuciosamente.

A notícia correu rapidamente pela comunidade dos arquivos e chegou aos ouvidos sempre atentos da Praça Lubyanka; os representantes do KGB com quem não pude me reunir no ano anterior expressaram, novamente, o desejo — por quê, jamais descobri — de encontrar-me agora. Um general Staroshin estava preparando alguns documentos de grande valor, mas nem Jeff nem Nikolai sabiam dizer do que se tratava. Na hora marcada, chegamos à sala no porão de um prédio em algum lugar no centro de Moscou. Dois homens em ternos pretos estavam diante de nós e disseram-nos para esperar. Um era alto e magro, de rosto estreito e oval, pele amarelada; o outro tinha a minha altura e corpo quadrado, atarracado. O general nos receberia logo, podíamos ficar à vontade. Enquanto esperávamos, o mais baixo dos dois se aproximou de mim. O colega magro ficou atrás dele.

— Yampolski — disse, apertando minha mão, como um vendedor de carros. E acrescentou, gentil: — Você é italiano?

— Não.

— Não — repetiu ele, pensativo.

O companheiro deu um passo à frente.

— Zavyalov — disse em uma voz despreocupada, aflautada.

Diferentemente de Yampolski, em vez de apertar, a mão de Zavyalov envolveu a minha. Suas unhas quebradas estavam sujas, como se acabasse de sair de baixo de um carro ou trator. Quando Zavyalov sorria, dava para ver os dentes amarelados espetados em ângulos esquisitos. Uma mecha de cabelos pretos cobria sua testa, como uma lua crescente; uma gravata desbotada pendia torta de seu pescoço. Ele me examinou atentamente com seus olhos tristes e intrigantes. Perguntei se falava inglês, e ele respondeu com um sorriso encabulado, que expôs mais dentes descolorados e de formato esquisito, muitos cobertos de ouro.

— Então, sua mãe era espanhola? — ele assuntou, insistindo no que Yampolski começara.

Percebi sua intenção, mas não estava disposto a ajudá-lo.

— Sua família era do Mediterrâneo, não? — tentou mais uma vez, inclinando a cabeça para um lado, como se fosse tocar violino.

— Não — disse eu, perdendo a paciência. — Um de meus avós era de Kiev e o outro, de Lvov.

— Ah — Yampolski sibilou com satisfação. — *Yevreisky Lvov* — judeu de Lvov.

Com isso esclarecido, Zavyalov e Yampolski recuaram alguns passos e se recolheram em seus pensamentos para esperar o chefe.

Zavyalov, com seus olhos tristes e intrigantes, dentes tortos, pele amarelada e mecha de cabelos pretos na testa. Zavyalov, que passei a conhecer como Sergei e a quem veria em todas as visitas seguintes — às vezes como vice-diretor de uma editora cuja sede ficava no salão de vendas de uma nova concessionária de automóveis, às vezes como estudante de história em uma universidade recém-aberta, às vezes como consultor de novas tecnologias. Ao longo dos anos, mantivemos muitas conversas intensas e agradáveis, que jamais resultaram em algo. Uma vez, ao chegar a seu novo escritório, notei, em sua mesa, uma placa com o nome de outra pessoa. Em todas as visitas seguintes a Moscou, Sergei parecia surgir do canto do palco, até que, um dia, não se materializou.

— Onde está Zavyalov? — perguntei a Nikolai.

— *Zavyalov propal* — foi a simples resposta de Nikolai. Zavyalov desaparecera — no sentido de ter caído de um precipício ou, simplesmente, sumido, puf. *Zavyalov propal,* Nikolai disse, e nunca mais o vi ou soube dele.

Uma vez estabelecida a questão de minhas origens, um homem idoso, de terno cinza e cabelos grisalhos, entrou vivamente na antessala. Yampolski abriu a porta e a segurou enquanto Jeff, Nikolai e eu seguíamos o general.

Tomamos nossos assentos em um lado; o general grisalho sentou-se à nossa frente, ladeado pelos dois conselheiros. Era uma sala no porão, e, pelas janelas acima de nossas cabeças, podíamos ver os pés das pessoas passando na rua. Depois das apresentações, o general Staroshin se levantou e estendeu a mão por sobre a mesa.

— Desejo felicitá-lo, *Gospodin Brent*, pelo nascimento de sua filha.

Eu havia, seis semanas antes, comunicado o nascimento de minha filha a Jeff e a ninguém mais. Confuso e, ao mesmo tempo, contente, levantei-me e apertei sua mão. Parte de mim desejava saber mais sobre esse homem e agradecer-lhe por saber tanto sobre mim; parte de mim desejava sair e voltar para casa.

— O KGB continua sabendo de tudo — disse eu, e lhe agradeci. Ele sorriu e sentou-se novamente.

Após um introito, iniciamos os trabalhos. O KGB tinha muitos documentos de valor que desejava publicar. Esse material ultrassecreto despertaria, com certeza, o interesse de leitores americanos, pois tratavam da Segunda Guerra Mundial, de Stalin e dos aspectos mais secretos do serviço de informações soviético. Os documentos teriam grande importância na história mundial, disse o general Staroshin.

— Posso ver uma lista dos documentos? — perguntei.

— Não, pois são polêmicos — respondeu o general.

— O senhor pode fornecer-me uma prévia ou descrição?

— Não, infelizmente, não.

— Devo fechar um acordo com base em nenhuma informação?

— Lamentavelmente, sim; mas, garanto, você não se decepcionará.

— General Staroshin — retruquei —, não quero parecer desrespeitoso ou arrogante, mas Yale é uma editora acadêmica. O trabalho que publicamos é analisado e avaliado por estudiosos e deve atender ao mais alto padrão de erudição. Devo submeter cada projeto a um comitê de especialistas na universidade para aprovação. Temo não poder fechar um acordo com base unicamente nesse tipo de garantia. Sugiro que o senhor procure uma editora comercial nos Estados Unidos, alguma que não se preocupe com o que publique, desde que seja sensacional.

Obviamente irritado, o general Staroshin inclinou-se sobre a mesa, apoiado nos cotovelos.

— Escute — disse ele, apontando um dedo para mim —, quero fazer negócio com a Universidade de Yale, e, quando você retornar, quero que diga a seu diretor que sei tudo sobre a editora, pois, quando estudante, usei muitos livros publicados pela Yale. Diga isso a ele.

Isso é uma ameaça ou outro lembrete gentil, como felicitar-me pelo nascimento de minha filha? Deveria preocupar-me com o "grande alcance" da organização que ele representava?

— Farei isso — garanti ao general.

— Providenciarei uma lista de documentos, mas devo obter autorização para divulgá-la. Poderemos contactá-lo novamente.

Dito isso, levantou-se e deixou a sala, seguido por Zavyalov e Yampolski, que não disseram uma palavra durante toda a reunião. Um ou dois meses mais tarde, de fato, fui contactado por eles, por correio, com uma lista de vinte ou trinta páginas de documentos, com curtas legendas. Enviei essa lista a William Odom, um conselheiro do projeto, e pedi opinião profissional. Bill, que havia dirigido a inteligência do Exército e trabalhado com Zbigniew Brzezinski na Agência Nacional de Segurança durante os anos do presidente Carter, imediatamente enviou-me uma nota afirmando que os documentos eram pouco mais do que evidência autocongratulatória, autojustificadora, de que o KGB não fora responsável pela invasão nazista de junho de 1941 e pelo colapso do Exército Vermelho — uma questão ainda de importância incendiária na sociedade russa.

"Você quer publicar um livro que sirva à agenda política do KGB?", Odom perguntou-me. Os documentos não serão examinados ou colocados em qualquer tipo de contexto político ou militar, e foram selecionados para provar uma conclusão: que Stalin era o único responsável pelo desastre. Alguns dos documentos são inerentemente interessantes, mas sua intenção subjacente não era histórica, era política. Como confiar neles? A principal pergunta, no entanto, não é o que a lista de documentos continha, mas o que pode ter ficado de fora. Como saber se era completa? Como saber se não existe outro conjunto igualmente volumoso de documentos que proponha um cenário oposto? Ademais, os documentos nem ao menos são cópias completas, mas, provavelmente, textos datilografados, tirados dos verdadeiros documentos. Não continham informação de localização nos arquivos e, portanto, não poderiam ser citados de forma apropriada como fontes de um arquivo soviético.

Enviei o relatório ao general Staroshin, que respondeu imediatamente, considerando o comentário de que o volume seria pouco mais do que uma reabilitação do KGB em proveito próprio como um "insulto a seu uniforme". Ele sugeriu outra reunião em Moscou, dessa vez com o general Odom, para que pudesse provar a validade e importância do material que oferecia. Ele estendeu a oferta, permitindo que Odom visse os documentos com os próprios olhos.

Odom me acompanhou a Moscou, cerca de seis meses depois, e nos reunimos com o general Staroshin, Zavyalov e Yampolski na mesma sala no porão, no mesmo prédio cuja identidade correta jamais pude aprender. Quando nos sentamos, vi novamente as janelas acima de minha cabeça. Inicialmente, vi as mesmas pernas das pessoas passando; mas, depois de alguns momentos, as pernas pararam, uma ou duas pessoas se abaixaram e espiaram pelas janelas. Enquanto a reunião se desenrolava, alguns homens jovens não identificados entraram na sala sem ser anunciados. Andaram casualmente em torno da mesa, como para dar uma boa olhada no general Odom e saíram. Ninguém disse uma palavra.

O general Staroshin apresentou um número recente de *Military History Journal*, a principal publicação acadêmica do Ministério da Defesa voltada para historiadores militares. Continha um artigo escrito pelo general William Odom e sua fotografia na última capa. A fotografia do general de divisão Vladimir Slipchenko também aparecia na última capa e um de seus artigos, na revista. Eles pareciam estar um encarando o outro. Odom e Slipchenko estavam vestidos com seus uniformes militares completos.

Durante a discussão sobre a coleção de documentos oferecida a Yale, o general Staroshin passou a Odom um volume com material adicional, encadernado e sem título, sugerindo que poderia interessá-lo. Enquanto Bill examinava os documentos, falei a Yampolski sobre como seria possível preparar o material, de modo que Yale pudesse publicá-lo. Precisaríamos de análises por especialistas ocidentais, citação completa e um ensaio introdutório posicionando o material no contexto da guerra, do controle de Stalin sobre o aparato de segurança e das relações com os alemães de 1939 a 1941. Yampolski ouviu com atenção e indicou que achava que nada daquilo era aceitável. A discussão não estava levando a lugar algum. Bill, no entanto, estava absorvido no exame do que Staroshin pusera em suas mãos. Depois de quase uma hora, agradecemos aos nossos anfitriões, Bill devolveu o livro, e prometemos reconsiderar o projeto.

— O que era aquilo? — perguntei, depois que estávamos em segurança no lado de fora.

— São compilações de casos de contrainteligência realizados pelo KGB ao longo dos anos — disse Odom. — Um livro de casos.

O livro parecia conter todos os relatórios operacionais associados a cada caso, assim como uma breve narrativa associando-os, de modo que toda a história do caso ficasse disponível para treinamento ou para fazer referência a outros agentes de inteligência inimigos.

Odom me disse jamais ter visto algo parecido. Caso após caso, com análise detalhada do que deu errado em uma dada ação e o que deu certo — pelo menos essa era sua conclusão depois que lhe permitiram analisar partes de um dos grandes volumes, possivelmente com mil páginas de registros de casos, Odom achou que era uma forma excepcional de prover contexto histórico e continuidade para cada serviço de inteligência que fizesse oposição à União Soviética.

— Em nosso lado, nunca fizemos isso — disse Bill. — Não, mesmo. Jamais com tal nível de detalhes. Por isso eram tão bons. Muito bons. Contudo, nem sempre os melhores — acrescentou. — Algumas vezes, até mesmo eles se confundiram e erraram grosseiramente.

— Poderíamos publicar *esses* livros?

— Você está brincando? Eles jamais permitirão isso. Nunca.

Fridrikh Firsov convidou-me para jantar em seu apartamento naquela noite. Discutiríamos o diário de Georgi Dimitrov e o projeto de livro sobre o terror no Comintern na década de 1930. Por que o diário era tão importante? Muito simples. Era o único diário mantido por um proeminente membro do governo soviético e próximo de Stalin; como diretor do Comintern, Dimitrov reunia-se regularmente com seu chefe. Depois, Dimitrov escrevia sobre suas conversas com Stalin e muito mais no diário. Embora fosse búlgaro, escreveu em russo a parte de Moscou do diário. Quando estava na Alemanha, escreveu em alemão, e, quando retornou à Bulgária após a guerra, escreveu em búlgaro. Uma figura muito interessante. Na verdade, Firsov disse, ele escreveu a seção inicial em alemão, enquanto estava algemado na prisão estudando a língua.

Onde mantinha o diário quando veio para Moscou?, perguntei. Em um cofre. Ele estava se arriscando muito, não?

— Nem um pouco — disse Firsov. — A única pessoa que tinha a chave do cofre, além do próprio Dimitrov, era Stalin.

— E Stalin o lia?

— Diariamente.

Um abismo parecia abrir-se.

— Diariamente?

— Talvez, em dias alternados.

— Então, por que ele fez isso?

— Assim funcionava o sistema.

Georgi Dimitrov, um comunista búlgaro e herói do julgamento do incêndio do Reichstag de 1933, trabalhou e viveu em Moscou até o fim da guerra, quando retornou à Bulgária, seu país natal, onde acabou se tornando primeiro-ministro da nova República Popular da Bulgária. Stalin se recuperava dos esforços de guerra em Sochi, na época em que Dimitrov partiu de Moscou, em 1945. Ele incluiu no diário esta carta de despedida a Stalin:

Caro camarada Stalin,

De partida para a Bulgária, em conexão com a eleição dos delegados, gostaria de expressar minha mais profunda gratidão pela oportunidade, que me foi dada por tantos anos, de trabalhar diretamente sob sua liderança e a aprender tanto com você, e também pela confiança que você depositou em mim.

Naturalmente, em [*sic*] futuro continuarei a despender todo esforço para justificar sua confiança. Contudo, rogo-lhe que me permita oportunidade de em [*sic*] futuro valer-me de seu valoroso conselho, que é de excepcional valor.

Do fundo do meu coração, desejo-lhe boa saúde e vida longa, para o benefício da grande pátria soviética e de trabalhadores mundo afora.

Seu sempre devotado,
G.D.
3 de outubro de 1945.[28]

Há várias coisas interessantes em relação a essa carta, mas a primeira é que ele a enviou em 3 de outubro, um mês inteiro antes de registrá-la no diário, em 3 de novembro de 1945. Por que a espera? Esta seria uma entrada que Stalin não leria. Será que ele não ousou incluí-la até receber a resposta de Stalin e ter certeza de que era aceitável ao mestre? Tais formalidades — felicitações de aniversário, quem pode ser convidado a acompanhar Stalin à estação de trem antes de uma viagem, que nomes apareciam nas listas publicadas nos jornais, de tempos em tempos, como marcados para assassinato por "inimigos do Estado" — nada disso era de pouca importância para Stalin, o *vojd*. A devoção servil de Dimitrov não terminou com essas palavras de despedida. Assim que, em 1947, Stalin demonstrou desagrado com o "tratado de duração ilimitada" entre Iugoslávia e Bulgária assinado por Tito e Dimitrov, este reproduziu em seu diário a carta que escreveu a Tito, datada de 13 de agosto daquele ano:

> A Walter [Tito]:
>
> Considerando a mensagem de nosso Grande Amigo [Stalin], devemos admitir que nos deixamos arrebatar na questão do acordo. Para corrigir o erro cometido, é necessário, no meu entender, anular este ato para, quando tempos mais favoráveis vierem, e depois de consultar nossos amigos soviéticos, assinar o tratado e torná-lo público.
>
> Ivan [Dimitrov].[29]

Sua devoção também não terminou aqui. Embora Stalin não lesse mais seu diário, Dimitrov continuou a fazer entradas como se *Stalin as lesse.* Subsequente a essa carta, em 24 de janeiro de 1948, Stalin enviou uma carta a Dimitrov protestando contra comentários que este fizera em uma entrevista coletiva na Romênia:

> Consideramos nosso dever trazer à sua atenção o fato de que parte de sua declaração na entrevista coletiva na Romênia [...] a respeito da federação ou confederação de democracias populares, incluindo Grécia, Polônia, Tchecoslováquia etc., é vista pelos amigos de Moscou como prejudicial, causando danos aos países da nova democracia e facilitando a luta dos anglo-americanos contra esses países.
>
> É difícil imaginar o que o levou a fazer tais afirmações precipitadas e imprudentes na entrevista coletiva.

> 24 de janeiro de 1948.
>
> Drujkov [Stalin][30]

Dimitrov respondeu imediatamente:

> A Drujkov [Stalin]:
>
> Confirmo o recebimento de seu telegrama. Sou grato por seus comentários. Tirarei as conclusões apropriadas.
>
> Ivanov [Dimitrov]

Fica claro que Dimitrov recebia as comunicações de Stalin de forma codificada, daí o uso de "Drujkov" e "Ivanov", e de expressões como "amigos de Moscou". Não obstante, ele as inseria imediatamente no diário. Ele permaneceu o servo fiel até o fim, registrando os desagrados e repreensões do mestre como se para provar a si próprio — ou a outros que o sucedessem — a lealdade cega que seu comportamento impensado na negociação com Tito parecia pôr em dúvida. Para Dimitrov, Stalin estava presente sem estar presente.

Dimitrov retornou a Moscou em 1949 para tratamento médico e morreu no Sanatório de Barvikha no dia 2 de julho de 1949, em circunstâncias que a muitos, na época, pareceram suspeitas. Até hoje, ninguém sabe se Stalin deu ordens aos médicos para que assassinassem Dimitrov. Isto não estaria, de modo algum, fora de questão. Muitos documentos de divulgação recente sugerem que esse foi precisamente o destino que Stalin arquitetou para seu outro servo de confiança, Andrei Jdanov, diretor do Partido de Leningrado e membro do Politburo, em agosto de 1948.[31] Não restam dúvidas de que Dimitrov e Jdanov, assim como Yejov antes deles, encontraram a morte com o nome de Stalin em seus lábios.

Firsov havia lido o diário, pois havia uma cópia em microfilme na coleção do Comintern em Moscou, mas o original permaneceu com o filho de Dimitrov, Boyko, em Sófia, Bulgária. Se fôssemos publicar o diário, Firsov precisaria cotejar o microfilme com o original para verificar se algo foi omitido ou adicionado. Contudo, Firsov explicou, havia outra complicação. A neta de Dimitrov vivia em Moscou. A filha da filha adotada de Dimitrov, cujo verdadeiro pai era um famoso comunista chinês morto na década de 1930, não tinha boas relações com Boyko, seu tio, e não era, de modo algum, fácil lidar com ela. Todavia, segundo a lei russa, precisaríamos obter a permissão dela, assim como a do filho de Dimitrov, antes que pudéssemos publicar este trabalho.

Devemos fazer duas coisas, Firsov aconselhou. A primeira era agendar uma reunião com a neta em Moscou. A segunda, agendar uma reunião com Boyko em Sófia. Eu poderia fazer isso? A publicação do diário dependia de acordo com a família, não com o arquivo, de modo que decidi que os dois iríamos a Sófia e também encontraríamos a neta. Firsov achou que poderia descobrir o paradeiro dela e sabia como chegar até Boyko, que falava bem o inglês.

No dia seguinte, recebi, através de Jeff, uma mensagem dizendo que devíamos encontrá-la em uma determinada estação do metrô, segundo vagão a partir do final, em uma dada plataforma, às 14h em ponto. Não devíamos nos atrasar. Ela nos encontraria. Firsov se juntaria a nós, mas não queria estar imediatamente presente em nosso encontro, pois achava que poderia assustá-la. Somente se necessário ele se juntaria a nós, do local onde estaria.

Jeff e eu nos dirigimos à posição indicada na plataforma do metrô e esperamos. Ela não apareceu, e Jeff sussurrou que achava que estávamos sendo observados. Por fim, um homem magro, de aparência nervosa, de trinta ou quarenta anos, se aproximou. Você deve ser o editor americano?, ele perguntou em inglês claudicante.

Respondi que sim. O que queríamos? Por quê? Sua cliente não assinaria nada. Por que a perturbávamos? Ele era seu advogado e examinaria tudo cuidadosamente. Podíamos ter certeza disso. Enquanto ele falava, uma mulher atraente, magra, com aparência asiática, ou melhor, euro-asiática, na faixa dos trinta anos, veio em minha direção, saindo de trás de uma coluna. Ela não disse uma palavra. Quando estendi a mão, ela se refugiou atrás do advogado. Ele prosseguiu com o interrogatório. Por que eu queria publicar isso? Quem éramos nós? O que era a Editora da Universidade de Yale? Ele leria o contrato cuidadosamente, mas estava certo de que havia muito que negociar. Que eu não tentasse, ele alertou, entrar em contato com sua cliente novamente. Ele pegou o contrato e se foi. Esta era a filha da filha de Dimitrov. Seu corpo delgado balançava nervosamente enquanto falávamos. Nunca mais tive contato com qualquer um dos dois.

A filha mesmo já estava morta havia alguns anos, e havia especulação, ouvi dizer, de intriga familiar, possivelmente, instabilidade mental e um crime. Contudo, os detalhes eram sombrios, e Firsov insistiu para que eu não investigasse o assunto. No entanto, o encontro desastroso tornou ainda mais urgente a viagem a Sófia para encontrar o filho de Dimitrov, que também havia tido uma posição importante no antigo governo comunista da Bulgária. Firsov telefonaria para ele naquela noite.

No dia seguinte, falei diretamente com Boyko ao telefone. Ele teria prazer em receber-me. Ele já havia pensado em publicar o diário. Boyko falava inglês bem. Combinamos que eu pegaria o primeiro voo de Moscou para Sófia e ele me esperaria no aeroporto, com uma cópia de *The Economist* debaixo do braço.

No aeroporto, no dia seguinte, perguntei ao guarda no controle de passaportes se precisava de visto para entrar na Bulgária. Não, certamente, não, foi a resposta. Por quê? Rússia e Bulgária são países fraternos, muito amigos. Não havia necessidade. E para retornar à Rússia? É claro que não. Rússia e Bulgária têm uma ótima relação. Por que eu precisaria de um visto para voltar?

Peguei o voo da Aeroflot para Sófia às dez e meia da manhã. Aterrissaria às 13 horas, e iria com Boyko a sua casa, onde almoçaríamos e discutiríamos a publicação do diário. Eu passaria a noite em um hotel e voltaria no dia seguinte. A meu lado, no avião, estava um russo que falava um pouco de inglês. Brincando, mencionei que meu agente de viagem dissera que a Aeroflot era uma companhia aérea muito boa, exceto que ninguém sabia quando iria decolar ou onde aterrissaria. Meu novo amigo, que se descreveu como homem de *biznes*, não gostou da piada.

— Não — disse ele. — Avião russo é forte. — E fechou os dois punhos. — Forte. Como mulher russa.

Passamos o resto do voo discutindo história e literatura russas. Contei que meus dois avós vieram da Rússia e que meu sobrenome originalmente era Brodski, e não Brent. Ele sugeriu que lhe telefonasse na próxima vez que estivesse em Moscou, e eu iria à sua dacha e desfrutaria sua *banya* e conheceria seus amigos. O voo foi suave e sem sobressaltos. Por volta das 13 horas, quando o avião estava pronto para tocar a pista e nos preparávamos para dizer adeus, uma voz soou no alto-falante. Olhei pela janela e vi o que me pareceu ser uma paisagem familiar.

— O que ela disse? — perguntei, sem conseguir entender o rápido e chiado anúncio no interfone. — O que ela disse? — perguntei novamente.

— Devido a dificuldades técnicas, retornamos ao Aeroporto Sheremetyevo. Não é possível.

Quando saímos do avião, sob incitamento urgente da tripulação, fomos cercados por caminhões dos bombeiros, ambulâncias e polícia. Meu primeiro pensamento foi, *Não. Isso é uma piada. Estamos em Sófia. Apenas parece Moscou.* No entanto, o rosto pálido de meu amigo dizia tudo.

— Por favor — disse, segurando meu braço. — Por favor, me acompanhe.

Ele guiou a mim e a dois jovens estudantes chineses totalmente atordoados — que estavam perto de nós, não falavam russo ou inglês e, obviamente, não tinham ideia do que se passava — até o café do aeroporto. Lá, nos ofereceu caviar, vodca, pão preto e ovos cozidos durante cinco ou seis horas, até um avião substituto vir de Alma-Ata. Quando ofereci ajuda para pagar nosso banquete, ele recusou com firmeza.

Por volta das 22h, eu estava no Aeroporto de Sófia. Estava escuro e eu mal podia discernir o perfil das montanhas que formavam um círculo a nossa volta. Eu não tinha esperança de encontrar alguém com uma cópia de *The Economist* debaixo do braço, mas lá estava ele no outro lado da aduana. Ele me identificou imediatamente.

— Estávamos muito preocupados — disse Boyko. — Mas isso é bem normal. Você deve se acostumar, se for ficar muito tempo nesta parte do mundo.

Boyko fala inglês quase sem sotaque; ele trabalhou no setor do governo búlgaro responsável pelo comércio exterior. Levou-me direto para o hotel. No dia seguinte, conversaríamos seriamente. Ele me levaria à sepultura de Dimitrov e eu poderia ver com meus próprios olhos quão infame e mal-agradecido era o povo em relação a Dimitrov, que tinha dado a vida para salvá-los. Em certo momento, ele temeu que a sepultura fosse violada, de modo que, uma noite, removeram o corpo e o enterraram sem cerimônias em um cemitério público.

O hotel parecia vazio, mas havia alguém na recepção e Boyko guiou-me até o quarto. Ele telefonaria de manhã. A característica do quarto que mais chamou a atenção não foram as paredes finas como papel, nem o cobertor fino como papel, nem o colchão fino como papel, nem a lasca de sabão em seu invólucro de seda na pia do banheiro, mas encontrar sobre o travesseiro, em vez das balas típicas dos hotéis americanos, um pacote de papel celofane com um preservativo.

No dia seguinte, chegamos a um acordo com facilidade e Boyko assegurou-me que se responsabilizaria por obter a assinatura da sobrinha e garantiu que o contrato seria cumprido. Levou-me para ver a sepultura de Dimitrov, agora totalmente desfigurada por um grafite grosseiro, desonrando a memória desse herói do julgamento do Reichstag em Leipzig, onde foi mais astuto do que Goebbels e preservou a honra de trabalhadores e camponeses de todo o mundo. Quando retornou a Moscou, foi saudado por Stalin como uma das grandes figuras do movimento comunista. Como líder da Bulgária depois da guerra, Dimitrov não impôs as duras medidas retaliatórias de seu mentor de Moscou contra os inimigos burgueses.

"A vantagem da forma soviética", Stalin aconselhava em dezembro de 1948, "é que resolve o problema rapidamente — com o derramamento de sangue; mas você [Dimitrov] pode dispensar isso porque o capitalismo em seu país se rendeu imediatamente. Em outras palavras, você teve sorte, e somos responsáveis por sua sorte, como admitimos prontamente."[32]

Onde há um homem, há um problema. Onde não há um homem, não há um problema: essa era a regra de ouro favorita de Stalin para gerenciamento de pessoal. Ainda assim, ele chamava Dimitrov de "sortudo". A autoconfiança de Stalin é assombrosa: o entendimento *autoconfiante* que ele tinha de sua responsabilidade, seu dever e seu papel histórico o elevava a uma categoria consideravelmente acima dos meros açougueiros e sádicos que, com frequência, efetuavam seu trabalho sujo, uma categoria geralmente reservada a heróis trágicos. Após as sérias admoestações de Stalin, Dimitrov escreve:

> Ficamos até de manhã. Stalin estava muito animado e alegre. Ele entretinha seus hóspedes. Tocava alguns discos, contava piadas e até dançava.[33]

A data dessa reunião, dezembro de 1948, coincide com o início do período final de Stalin, quando sua mente se voltou para os expurgos da década de 1930, com os quais alcançou o poder absoluto. Em janeiro de 1948, ele assassinara o internacionalmente famoso ator e diretor do Teatro Iídiche de Moscou Solomon Mikhoels, cujo trabalho em nome de Stalin em 1943 lhe rendera as mais altas honrarias que sua pátria podia conceder, mas que, agora, representava uma ligação com o incipiente Estado de Israel e com os Estados Unidos. Novos documentos sugerem fortemente que, em agosto de 1948, Stalin engendrara a morte de Andrei Jdanov; Jdanov foi um colega estimado, cujo filho desposou a filha de Stalin, mas, em 1948, caiu em desgraça, assim como os membros do Politburo Vyacheslav Molotov, Anastas Mikoyan e Kliment Voroshilov, entre outros. A liquidação do Comitê Judeu Antifascista em 1952 coincidiria com a execução de importantes líderes do partido de Leningrado. A campanha anticosmopolita, antissemita logo culminaria em uma crise. Em 1950, Stalin começaria a planejar um confronto nuclear com os Estados Unidos.[34]

No Aeroporto de Sófia, perguntei novamente se precisava de visto para retornar à Rússia e recebi idêntica resposta. Voltei a Sheremetyevo sem incidentes, mas fui imediatamente parado no controle de passaportes e levado a uma das salas fechadas nas quais havia, na minha primeira viagem, visto mercadores asiáticos desaparecerem. As paredes verdes rachadas eram nuas, exceto por um retrato de Lenin, sob o qual me sentei em silêncio por vários minutos, aguardando meu destino. Logo, vários guardas jovens retornaram e me levaram ao andar de cima, até um agente de imigração, que exigiu ver meu visto e o passaporte.

Expliquei, em meu russo inadequado, que havia sido informado de que não precisava de visto para reentrada. Ele deu de ombros. Como pude ser tão mal-informado? Eu gostaria de saber. Ele não tinha ideia, mas isso não era problema dele. A lei era a lei. A situação era simples. Eu deveria pegar outro voo para Sófia, comprar um visto e voltar a Moscou.

Isso era uma piada, eu disse. Simplesmente me recusei. Não ia pegar outro avião da Aeroflot para Sófia, de jeito nenhum. Eu preferia ir para a cadeia. Você quer me mandar para a cadeia por algo tão estúpido? Eu sou um cidadão americano. Farei um escândalo por esse disparate. O pobre homem podia entender um pouco do que eu dizia e sugeriu que eu procurasse o representante das Linhas Aéreas Balcânicas no aeroporto, que falava inglês e poderia ajudar. Boa sorte.

Segui por conta própria pelo labirinto de salas de Sheremetyevo, batendo em qualquer porta atrás da qual achava que alguém pudesse ser encontrado. Por um feliz acidente, virei uma esquina e deparei com a sala das Linhas Aéreas Balcânicas. O representante estava sentado à sua mesa e parecia contente por ter a oportunidade de falar inglês. Ele era cordial e ligeiramente confuso. Em vez de um retrato de Lenin, as paredes de sua sala eram decoradas com coloridos pôsteres da Bulgária. Um mostrava Sófia circundada pelos magníficos montes Vitosha, os quais pude apenas vislumbrar na véspera.

— Disseram-me que eu não precisava de visto quando embarquei ontem — reclamei.

— Sim, é claro — ele disse. — Mas isto é a Rússia e, lamentavelmente, aqui sempre é hoje.

Retornamos ao agente de imigração por uma série de corredores interconectados. Meu amigo búlgaro conversou com ele em particular por um momento e, juntos, maquinaram uma solução: eu compraria meu visto ali mesmo em Moscou, por 150 dólares, do agente, que, rapidamente, preencheu os formulários necessários. No entanto, outros 100 dólares eram necessários como adiantamento para o hotel onde eu deveria fazer uma reserva. Expliquei que estava hospedado em um apartamento particular e não precisava de um hotel. Não importava. A lei era a lei. Vá ao hotel, explique a situação e lhe devolverão os 100 dólares. É uma simples formalidade, assegurou-me. Eu sabia que não.

Nikolai e minha nova tradutora, Olga Varshaver, ainda estavam à minha espera no saguão, incapazes de obter informação de qualquer fonte e desesperados com a ideia de que eu poderia, de alguma forma, ter desaparecido nas entranhas do Sheremetyevo. Dirigimo-nos ao hotel. Expliquei a situação o melhor que pude às jovens mulheres no balcão de recepção. A princípio, mostraram-se inflexíveis e indiferentes; contudo, quando usei a palavra *koshmar* — a palavra russa para "pesadelo" — para descrever minha experiência, elas se entreolharam e puseram-se a rir. Tomaram nota de meu número de telefone e asseguraram-me de que seria avisado assim que meus 100 dólares fossem recebidos do escritório de imigração em Sheremetyevo.

No dia seguinte, juntei-me a Anderson e Nikolai no arquivo para nossa última reunião, como Anderson sugerira.

— Resolvemos todos os grandes problemas, exceto um — disse Anderson por fim.

— O quê? — perguntei.

— Bem, veja, é um contrato maravilhoso — Anderson disse, após um momento em que meu coração parou. — Contudo, parece — prosseguiu — que foi assinado pela pessoa errada.

— O quê? — repeti, incrédulo. — Foi assinado por Naumov e aprovado pelo Rosarkhiv.

— Bem, sim, foi. Mas o sr. Naumov não é mais o diretor do arquivo.

Dito isso, com Oleg sentado a seu lado, riscou o nome de Naumov e assinou por cima.

— Pronto — declarou Anderson, com um brilho irônico no olhar —, agora está correto. Agora, temos um contrato. — Ele o segurou por um dos cantos nas pontas de seu grande polegar e indicador, como um gato pode segurar um rato para ser inspecionado por seu mestre. Tanto trabalho, tanta ansiedade, tantas coisas novas eu tive de negociar e renegociar, pensar e repensar, e aqui estava ele, por fim, "correto".

— Parabéns — Anderson disse. — Este é um bom contrato. No entanto, lembre-se de uma coisa, se posso dizer assim. Se eu não quiser trabalhar com você, isto nada mais é do que uma folha de papel.

11

Desordem, desorientação, temor

Após a euforia de 1991 e 1992, a dura realidade começou a se manifestar. O hotel envolto pelo véu verde, que despertara minha curiosidade em janeiro de 1992, continuava inacabado em 1993. Negociações eram feitas atrás de portas fechadas, mas com quem? Com que propósito? Enquanto os ossos da família Romanov eram restaurados a seu legítimo lugar na história russa, a própria história russa parecia ter sofrido outro deslocamento catastrófico, e esse deslocamento, como a abertura de falhas por um terremoto, permitia que muitas pressões vulcânicas extravasassem.

A primeira página do *Pamyat* (n. 3, 1992), jornal de um proeminente grupo xenofóbico, antissemita e nacionalista, trazia uma reprodução de uma fotografia de 1913 do tsar Nicolau II com esposa e filhos reunidos à sua volta. As crianças são lindas. A imperatriz Alexandra está sentada ligeiramente abaixo de seu amado Nicky, com o tsarévitche, vestido de marinheiro, sentado a seus pés, enquanto a legendária Anastasia, de modo algum a mais bonita das cinco filhas, está de pé junto ao braço do pai. É uma imagem de harmonia familiar, força dinástica e um poder imperial adequadamente contido. A expressão do autocrata é benigna, e a de sua esposa, devidamente submissa.

"Veredicto do povo ou assassinato ritual?", perguntava a manchete no topo da página. Entre a manchete e a fotografia havia esta legenda:

> A frente nacionalista-patriótica Pamyat considera seu dever sagrado e cristão informar seus compatriotas dos detalhes de toda a monstruosa verdade do ato perverso perpetrado contra nosso grande soberano imperador e sua família.

Abaixo dessa legenda, um artigo explica que, em 1917, o Partido Bolchevique era composto principalmente por alemães e judeus, com poucos russos verdadeiros. Portanto, a morte da família real pode ter sido o produto de um denominado assassinato ritual, supostamente executado por judeus antes da Páscoa. O fato de a família ter sido fuzilada em julho e a Páscoa, em geral, ocorrer em abril aparentemente não teve qualquer influência nessa teoria.

Seria essa manchete meramente a obsessão de um grupo extremista, nacionalista, criptofascista? O emblema da Pamyat é a tradicional águia bicéfala, com o peito ornado por uma suástica "russa" (orientada no sentido anti-horário). Dois anos depois, quando a Editora da Universidade de Yale preparava os diários de 1918 da tsarina, o líder da Igreja Ortodoxa Russa em Boston solicitou uma reunião com Robert Massie, na Biblioteca Beinecke da universidade, para discutir o caso do assassinato do tsar e de sua família e examinar a notável coleção de material sobre os Romanov em poder de Yale. Eu tinha convidado Massie para escrever a introdução ao diário, e ele, por sua vez, sugeriu que eu estivesse presente na reunião.

Em uma sala no subsolo da biblioteca, em 1995, o chefe da delegação da Igreja mencionou que esta se encontrava no processo de considerar a canonização da família real. Perguntei como as coisas evoluíam: "Lentamente", foi a resposta. Quando perguntei por quê, a resposta causou mais surpresa a Massie do que a mim. O líder da Igreja disse que era necessário estabelecer a causa exata das mortes. Para tal, seria necessário determinar se as mortes ocorreram como resultado (1) de uma decisão legal tomada pelo novo governo, (2) da ação de uma multidão raivosa e desorganizada, (3) da ação de um elemento malévolo do governo ou (4) de um assassinato ritual.

Perguntei o que queria dizer com assassinato ritual. Ele disse que um assassinato ritual era executado por judeus, que matariam uma criança não judia e tirariam seu sangue para fazer pão ázimo para a Páscoa. O homem encarregado do fuzilamento da família real, Jakov Yurovski, era judeu.

No fim, essa acusação de assassinato ritual foi gradativamente esquecida; contudo, em meados da década de 1990, o controle do fluxo de tais ideias extremistas e atávicas se tornara difícil. De repente, havia muitos fluxos: alguns eram nacionalistas ou fascistas; alguns eram de estilo mafioso; outros eram o trabalho de "oligarcas" ou de comunistas ultrapassados ou fanáticos religiosos. Nenhuma instituição civil era capaz de controlá-los. Nas palavras do diretor de um dos arquivos estatais, "A melhor coisa para a Rússia neste momento é que nada aconteça".

O extremismo político de grupos como a Pamyat era alimentado pela espiral de decadência da economia russa, pela falta de empregos, por uma liderança política e social desorientada. Em certos jornais nacionalistas, quase diariamente, era possível ler sobre a crise na "alma" russa. A palavra "democracia" perde muito significado quando o salário de um professor não passa de 100 dólares por mês e a inflação está fora de controle. Em vez de *demokratya* (democracia), muitas pessoas falavam, agora, que viviam em uma *dermokratiya* (merdocracia).

Nikto ne pomojet Rossii krome nas ("ninguém pode ajudar a Rússia, exceto nós mesmos") era um sentimento de circulação generalizada. Embora tais apelos para introspecção nacional muitas vezes refletissem a propensão russa para o que Vitali Makhlin, no Bar Espanhol, chamou de excessiva *dukhovnost*, ou espiritualidade, também expressavam a genuína necessidade de encontrar uma nova identidade coletiva entre as ruínas do antigo império soviético. Ao contrário da Europa Oriental, onde o colapso da União Soviética foi recebido pela maioria das pessoas como uma liberação, aqui era um sinal de falha moral e política, e extrema vulnerabilidade nacional.

O jornal *Russkii Vestnik*, que se define como o "único jornal nacional de caráter geral na Rússia", produziu, em 1993, breve panfleto intitulado *Puti Russkogo vozrojdeniya* (caminho para o renascimento russo). E concluía:

> A única possibilidade de escapar de maior deterioração da situação [na Rússia], do caos, da ruína da Rússia como Estado e do povo russo como um todo étnico e espiritual, é o imediato retorno do país à rota de seu desenvolvimento natural, ordenado e original.[35]

A esperança de *Russkii Vestnik* era que todos os aspectos positivos da vida russa — antes e depois da revolução — pudessem ser explorados nesse esforço. Outros jornais adotaram abordagens mais extremas, e havia muita especulação pública se a Rússia se tornaria um Estado fascista. Em muitos restaurantes, na época, a música tema de *O poderoso chefão* podia ser ouvida nos alto-falantes, enquanto bandidagem desmedida, saque de recursos públicos e corrupção generalizada no governo varriam o país.

Quando uma nova política de impostos foi anunciada, um funcionário do governo me disse:

— Sem dúvida, essa ideia de imposto é pura tapeação do governo. O governo se beneficiaria mais se pagasse às pessoas o que lhes é devido, em vez de cobrar impostos como o xerife da floresta de Sherwood.

Nikolai comentou:

— Para cada cem rublos, 95 são levados por impostos. É claro que ninguém quer pagá-los. Andrei Kozyrev [nomeado ministro do Exterior por Yeltsin em 1992] fez a Rússia parecer um trapo em que o Ocidente pode limpar os pés. Anarquia é o maior problema da Rússia.

Em meados da década de 1990, o governo russo recolhia menos do que 20% do imposto devido. Nenhum governo pode ser chamado de governo do povo em tais circunstâncias. Todavia, de que seria governo?

Essa era a situação em 1994, quando recebi uma ligação de Jeff, enquanto eu estava em Moscou, me informando que o professor Vladimir Pavlovich Naumov, pai de Oleg Naumov, desejava saber se eu gostaria de ter uma reunião com o diretor do Arquivo do Comitê Central para discutir um projeto de possível grande interesse. Quando eu estaria disponível? Eu não tinha visto ou estado com Vladimir Naumov desde nosso breve encontro no Bar Espanhol dois anos antes. O que teria despertado esse desejo repentino de me encontrar? Algo relacionado ao assassinato de Kirov em 1934, Jeff disse. O professor Naumov crê que pode provar uma conexão com Stalin.

Ao longo dos anos, ouvi rumores — de acesso especial aos arquivos do KGB e do presidente, antigas relações com os órgãos de poder durante o período de Brejnev, capacidade de abrir quase qualquer porta em Moscou. Alguns diziam que jamais trabalhariam com Vladimir Pavlovich Naumov. Outros o reverenciavam. Eu ansiava por encontrá-lo.

O Arquivo do Comitê Central fica no mesmo complexo em que se encontra o Rosarkhiv. Nikolai, Olga Varshaver e eu fomos guiados por outro conjunto de corredores, um labirinto de passagens e portas, até chegarmos à sala de leitura do arquivo. Era uma sala magnífica, com pé-direito alto e paredes finamente decoradas. Na parede oposta à entrada por onde chegamos, grandes retratos de Marx e Lenin pendiam do teto. Vitrines de vidro ao longo de uma parede proviam espaço para a exibição de livros, documentos ou anúncios. Em cada uma das escrivaninhas meticulosamente posicionadas havia uma lâmpada de mesa* com uma cobertura de vidro verde-esmeralda. Mais tarde, um diretor me disse que a sala de leitura havia sido um banco no século XIX.

Enquanto passávamos pela sala de leitura, fiquei impressionado com seu decoro e elegância simples, com o cuidado com que era mantida em meio à deterioração das condições nas ruas. Por fim, chegamos a uma grande sala no fim de um corredor. Olhei à minha volta, mas não vi Vladimir Pavlovich. Natalya Georgievna Tomilina, diretora do Arquivo do Comitê Central, recebeu-me com cordialidade e curiosidade. A senhora que nos guiara através do complexo de prédios até a sala tomou, discretamente, seu lugar à mesa no fundo, onde se encontravam outros

*No original, *bank lamp*, ou lâmpada de banco, o que justifica o comentário feito pelo diretor do arquivo. [*N. do T.*]

funcionários. A mesa estava posta com numerosos pratos de todo tipo de iguarias: frango defumado, blini, caviar, picles, queijos variados, cogumelos, maçãs, pão preto, salsichas e carnes fatiadas. Atrás das xícaras de chá havia copos para água e vodca.

Fui conduzido a uma cadeira ao lado da de Natalyia Georgievna, o que tomei como um sinal de que esta não seria uma negociação formal. Enquanto conversávamos sobre minha visita a Moscou e a natureza do trabalho do arquivo, a porta se abriu e Vladimir Pavlovich entrou discretamente.

— Professor Naumov — Tomilina disse. — Este é Jonathan Brent.

— *Znayu* — foi a resposta — "Eu sei", ele sorriu e estendeu a mão. Ele se sentou na cadeira ao lado da minha.

— O professor Naumov é um pesquisador respeitado em nosso arquivo — Tomilina prosseguiu. — Temos suas sugestões em alta consideração, e ele sugeriu que o procurássemos para saber se haveria uma oportunidade de colaboração mútua e entendimento.

Natalyia Georgievna falou calorosamente do trabalho do arquivo, da amplidão de sua coleção, do desejo de receber pesquisadores e estudiosos de todo o mundo. Imediatamente, senti-me à vontade. Sua atitude era formal e, ao mesmo tempo, atenciosa e amigável, enormemente compassiva e, ao mesmo tempo, profissionalmente meticulosa, sob todos os aspectos. Olga traduzia, e, antes que eu pudesse responder, Naumov se levantou com um copo de vodca na mão.

— Convidamos Jonathan Brent para vir aqui hoje, pois, nos últimos anos, ele mostrou ser um confiável parceiro com os arquivos russos. Ele tem respeito pelo conhecimento. Ele é honesto. Ele paga diretamente às pessoas o trabalho que fazem. Yale é uma editora de reputação mundial, e o valor de nossos arquivos aumentará com a associação com a Editora da Universidade de Yale. No entanto, todos já sabem disso. O que desejo dizer pode surpreender Jonathan, mas não quero que se sinta desconfortável. Jonathan acredita ser um representante de Yale junto aos arquivos russos, mas desejo dizer que ele é nosso representante junto a Yale.

As doses de vodca que se seguiram ao brinde de Naumov chegaram simultaneamente à minha cabeça e ao estômago, com um impacto que parecia erguer-me do chão. De que se tratava mesmo essa missão nos arquivos?

O público e o pessoal pareciam virados do avesso — como uma fita torcida no meio e unida nas pontas. Haveria uma vida alternativa, para a qual estive me preparando e da qual estava apenas vagamente ciente? A vida que teria sido minha se meus avós tivessem permanecido em Jitomir e Lvov e se meu pai não houvesse mudado o sobrenome de Brodski para Brent? Ainda assim, mesmo que tivessem permanecido, eu provavelmente não teria nascido no rastro da Guerra Civil, do terror da década de 1930, do Holocausto da década de 1940 e da dizimação da cultura judaica na União Soviética. Eles partiram; eu voltei. Esse pensamento nunca havia me ocorrido dessa forma. Agora, parecia o fato principal do que eu fazia na Rússia, e Naumov, de alguma forma, percebera isso.

Como? *Eu* era o representante dos arquivos russos junto a Yale? Como o professor Naumov pode ter percebido tão rapidamente o silencioso diálogo interior que eu próprio ainda não admitira? Como ele pode ter aberto *essa* porta? Especialmente tendo em conta que eu não o havia visto nos dois anos que se seguiram ao nosso encontro no Bar Espanhol? Quem era esse homem amável, sábio, cauteloso, cujo comportamento lembrava o de um leopardo da neve, sobre o qual havia lido uma vez, que via sem ser visto?

O assassinato de Kirov em dezembro de 1934 é largamente tomado como o detonador dos eventos que levaram ao Grande Terror de 1936-1938, embora o registro oficial de prisões e execuções divulgado na década de 1990 mostre outra história. Em 1921, no desfecho da guerra civil, mais de 200 mil pessoas foram presas, 76.820 das quais por crimes contrarrevolucionários; em 1928, no início da coletivização, 112.803 foram presas, 72.186 das quais por crimes contrarrevolucionários. Contudo, à medida que a coletivização era implementada e o poder de Stalin se consolidava, os números cresceram continuamente:

62.726 em 1929
331.544 em 1930
479.065 em 1931
505.256 em 1933, sendo 283.029 por crimes contrarrevolucionários

Apenas em 1937 o número de prisões ultrapassou esses níveis: 936.750 pessoas presas, sendo 779.056 por crimes contrarrevolucionários, 353.074 das quais foram fuziladas após julgamentos que não duraram mais do que vinte minutos. O processo do terror não foi, de modo algum, resultado de uma única ordem de cima ou de um único evento na base. O processo engolfou todo o país e teve uma gestação lenta e contínua.[36] O assassinato de Kirov não provocou o Grande Terror, mas foi um fator relevante em sua composição.

O derramamento de sangue ao qual Dimitrov foi aconselhado por Stalin a renunciar em 1948 não foi treinado apenas nos impenitentes camponeses *kulaks*, na burguesia ou nos capitalistas; assim como não foi dirigido somente aos magnatas, fanáticos religiosos ou inimigos políticos declarados.

Na verdade, o Grande Terror de 1936-1938 foi dirigido principalmente aos leais membros do partido e cidadãos soviéticos comuns, membros do Comintern que lutavam por uma revolução socialista na Alemanha, Itália, Polônia; e contra os companheiros mais próximos de Stalin: Bukharin, Zinoviev, Kamenev, entre outros.

Em 1948, Stalin deu a Dimitrov um conselho que um estadista poderia dar a um companheiro principiante — calmo, bem-fundamentado, cauteloso, criterioso. Sem dúvida, ele sabia que Dimitrov transcreveria o conselho no diário, que, anos mais tarde, se tornaria uma fonte pela qual o legado de Stalin seria julgado. Dozes anos atrás, a crueldade de seu regime inspirou Akhmatova a perguntar quem era humano e quem era um monstro.

Stalin se tornara um estadista ao longo desses anos? Ele engendrou o terror ou nele caiu contra sua vontade? Ao manipular o assassinato de Kirov para precipitar uma crise, teria ele encontrado uma forma de legitimar o regime soviético e a tomada do poder total? Estaria ele meramente seguindo a sabedoria de Bukharin, uma de suas vítimas, que escreveu que o expurgo era uma "grande e ousada" ideia política com que a liderança alcançaria "*garantia total* para si própria"?[37]

O mistério do assassinato de Kirov é um ponto central dessas perguntas e, para a União Soviética, passou a representar o mesmo que o assassinato de Kennedy para os Estados Unidos: um enigma que não seria resolvido. Várias investigações foram feitas durante o período soviético; cada uma provou algo diferente ou nada provou. Cada uma teve sua própria agenda política. O assassinato de Kirov é um exemplo emblemático de um fato histórico convertido em arma política. Talvez nossa investigação pudesse, por fim, esclarecer a verdade.

O Grande Terror foi explicado como o resultado de paranoia em massa; como a vontade de um único líder irracional ou, até mesmo, insano; como um processo de gradual deterioração sociopolítica provocada por facciosismo e grupos de interesses divergentes em luta pelo poder. Parece que não teve uma causa única, mas se abateu como a praga de Camus. Até hoje, não entendemos o que exatamente o terror de Stalin almejava eliminar ou por que pessoas comuns e inocentes foram varridas juntamente com aquelas que tinham reivindicações legítimas ao poder. Portanto, a história do Grande Terror difere, de modo fundamental, da maioria de outros assassinatos em massa ou ações genocidas promovidas pelo Estado no século XX. Trotskistas? Os chamados "destruidores" — aqueles acusados de, propositalmente, tentar prejudicar a indústria, agricultura ou burocracia soviética? Ninguém em sã consciência *poderia* acreditar que todas essas 936.750 pessoas presas em 1937 fossem trotskistas ou destruidoras. Será que Stalin acreditava, de fato, que Bukharin estava em conluio com Trotski? Essa ilusão negaria o princípio segundo o qual Stalin poderia ser visto como um ator racional, como sugerem seu conselho a Dimitrov em 1948 e várias outras evidências.

Durante o terror, há pouca evidência de que Stalin ou seus companheiros mais próximos tivessem tais ilusões ou acreditassem piamente nas acusações objetivas que faziam contra aqueles que perseguiam. Muitas vezes, nem ao menos sabiam os nomes de suas vítimas. Diretores regionais do partido recebiam quotas de prisões a serem feitas e as cumpriam. A mística do terror é que muitos, se não a maioria, dos envolvidos, como Yejov, acreditavam que o que faziam era certo, mas não necessariamente pelos motivos enunciados nos decretos ou proclamações públicas.

De alguma forma, ainda não totalmente compreendida, o que se passou naqueles anos tomados pelo terror está relacionado à ambição do Estado stalinista em abranger e controlar tudo. O Estado tinha o poder de ser, como disse Stalin, o "engenheiro de almas humanas". A base teórica para esse poder pode ser encontrada em diversos escritos de Lenin e outros, mas o tratado de Nikolai Bukharin, de 1921, intitulado *Materialismo histórico: um sistema de sociologia*, é particularmente importante, pois estabelece uma conexão entre a natureza desse Estado e a natureza do homem:

> Ademais, se examinarmos cada indivíduo em seu desenvolvimento, descobriremos que, no fundo, ele é preenchido com influências do ambiente em que vive, como a pele de uma salsicha é preenchida com carne de salsicha. O homem "é treinado" na família, nas ruas, na escola. Ele fala uma língua que é o produto da evolução social; ele pensa pensamentos que foram ideados por toda uma série de gerações precedentes; ele é cercado por outras pessoas com seus modos de vida, que o influenciam segundo a segundo. Como uma esponja, ele absorve constantemente novas impressões. E, assim, é "formado" como um indivíduo. Cada indivíduo, no fundo, é preenchido com um conteúdo social. O próprio indivíduo é uma coleção de influências sociais concentradas, amalgamadas em uma pequena unidade.

O partido, que governava o Estado, era responsável por dar forma a esse "conteúdo" O stalinismo não se propôs a *des*umanizar o homem na era moderna, mas a *re*umanizar o homem, a redefinir sua essência, e não destruí-la, pois essa "essência" não existia. A pessoa nada mais é do que uma pele preenchida com os "fatos" históricos condicionados de sua vida. É um erro pensar que apenas o Dr. Vasilenko ou as anônimas pessoas "selvagens" e da "Idade da Pedra" do gulag, descritas por Vyshinski, foram transformados em não pessoas nesse sistema. O desfecho da lógica de Bukharin é que todos são não pessoas. Ninguém escapa. Introspecção e tudo o que a acompanha, individualidade, percepção e consciência, nada mais eram do que ilusões de uma longa história da metafísica ocidental. O que resta depois que as ilusões da salsicha burguesa, como "vida, liberdade e busca da felicidade", justiça ou verdade universal, são eliminadas? Somente o poder e seu terror, uma fúria que, nas palavras de Lenin, pode e, "portanto, deve" autoexpressar-se em um turbilhão introvertido de autodestruição. A destruição física de indivíduos foi precedida por negação filosófica.[38]

Sem que soubesse, fui examinado durante minhas visitas a Moscou, avaliado e, talvez, testado de maneiras que não entendi. Agora, diante de mim, estava Vladimir Naumov, esse cavalheiro idoso, de fala mansa, cuja voz trançava um fio de ironia em tudo o que dizia, e cujos olhos brincalhões sempre pareciam prontos a reconhecer qualquer detalhe da vida. Uma de suas expressões favoritas, depois que passei a conhecê-lo melhor, era: "*Yest takoi anekdot*" — "Há uma história...", depois do que se seguia uma parábola, um dito espirituoso, uma história folclórica ou um divertido episódio sobre um colega ou amigo. Vladimir Pavlovich não conseguia andar por uma rua em Moscou sem parar para prosear com uma mulher idosa, de meias enroladas até o joelho, encurvada, varrendo a rua com uma vassoura de galhos de cabo longo, ou um sorumbático lojista parado à porta de seu estabelecimento, um policial ocioso ou um estudante universitário. Eu o vi, como um pesquisador de censo, arrancar informação de taxistas e garçonetes a respeito de seus trabalhos, suas opiniões políticas e suas situações pessoais. Para ele, a construção material de seu mundo era, ao mesmo tempo, interminável e fascinante, algo sempre pronto a surpreendê-lo um pouco. Ele se ocupa o menos possível com isso. Seu interesse reside exclusivamente no conhecimento do que está por trás das circunstâncias visíveis na motivação, visão do mundo, e o que chama de "mentalidade". Ele não é um idealista; apenas está convencido de que aquilo que vemos é a menor parte do que pode existir.

Naumov era uma criança no auge do terror, tinha pouco mais de dez anos quando Kirov foi assassinado. Ele sobreviveu e alcançou uma posição eminente durante o regime de Gorbachev, como pesquisador principal da Comissão Presidencial para a Reabilitação de Pessoas Reprimidas, sob a coordenação geral de Alexander Yakovlev.

Sentados à longa mesa no Arquivo do Comitê Central, enquanto um brinde atrás de outro era proposto, cada um evocando um novo detalhe na imagem de nossos interesses mútuos e experiências divergentes, o choque inicial de, repentinamente, reconhecer-me como representante *deles* junto a Yale arrefeceu e perguntei por que o mistério do assassinato de Kirov era tão importante para Naumov. Seus olhos brilham por trás das grossas lentes.

— Nesse assassinato — respondeu — veremos como o sistema funcionava; contudo, para isso, devemos explorar a fundo o arquivo do KGB.

— Exploraremos o fundo do KGB?

— É claro — respondeu, abrindo ainda mais os olhos atrás dos óculos. — Mas o KGB tem muitos fundos.

Quando a reunião terminou, saí com Olga, que morava no mesmo prédio de Mariana, e traduzira *O mágico de Oz* para o russo. A noite estava caindo, e resolvemos caminhar até o apartamento. Embora o ar estivesse fresco, não fazia frio, e, enquanto caminhávamos pela Tverskaya, Olga notou luzes piscando acima de nossas cabeças, indicando um cabaré.

— Quando eu era criança, aqui é onde eu costumava vir para um lanche depois da escola, a caminho de casa — disse ela. — Vamos subir e ver o que há aqui agora?

— Você quer jantar?

— Não. Apenas quero ver o que o lugar se tornou.

Subimos por uma entrada sombria, em direção a uma porta de metal sem pintura, onde um jovem corpulento, de terno escuro, estava sentado em um banco de madeira. Ele fez sinal para que entrássemos, mas me parou quando eu estava prestes a cruzar a porta. Ele levantou as duas mãos, com os dedos abertos.

— Dez dólares?

Ele assentiu com a cabeça.

— Para mim? — apontei para mim mesmo.

Ele balançou a cabeça e levantou as duas mãos novamente. Dei-lhe vinte dólares. Satisfeito, deixou-nos passar. Sentamos em bancos de bar, em uma pequena mesa redonda. Uma "garçonete", sem qualquer pretensão de desejar nos servir, pôs diante de nós uma cerveja e, em um prato que nada mais continha, um pedaço fino e seco de uma carne amarronzada. O "menu" descrevia o pedaço de carne como *kotleta*, mas era praticamente impossível penetrá-lo com o garfo ou cortá-lo com a faca cega, e, de modo algum, era possível engoli-lo. Vinte dólares por isso? Eu o deixei de lado e mirei melancolicamente o palco escuro e vazio. O show começou logo em seguida. Uma bonita jovem surgiu, encarnando uma versão russa da Pequena Bo Peep,* com um vestido branco que ia até o chão e touca, girando uma sombrinha branca sobre o ombro. Ela perdeu seu carneiro e, logo, dançando ao ritmo cada vez mais rápido de uma música americana de discoteca, perdeu também o vestido. Quando não restava qualquer peça de roupa, seu carneiro veio pulando de quatro e balindo do canto do palco. Ela girou a sombrinha no ombro e saiu correndo. Ela era extremamente bonita e parecia fora de sincronia com o ritmo quente e acelerado da música de discoteca. A beleza nua de seu corpo já não era um objeto de desejo, mas algo que fez o desejo dobrar sobre si mesmo e morrer abruptamente. Ela era obviamente uma dançarina profissional, mas a pureza mecânica de seus gestos e movimentos dizia: *Esta não sou eu. Não pense que esta sou eu. Eu não estou aqui.* Sua exibição era graciosa, mas sem graça, como se, constrangida, se desse conta de ter cruzado uma linha, sem a capacidade de parar.

— Como isso é possível? — perguntei.

— Tudo muda. Quando eu era criança, vinha aqui para tomar um copo de leite e veja em que se tornou a moça do leite — disse Olga.

— No entanto, ela é muito boa.

— A princípio, ela me pareceu familiar, mas pensei que era impossível. Até que me dei conta de que mora no meu prédio, no andar de baixo. É uma bailarina profissional. Uma moça muito simpática. Conheço a mãe dela muito bem. Neste país, todo es-

*Personagem de tradicional cantiga de ninar inglesa, uma pastora que perde suas ovelhas e sai a sua procura. [*N. do T.*]

tudante sabe recitar Pushkin de cor, mas não há empregos, não há futuro aqui. — A voz de Olga se elevava ameaçadora. — Para sobreviver, é preciso virar uma pedra. Como vou poder falar com ela de novo?

Na visita seguinte a Moscou, o cabaré já tinha fechado.

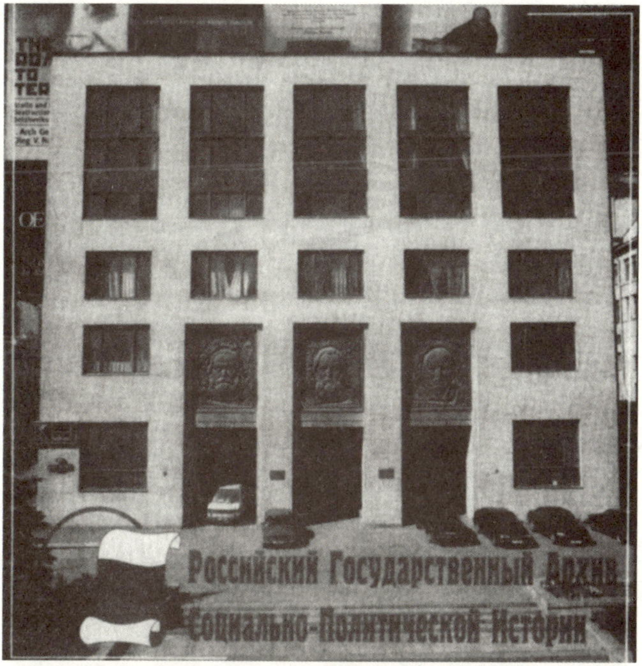

Fachada do RGASPI, retirada de uma brochura do Arquivo.

Brochura para o Circo de Moscou: "Meu Velho Circo, Meu Amor."

Pôster: "Cumpramos o Plano da Grande Tarefa" (Klutsis G. (1895-1938). Moscou, Leningrado, 1930. De: "Construtivismo no pôster soviético. Coleção de Ouro — Moscou: 'Kontakt-Kultura', 2006.")

Ilustração do "estrangeiro familiar" — o Judeu Internacional, publicada em *Pamyat'*, n. 3, 1992, p. 11.

Страницы кровавой истории

СУДЪ НАРОДА ИЛИ РИТУАЛЬНОЕ УБІЙСТВО?

ПОСЛѢДНІЕ ДНИ РОМАНОВЫХЪ

ВЪ РОССІИ ПУБЛИКУЕТСЯ ВПЕРВЫЕ!

Fotografia da família real em *Pamyat'*, n. 3, 1992, sob a manchete: "Julgamento do povo ou assassinato ritual?"

русское ВОСКРЕСЕНИЕ

№ 8/16

"Ныне я уверен, что действую вполне в духе Творца Всемогущего: БОРЯСЬ ЗА УНИЧТОЖЕНИЕ ЖИДОВСТВА, Я БОРЮСЬ ЗА ДЕЛО БОЖИЕ". Adolf Hitler "Mein Kampf"

ГАЗЕТА РУССКОГО НАЦИОНАЛЬНО-ОСВОБОДИТЕЛЬНОГО ДВИЖЕНИЯ

РИСУЙТЕ СВАСТИКИ!

МЕТКОЕ ГИТЛЕРОВСКОЕ СЛОВО

(К вопросу о красно-коричневых и ЖИДко-голубых)

ТРИ ВОПРОСА К АРМИИ

Primeira página de *Russkoe Voskressenie*, n. 8/16.

А СУДЬИ КТО?

Fotografias de *Narodnoerua Delo*, n. 2(3), p. 4. Jornal antissemita, nacionalista, do início da década de 1990. No triângulo branco sobre o olho do judeu estão as palavras: "Washington, Londres, Paris." Atrás do judeu há forcas.

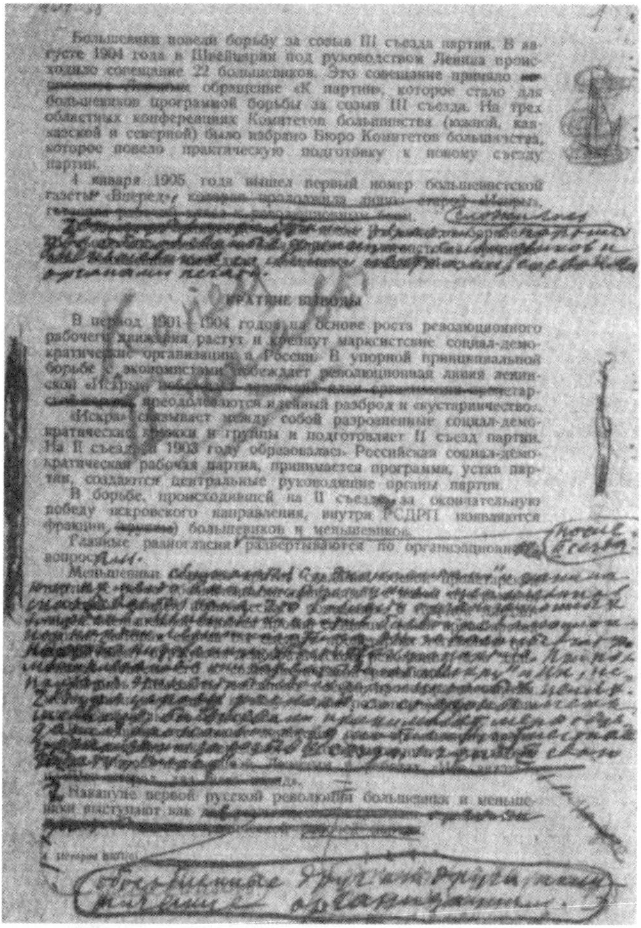

Большевики повели борьбу за созыв III съезда партии. В августе 1904 года в Швейцарии под руководством Ленина происходило совещание 22 большевиков. Это совещание приняло обращение «К партии», которое стало для большевиков программой борьбы за созыв III съезда. На трех областных конференциях Комитетов большинства (южной, кавказской и северной) было избрано Бюро Комитетов большинства, которое повело практическую подготовку к новому съезду партии.

4 января 1905 года вышел первый номер большевистской газеты «Вперед».

КРАТКИЕ ВЫВОДЫ

В период 1901—1904 годов на основе роста революционного рабочего движения растут и крепнут марксистские социал-демократические организации в России. В упорной принципиальной борьбе с экономистами побеждает революционная линия ленинской «Искры», преодолеваются идейный разброд и «кустарничество».

«Искра» связывает между собой разрозненные социал-демократические кружки и группы и подготовляет II съезд партии. На II съезде в 1903 году образовалась Российская социал-демократическая рабочая партия, принимается программа, устав партии, создаются центральные руководящие органы партии.

В борьбе, происходившей на II съезде за окончательную победу искровского направления, внутри РСДРП появляются фракции большевиков и меньшевиков.

Главные разногласия развертываются по организационным вопросам.

Меньшевики

Накануне первой русской революции большевики и меньшевики выступают как

Revisões feitas por Stalin para *O breve curso*.

Cena de rua ao longo da avenida Kutuzovski, janeiro de 1998.

No escritório de N. G. Tomilina, diretora do RGANI (antigo Arquivo do Comitê Central). Nikolai Petrovich Yakovlev está na frente, à esquerda. N. G. Tomilina e o autor estão no centro, ladeados por funcionários do arquivo.

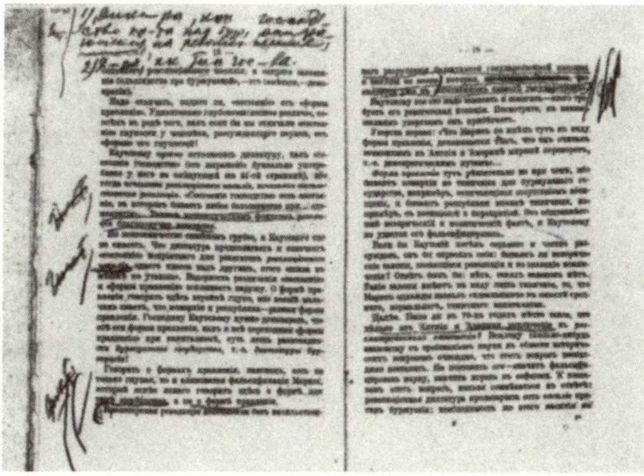

Notas marginais feitas por Stalin em sua cópia de *A revolução proletária e o renegado Kaustki.*

De *Piggy Foxy and the Sword of Revolution* [Porquinho Raposo e a Espada da Revolução], p. 198, ilustração de V. I. Mezhlauk intitulada *At the dead end* [No beco sem saída], fevereiro de 1937, representando a "Escola de Bukharin" e as figuras de Kamenev e Piatakov.

Frente e verso de caixa de chocolates à venda no Aeroporto Sheremetyevo, Moscou, em 2008.

12

"Adeus, defuntos"

Antes de deixar Moscou em 1993, Carol Avins — na época trabalhando na Universidade do Noroeste — propôs que Yale publicasse o diário de 1920 de Isaac Babel, até então não traduzido, que acabara de ter a primeira edição em russo. Embora incompleto, esse trabalho permitia uma visão incomparável do mundo por trás da obra-prima de Babel, *A cavalaria vermelha*, e demonstrava categoricamente a profunda simpatia de Babel pelos judeus que a Cavalaria Vermelha encontrava em sua rota selvagem através da Ucrânia e Polônia oriental. No diário, era possível identificar os originais de vários personagens. Era, talvez, possível encontrar sua voz original. Tratava-se de um texto fundamental, uma obra-prima por si só.

Através de Vika Sagalova, que conheci no ano anterior, eu poderia agendar um encontro com o remanescente da família de Babel em Moscou — viúva, filha e neto — e, com sorte, assinar um contrato para essa obra preciosa, em que ele descrevia Jitomir, a cidade de onde meu avô se mudou 15 anos antes da chegada de Babel. Em Jitomir, Babel conheceu "um pequeno judeu, um filósofo", na loja de curiosidades judias. "Loja indescritível", escreveu Babel. "Dickens, vassouras e chinelos dourados. Sua filosofia — todos dizem lutar por justiça e todos saqueiam." Babel toma "o doce chá anêmico" do filósofo, sente estar "começando a viver", mas conclui com a despedida: "Adeus, defuntos." Os defuntos eram aqueles que ficavam, aqueles que pensavam que as coisas poderiam continuar sendo o que foram por séculos, que queriam preservar um legado, mas que, sem saber, facilitavam seu extermínio.[39]

De Jitomir, Babel e a cavalaria de Budyonni se dirigem ao oeste, onde Babel descobre "a inextirpável crueldade de seres humanos". A destituição das pessoas e seu semibarbarismo são incompreensíveis. "Estou furioso — incapaz de superar minha indignação; a sujeira, apatia, desesperança da vida russa são intoleráveis, a revolução terá algum efeito aqui."[40] A revolução, para Babel e muitos outros, representava uma saída dessa desesperança e dessa crueldade estúpida, mas não por causa do anacrônico "chá doce e anêmico" do judeu da loja de curiosidades, mas por causa da verdade da visão de Lenin.

Contudo, de que serve essa visão diante da realidade que ele testemunhava a sua volta? "Uma verdade terrível — todos os soldados têm sífilis [...]. O flagelo da soldadesca. O flagelo da Rússia. É assustador. Comem cristal esmagado, bebem ácido carbólico ou uma solução de vidro moído. Todos os nossos guerreiros — boinas de veludo, estupros, topetes, batalhas, revolução e sífilis. Toda a Galícia está infectada [...]. Eslavos — o estrume da história?", pergunta.[41]

Em Dubno, é quase insuportável testemunhar a devastação provocada pelos poloneses em retirada:

> Agora, todos tremem novamente e, de novo, a interminável auto-humilhação, e o ódio dos poloneses, que coçam suas barbas. O marido — haverá liberdade para fazer negócio, para comprar um pouco de algo e vendê-lo imediatamente, sem exploração. Digo que haverá, tudo está mudando para melhor — meu sistema de sempre — coisas milagrosas acontecem na Rússia — trens expressos, comida de graça para crianças, teatros, a Internacional. Eles ouvem com deleite e descrença. Penso — vocês terão seu céu cravejado de diamantes, tudo e todos serão virados de cabeça para baixo e do avesso pela enésima vez, e sinto pena deles.[42]

> Agora, "trens expressos, comida de graça para crianças, teatros... [o] céu cravejado de diamantes" eram pouco mais do que propaganda vazia, que Babel citava por pena, não convicção. Todavia, suas observações proviam um fundo para as entusiásticas asseverações que Stalin fez a Górki, de que a Rússia se tornaria "um país de primeira linha, com a maior produção industrial e agrícola tecnicamente equipada. O socialismo é invencível. Não haverá mais uma Rússia '*miserável*'. Isso acabou! Haverá uma poderosa e opulenta Rússia de *vanguarda*".

> E ali estavam as sinagogas destruídas.

> Tudo destruído [...] tudo é descarnado, sem sangue, de um nível grotesco, é preciso ter alma de judeu para sentir o que isso significa. Contudo, em que consiste a alma? Será que o nosso é o século em que perecem?[43]

Os sonhos de "trens expressos, comida de graça para crianças, teatros, a Internacional", a realidade do "estrume da história", os cristais esmagados que os cossacos tomavam para curar a sífilis, os estupros, os saques, a "inextirpável crueldade de seres humanos" colidem nesse mundo condenado, esquecido, de cabeça para baixo, que lembra uma pintura de Chagall.

Em Radziwillow, durante a batalha por Brodi, Babel acampou em um *cottage* ocupado por um homem idoso e uma jovem. Serviram-lhe "esplêndida coalhada... Chá com leite". Contudo, quando seu companheiro sai em busca de açúcar, rajadas de metralhadora são disparadas, e fogem em pânico. "O que mais me dói em tudo isso", Babel escreve, "é o chá de que fui privado, me sinto tão mal por isso que me parece estranho. Penso sobre o chá toda noite, e odeio a guerra."[44]

O chá de que foi privado e o perecimento de todo um povo são comentados como de uma só vez. Não eram as palavras de Pushkin, Tolstoi, Dostoievski atiradas borda afora pela revolução, ou os monumentos de Michelangelo e sinfonias de Beethoven atirados na lata de lixo por uma nova estética o que Babel lamentava. Era aquela pequena, humanizadora xícara de chá com leite — uma forma tipicamente ocidental, e não russa, de beber chá — como os três centímetros do joelho do tsarévitche. Era o fim de uma civilização em que a xícara de chá era possível. Em 1920, Babel já tinha alcançado o *tupik*, ou beco sem saída, ilustrado no cartum de 1937, da "Escola de Bukharin".

Encontrei-me com Antonina Pirojkova, viúva de Babel, e com o neto de Babel, Andrei, no apartamento em que moravam em Moscou. Ela ainda era bem bonita, com os cabelos prateados penteados para trás e mãos delicadas. Rapidamente, acordamos os termos para a publicação do diário. Eu me encontraria com Antonina Pirojkova várias outras vezes, tanto em Moscou como nos Estados Unidos, onde ela agora reside. Foi através dela que soube mais da vida de Babel.

— Talvez você gostasse de ver o dossiê de Babel no KGB — sugeriu Vladimir Pavlovich depois que falei com ele sobre meu interesse. Ele poderia conseguir isso, mas eu precisaria da permissão da família. Antonina gentilmente assinou a carta necessária, e foi marcada uma data para minha visita à sala de leitura de Lubyanka. Agora, eu já podia ler russo quase com fluência e achei que seria capaz de ler todo o material em poucas horas. Para minha alegria, o KGB concordou em fotocopiar todo o dossiê para que eu pudesse estudá-lo à vontade. O que encontrei em Delo 419, Arquivo P-1252, marcado com o nome de Isaac Babel, li em uma tarde, mas, nestes 15 anos, jamais saiu de minha mente.

A mulher de meia-idade, alta e bem-vestida que me trouxe o arquivo usava um complicado penteado à moda da década de 1950. A sombra de cor púrpura nos olhos tinha o mesmo brilho metálico que eu havia visto nas jovens que nos guiaram ao gabinete de Pikhoia. Ela não sorriu nem indicou que tinha qualquer prazer em ajudar, mas sua atitude sugeria que também não atrapalharia. Ela trouxe o material e me mostrou uma pequena mesa de madeira na sala de leitura de paredes marrons e sem aquecimento. Depois de colocar os papéis diante de mim, ela retornou a seu envidraçado posto de observação na entrada da sala. Quando peguei meu *notebook* para fazer anotações, ela veio correndo e, sem rodeios, ordenou que o guardasse, se não quisesse correr o risco de tê-lo confiscado e meus privilégios, revogados.

13

A morte secreta de Isaac Babel

No dia 15 de maio de 1939, segundo Antonina Pirojkova em suas memórias, ou 16 de maio de 1939, segundo os registros do NKVD, Isaac Emmanuelovich Babel foi preso em sua dacha na periferia de Moscou, na colônia de escritores de Peredelkino. O Estado havia construído a modesta mas confortável dacha para Babel alguns anos atrás. Ele ficou tão feliz com ela que a chamava afetuosamente de "vila". Babel nela se isolava com frequência para trabalhar, deixando esposa e filha em Moscou, como as havia deixado em Paris na década de 1920.

Os elementos dessa história já foram contados diversas vezes — pela própria Antonina em suas memórias e por Vitali Shentalinski em *Arrested Voices* [Vozes aprisionadas], embora boa parte da importância tenha sido omitida ou passado despercebida nos dois relatos. Antonina foi acordada pelos agentes do NKVD às cinco horas da manhã e instruída a levá-los a seu marido, o que ela fez. Ela, então, acompanhou Babel de volta a Moscou no carro do NKVD e o viu pela última vez nos portões da Prisão

Lubyanka. O arquivo afirma que "nenhuma reclamação" foi feita pela família com relação à busca.

"Eles não me deixaram terminar", disse Babel a ela logo antes que o levassem para trás dos portões. E acrescentou, num tom de voz baixo, "Avise André", o que Antonina entendeu como sendo André Malraux, que ele conhecera durante as viagens a Paris e a famosa visita de Malraux a Moscou em 1934. Babel sempre se sentira intrigado pelo Ocidente. Ele falava francês fluentemente e compôs suas primeiras histórias em francês, no estilo de Maupassant. Aos 26 anos, quando escreveu o diário de 1920, registrou sua primeira premonição do que era o Ocidente em uma conversa com um aviador americano abatido pelo Exército Vermelho:

> Frank Mosher. Aviador americano [...]. Pergunta-me ansiosamente se cometeu algum crime, lutando contra a Rússia Soviética. Nossa causa é forte. Ah, de repente — o cheiro da Europa, os cafés, a civilização, o poder, a cultura antiga, tantos pensamentos, eu o observo, não consigo tirar os olhos dele.[45]

Em 1920, o Ocidente é um inimigo inebriante; em 1939, o Ocidente é a única esperança de Babel.

Vitali Shentalinski, que teve acesso ao fichário de Babel no NKVD, tentou contar a história do que aconteceu com Babel no outro lado dos portões da Lubyanka. Todavia, seu relato de 1993 da prisão, julgamento e execução de Babel não transmite as profundamente perturbadoras ambiguidades desse evento para o próprio Babel, tampouco é totalmente preciso. Shentalinski afirma que Babel foi preso por ter sido denunciado por Nikolai Yejov, o recém-encarcerado diretor do NKVD, com cuja esposa Babel tivera um romance no início da década de 1930. Shentalinski escreve que a confissão de Babel, dirigida a Beria — que se tornara diretor do NKVD em sucessão a Yejov —, foi escrita "provavelmente por instigação dos interrogadores".[46] Em outras palavras, uma confissão obtida por coação, que não expressava as reais opiniões de Babel. Shentalinski também escreve que Babel "já não acreditava que sobreviveria", sem explicar por que se sentiu compelido a escrever a confissão penitente, se achava que não sobreviveria. Ademais, Shentalinski não questiona por que Babel foi preso em maio de 1939 ou a que propósito sua prisão pode ter servido, exceto que era parte da loucura geral do sistema; ele observa que "Babel não mantivera esperança para si próprio, mas era atormentado pelo destino dos outros", embora não comente o fato de que Babel jamais retirou seu testemunho sobre dois escritores soviéticos, Ehrenburg e Yuri Olesha.

A prisão, a tortura, o julgamento e a execução de Babel, documentados no dossiê do NKVD, fornecem um caso de estudo sobre o que Vladimir Naumov me contara a respeito do assassinato de Kirov — que mostra como o sistema funcionava, o que representava tanto para Babel como para aqueles nas mãos de quem ele caíra. Não basta dizer que o sistema soviético era "louco" ou que era "uma anomalia monstruosa", como Robert Conquest afirma na introdução a *Arrested Voices*.[47] Mesmo com a publicação do livro de Shentalinski, a história da verdadeira morte de Babel não foi contada.

Os registros sobre Babel no NKVD permitem contar essa história, apesar das muitas perguntas que persistem: quem, por exemplo, é o informante anônimo de uma denúncia condenatória de 1937? Onde estão os manuscritos e outros bens pessoais confiscados pelo NKVD durante a busca na dacha de Babel? Babel dizia a verdade quando contou que havia quase terminado um novo romance? Por que ele não retirou todas as denúncias que fez de outros? A imagem apresentada no dossiê não é heroica nem edificante.

Próximo ao fim da última onda do Grande Terror da década de 1930, e a apenas dois meses e meio antes de Stalin assinar o pacto de não agressão com Hitler, em agosto de 1939, a prisão e a execução de Babel representaram uma perda irreparável para a literatura soviética e mundial; todavia, não é certo que ele viesse a escrever outra grande obra se sua vida tivesse sido poupada.

Em maio de 1939, Babel havia passado por um longo período durante o qual publicara muito pouco, e, embora suplique ao tribunal permissão para terminar um livro em andamento, não há muito que sugira que esse romance pudesse "rasgar o véu da existência com riso", como fizeram suas histórias anteriores. Ao final de sua prisão e próximo à sua execução, o Isaac Babel sobre quem Lionel Trilling escrevera em sua famosa introdução a *O Exército de Cavalaria*, o escritor "intenso, irônico e ambíguo", deixara de existir.

Nascido em Odessa em 1894, dois anos depois de seu grande contemporâneo judeu polonês Bruno Schulz e cerca de dez anos depois de Kafka, Babel estava na vanguarda da criatividade judaica no século XX. Assim como Schulz e Kafka, ele desejava enfrentar as mudanças catastróficas do período moderno sem destruir a sensibilidade especificamente judia que definia seu gênio. Incapaz de pilhar e saquear como os companheiros na Cavalaria Vermelha, Babel admite com pesar: "Nunca serei um verdadeiro soldado de Budyonni."[48] Ele jamais perde o senso profundo de si mesmo como um judeu, embora, ao mesmo tempo, deseje dele escapar. "Gosto de conversar com meus iguais", escreve. Pede pão a um soldado do Exército Vermelho: "Nada tenho a ver com judeus", foi a resposta. "Sou um estrangeiro de calças compridas", reflete. "Não faço parte, estou completamente só." E, sobre os cossacos: "Muitas facetas: saques, profissionalismo temerário e ousado, espírito revolucionário, crueldade bestial. Somos a vanguarda, mas de quê?" E, mais tarde: "Devo examinar profundamente a alma do guerreiro, estou tentando, mas tudo é horrível, bestas selvagens com princípios."

Para Babel, a modernidade era o "turbilhão" da revolução, com sua promessa de modernização e o "cheiro" da Europa, seus "cafés, civilização, poder, cultura antiga" que ele encontrava nas fronteiras da Polônia. Ao contrário de muitos de seus compatriotas, ele evitou iídiche, em que era fluente, e compôs sua grande obra em russo. Ele desejava ser um escritor russo e não judeu. Ele se identifica com a grande cultura russa e com a revolução. Mesmo quando se sente "exasperado" com a "desesperança" da vida russa, ele acredita que a revolução "terá algum efeito aqui". Ele se sente em paz com o "chá doce e anêmico" do dickensiano dono da loja de curiosidade, do qual se despede com o pensamento: "Adeus, defuntos." Dividido e só, determinado a ser um grande escritor no grande mundo, Babel fez do "silêncio" uma máscara irônica através da qual seria capaz de preservar o equilíbrio entre suas duas identidades.

Após a prisão, o silêncio se tornou completo. Como é largamente sabido, o NKVD confiscou 15 fichários de manuscritos do apartamento de Babel em Moscou e nove fichários de manuscritos de sua dacha. Entre estes estavam um romance quase terminado, um roteiro de filme, um livro sobre Górki e numerosas histórias. Depois de 1940, as obras de Babel foram banidas, até sua reabilitação em 1954; mas, de 1954 a 1990, para a maioria da população russa, tornou-se praticamente impossível encontrar suas obras, e a memória de Babel foi praticamente removida da literatura "oficial" soviética.

O trabalho de obliteração, contudo, foi mais além da supressão de seus livros. O dossiê de Babel no NKVD não apenas conta a história dos procedimentos burocráticos usados para prender, condenar e executar um grande escritor; também demonstra como o sistema atacou sua essência — suas consciência e identidade. No fim, oficialmente, Isaac Babel não mais existia como Isaac Babel e nunca existira.

Com ironia totalmente não intencional, os procedimentos do julgamento de Babel têm início quando o juiz, V. V. Ulrich, confirma a identidade do réu, que — segundo as acusações feitas contra ele, as confissões dele extraídas e o julgamento feito dele — há muito deixara de existir. O dossiê é um registro do duelo entre Babel e sua própria não existência nas regiões fronteiriças ao absurdo e à loucura, que são como uma sombra de seu primeiro grande conflito nas fronteiras da Ucrânia ocidental. Contudo, agora a luta não era contra os russos ou poloneses da Guarda Branca, mas contra a "lógica" dos interrogadores de Stalin. Em 1939, a fúria da revolução dera lugar a protocolos burocráticos, memorandos oficiais, números de arquivos, provisões do código criminal e formulários de uma vasta administração de terror. Um duelo que Babel não poderia vencer.

O conto "Argamak", de *O Exército de Cavalaria*, termina com o narrador de Babel refletindo sobre sua discussão com um cavaleiro cossaco. "E como posso ser culpado?", Lyutov se pergunta, cansado. O comandante do esquadrão responde à pergunta muda: "Eu o vejo [...]. Eu o vejo por inteiro. Você tenta viver sem inimigos. Isto é tudo em que você pensa, não ter inimigos." Em 1939, os inimigos de Babel fecharam o cerco sobre ele. Após sua prisão, o interrogador exige saber se Babel reconhece a própria culpa. Babel hesita, reconhece sua culpa, se retrata e a confirma. A investigação pressiona. Babel faz a fantástica confissão de que era o líder de uma organização antissoviética entre escritores, e tinha o objetivo de minar a "existente estrutura do país e, além disto, preparar atos terroristas contra a liderança do governo". Babel admite que, desde 1934, agia como espião da França e da Áustria, uma falsificação que, à primeira vista, parece ter pouca relevância para a situação internacional em maio de 1939, mas que pode, na verdade, ter tido uma ligação íntima com ela. Babel pede que permitam que se arrependa. Arrependimento não era uma opção.

Um mês depois, Babel divulga uma negação parcial. Três meses depois, no chamado julgamento, ele nega categoricamente todas as acusações — mas não tudo o que admitiu durante o interrogatório — e afirma que jamais em sua vida "fizera uma ação sequer contra a União Soviética" e que, ao confessar, difamara a si próprio. Sem dúvida, isso era verdade. Todavia, esse não era o ponto. Como M. D. Ryumin, um interrogador do MGB, uma vez disse a uma desafortunada vítima: "A questão de sua culpa é decidida pelo fato de sua prisão, e não quero ouvir qualquer tipo de conversa sobre isso."[49]

Em sua retratação, Babel afirma que todos os indivíduos que citou como cúmplices (a maioria dos quais já estava morta) eram totalmente inocentes das acusações que fizera contra eles. No entanto, da lista de pessoas que inocentou, Babel omitiu o nome de Ilya Ehrenburg. O que ele disse sobre as atividades de Ehrenburg na França, no início da década de 1930, despertou tanta atenção do NKVD que, no dia seguinte, foi expedida uma ordem para que o interrogador revisse o arquivo sobre Ehrenburg. Terá este sido um ato de rancor no fim de uma longa e conturbada amizade? Será que Ehrenburg era, na verdade, culpado de algumas das atividades de que Babel tinha conhecimento? Como Ehrenburg não foi preso na época nem mais tarde, fica provado exatamente o inverso da fala de Ryumin: sua inocência foi decidida pelo fato de não ter sido preso. As denúncias contra Isaac Babel começaram a se acumular desde 1934 e incluíam afirmações de escritores, como Boris Pilnyak, que foi preso em 1937 e do qual não mais se ouviu falar. Shentalinski declara que a prisão de Babel foi instigada pela vingativa confissão de Nikolai Yejov, que, como posto por Shentalinski, "era uma vingança tanto contra sua esposa como contra seu antigo amante".[50]

Embora indique que Yejov suspeitava do caso amoroso dos dois e de que *poderiam* estar envolvidos em algo mais sério, a transcrição completa da confissão de Yejov relacionada a Babel não fornece qualquer detalhe relevante que confirme as suspeitas de que Babel e a esposa de Yejov estivessem envolvidos em espionagem. O testemunho de Yejov é, no mínimo, um retrato honesto do que, em suas próprias palavras, ele "observou" entre Babel e sua esposa. Parecia suspeito, mas, entre todas as outras denúncias contra Babel, era o que, na verdade, menos informação oferecia ao NKVD para investigar. Como esse testemunho tem sido objeto de grande debate a respeito da prisão de Isaac Babel, cito as passagens completas relevantes, do dia 11 de maio de 1939.

Yejov: Há uma amizade especial entre Ye. S. Yejova [sua esposa] e Babel [...]. Ademais, eu suspeitava, na verdade com base somente em minhas observações pessoais, que isso não poderia ter acontecido sem uma ligação de espionagem entre minha esposa e Babel.

Pergunta: Com base em que fatos você declara isso?

Yejov: Sei porque minha esposa me disse que conheceu Babel por volta de 1925. Ela sempre afirmou que não havia qualquer ligação íntima com Babel. A conexão foi limitada por seu desejo de conhecer escritores talentosos contemporâneos. Convidado por ela, Babel esteve várias vezes em nossa casa, onde, naturalmente, estive com ele.

Observei que, na relação mútua com minha esposa, Babel demonstrava algo de exigente e vulgar. Eu via que minha esposa simplesmente [o] temia. Entendi o que estava acontecendo e não tinha a ver com os interesses literários de minha esposa, mas com algo mais sério. Eliminei a possibilidade de uma relação íntima, com base no fato de que Babel dificilmente demonstraria tal vulgaridade em relação a minha esposa, sabendo a posição que eu ocupava na sociedade. Às minhas perguntas se tinha com Babel a mesma relação que teve com [Mikhail] Koltsov [com quem ela também teve um romance e que foi preso em 1938], ela se calou ou pouco protestou. Sempre supus que, com essa resposta indefinida, ela apenas queria esconder de mim sua conexão de espionagem com Babel, aparentemente pelo desejo de que eu não entrasse na multiplicidade de canais desse tipo de conexão.

Nesse ponto do interrogatório, Yejov parece acusar definitivamente Babel de ser um espião, e aí Shentalinski termina seu relato. No entanto, o interrogador não se dá por satisfeito com a ambiguidade da declaração e busca mais detalhes, que a resposta de Yejov não fornece.

Pergunta: O que você disse até agora sobre Babel não forma uma base suficiente para suspeitar que ele tenha sido espião inglês. Você difamou Babel?

Yejov: Não difamei Babel. Yejova [a esposa] nunca disse que sua conexão com Babel tinha a ver com a inteligência inglesa. Nesse caso, expresso somente uma suposição, baseada na observação do caráter da relação mútua entre minha esposa e o escritor Babel.

Uma "suposição" não chega a ser uma denúncia, e o interrogador desiste do assunto. O que é mais importante aqui não é se Yejov compromete Babel ou não, mas que o interrogador o pressiona para denunciar Babel como espião *inglês*. Por que inglês? A relevância da situação internacional agora fica mais clara. Se Babel fosse um espião alemão — algo muito mais provável, pois Babel tinha contatos na Alemanha, mas não na Inglaterra —, suspeitas poderiam ser levantadas a respeito da conveniência do iminente Pacto Hilter Stalin. Nesse caso, é óbvio que os testemunhos de Yejov e de Babel eram lidos por outros além dos interrogadores do NKVD. E a natureza *política* das prisões fica imediatamente clara. Um dos usos dessas confissões e interrogatórios era no avanço da política externa de Stalin, *provando*, com tais confissões e interrogatórios, a validade de suas intenções — aqui, a assinatura do pacto de não agressão com Hitler.

Yejov, no entanto, não aquiesceu, e até mesmo o interrogador não foi capaz de encontrar, nos comentários do interrogado, base suficiente para acusar Babel.

Yejov é claro: suas declarações representam nada mais do que suposição. Ademais, ele não estava protegendo a esposa, que cometeu suicídio em dezembro de 1938, por razões duvidosas.

Mikhail Koltsov, mencionado no interrogatório de Yejov, foi fuzilado em 1940 e também foi acusado de ser espião inglês.

O NKVD interrogou Babel minuciosamente a esse respeito, e até tentou obter uma confissão de Alexei Gladun, ex-marido de Yejova, que foi diretor da Fábrica de Equipamentos de Kharkov, demitido e preso por não cumprir os objetivos do Plano Quinquenal. No dia 22 de maio de 1939, seis dias *após* a prisão de Babel, Gladun "confessa" que sua esposa (citada no interrogatório como Khayutina, seu nome de solteira) — que se divorciou dele para se casar com Yejov — era uma espiã inglesa.

> **Pergunta:** Rosengolts [outro "terrorista"] sabia que Khayutina era uma espiã inglesa?
>
> **Resposta:** Claro que sabia. Eu próprio o informei disso, e disse a Rosengolts que Khayutina era próxima de Yejov e que, através dela, seria mais fácil para nós conseguir ajuda, cumprindo o plano de recrutar Yejov para nosso trabalho de espionagem. Rosengolts expressou satisfação quanto à possibilidade de recrutarmos Yejov para nosso trabalho de espionagem a serviço da inteligência inglesa.

O caso seria simples: a esposa de Yejov era uma espiã inglesa; ela recrutou Yejov, e Yejov protegeu Babel. Lamentavelmente, Yejov não cooperou, e o ângulo de espionagem para a Inglaterra teve de ser deixado de lado no caso Babel. Na sentença, Yejov foi acusado de auxiliar diferentes serviços de inteligência; foi, ainda, acusado de assassinar a esposa. O que fica evidente na forma como o caso contra Babel progrediu é que o NKVD o estava *construindo*, passo a passo. Primeiro, tentou uma abordagem, depois, outra, nunca definindo um objetivo, mas claramente fazendo uma conexão entre o interrogatório e a situação internacional. Babel deixara de ser um indivíduo; ele se tornara uma engrenagem em uma máquina maior. Seu destino não era pessoal.

Os atos ou pensamentos particulares de Babel eram irrelevantes ao modo de operação dessa máquina. Babel representava algo que o NKVD, com a direção de Stalin, manipulava para colocar em um contexto, tornando-o internamente coerente e o relacionando a uma multiplicidade de outros casos. A determinação do tipo de espião — inglês, alemão, francês ou austríaco — era obviamente parte do processo.

Se a prisão de Babel estava relacionada com a iminente paz com Hitler, Stalin deve ter querido enviar uma mensagem clara ao adversário alemão e, ao mesmo tempo, a seus próprios serviços de inteligência e ao Politburo, de que, ao prender o mais famoso escritor judeu da época, ele também sabia como lidar com judeus; ademais, que esse escritor judeu estava de conluio com o inimigo comum, Inglaterra ou França, que, na primavera de 1939, havia enfurecido Stalin por não chegar a um acordo de segurança com a União Soviética. Babel pediu que Antonina Pirojkova informasse André Malraux sobre seu destino; contudo, hoje, parece que Babel foi preso exatamente por causa de seu prestígio na Europa, justo o que ele imaginou que pudesse salvá-lo.

Nem o antissemitismo pessoal de Stalin nem os próprios atos de Babel foram fatores determinantes. Ilya Ehrenburg era judeu, mas não foi preso. Babel "confessou" que Ehrenburg o havia recrutado para espionagem em nome dos franceses e jamais se retratou dessa parte da confissão; a um ponto, no interrogatório de maio de 1939, chegou a afirmar que "Malraux identificou Ehrenburg como o canal básico para a transmissão de informação de espionagem". Ehrenburg, que nunca foi preso, era mais um na engrenagem. Por que teria sido protegido e Babel não? Babel cessara de escrever ou, pelo menos, de publicar. Seu silêncio era evidência clara de que não era capaz de superar sua antipatia pela liderança soviética. Ehrenburg seguia publicando com prolificidade. Ele faria tudo de que o Estado precisasse. Mesmo após a morte de Stalin, continuou a fazer o serviço necessário ao escrever "Stalin vive".

Na máquina do Estado de Stalin, Babel, Ehrenburg e até mesmo Yejov eram engrenagens minúsculas. Na "Declaração ao Comissário do Povo de Assuntos Internos da URSS, 11 de setembro de 1939" de Babel, podemos ver como essas engrenagens se encaixavam para produzir um resultado que poderia ser altamente satisfatório para a estrutura soviética de poder. É uma declaração de magia inexprimível — da qual Babel tivera premonição em 1920, quando confidenciou ao diário: "Por que não consigo superar minha tristeza? Porque estou longe de casa, porque somos destruidores, porque nos movemos como um turbilhão, como uma torrente de lava, odiados por todos, esmigalhadores de vidas. Presto um enorme, interminável serviço aos mortos."[51] O serviço aos mortos concluía com o próprio e consciente autoextermínio. Como no *Réquiem* de Akhmatova, ele não era mais quem fora.

> A revolução abriu o caminho da criatividade para mim, o caminho da felicidade e trabalho proveitoso. Meu individualismo, minhas falsas visões literárias, a influência de Trotski, a que sucumbi logo no início de meu trabalho literário — tudo isso me fez desviar desse caminho. A cada ano, meus escritos se tornaram mais desnecessários e hostis ao leitor soviético, mas eu ponderava que eu estava certo, e não o leitor soviético. A partir dessa ruptura desastrosa, minha fonte de criatividade secou; tentei libertar-me

do cativeiro dessa limitação cega e autoassimilada. Contudo, as tentativas se mostraram fracas e insuficientes. Minha libertação se deu apenas na prisão.

Nos meses em que estive preso, mais coisas se tornaram claras e compreensíveis para mim do que, talvez, em todo o passado. Com terrível clareza, os erros e crimes de minha vida passaram diante de mim — decadência e podridão que me cercam entre os trotskistas, na maior parte. Com todas as minhas forças, sinto que essas pessoas não são apenas inimigas e traidoras da nação soviética, mas também que seu ponto de vista é algo que contradiz tudo em que consiste a verdadeira poesia: simplicidade, clareza, alegria, saúdes física e moral. Esse ponto de vista se manifesta no ceticismo barato, na afetação da falta profissional de fé, em uma fraqueza delicada e decadência evidente até mesmo nos primeiros anos da revolução e, além disso, em uma vida pessoal sem discernimento, em que o deboche mais sujo é elevado a um princípio. Em meu atual isolamento, testemunhei, com meus olhos, um país soviético que é, na mais pura verdade, indizivelmente bonito, o que me causa mais tormento, tendo em vista a vileza de minha vida passada. [...]

Cidadão Comissário do Povo [Beria]. Movido apenas pelo desejo de purificação e redenção, sem me importar com as consequências, falo de meus crimes. Desejo fazer um relato, também, de outro lado de minha existência em meu trabalho literário, que, por tanto tempo, esteve torturantemente oculto do mundo exterior, ao qual, com interrupções, tenho dado prosseguimento. Peço a você, Cidadão Comissário do Povo, que me permita colocar em ordem uma seleção de meus manuscritos. Estes consistem em rascunhos de descrições da coletivização e dos *kolkhozes**

*Fazendas coletivas organizadas na forma de cooperativas de camponeses que exploravam terras do Estado. [*N. do T.*]

> na Ucrânia, material para um livro sobre Górki, rascunhos de dezenas de contos, uma peça quase terminada e uma versão de um roteiro de cinema. Almejava terminar esses manuscritos, resultado de oito anos de trabalho, para publicação neste ano. Peço-lhe que me permita preparar um plano para um livro, no formato beletrista, sobre o caminho que minha vida tomou e que, em muitos aspectos, é o caminho típico seguido por outros e os leva à queda, a crimes contra nosso país socialista.
>
> Com brilho atormentador e implacável, tudo isso passa diante de mim; com dor, sinto como se fosse o retorno da inspiração e força de minha juventude, uma sede de trabalhar me queima, a sede de redimir-me, de marcar minha vida como desperdiçada por incorreção e crime.
>
> I. Babel

Essa confissão foi dirigida ao Comissário do Povo de Assuntos Internos e datada de 11 de novembro de 1939. Ao confessar sua "vida como desperdiçada por incorreção e crime", Babel ecoa suas próprias e proféticas palavras no Congresso Internacional de Escritores de 1934, em Moscou, quando concluiu seu longo discurso com a seguinte ironia:

> Com Górki, gostaria de dizer que [...] tudo nos é dado pelo partido e pelo governo, e somente uma coisa nos é tirada: [a liberdade de] escrever mal.
>
> Camaradas, não devemos negar que esse é um direito muito importante, seu confisco não é pouca coisa [*risos*]. É um privilégio do qual fazemos uso considerável.

> Portanto, camaradas, nesse congresso de escritores, comprometamo-nos a abrir mão desse privilégio, e que Deus nos ajude. No entanto, como Deus não existe, devemos ajudar a nós mesmos [*aplausos*].[52]

A liberdade de escrever mal, a liberdade de falar mal, a liberdade de pensar mal é uma liberdade sem a qual somente Deus pode nos salvar e, sem Deus, veio o terror da década de 1930.

A Polônia, através da qual Babel podia sentir a inebriante cultura ocidental, deixara de existir no outono de 1939, assim como Isaac Babel, o escritor, deixara de existir cerca de quatro meses antes do fuzilamento de Isaac Babel, o homem.

Se tivesse sido perdoado e recebido permissão de viver, Babel não teria sido Babel. O comentário de Lionel Trilling, de que "nenhum evento na história da cultura soviética é mais significativo do que a carreira ou, melhor, o fim da carreira de Isaac Babel", assume, nesse contexto, uma ironia totalmente diferente e apropriadamente babeliana. Sua morte o livrou do vergonhoso destino de ser "correto".

Babel não foi um herói. Também não era totalmente inocente das acusações feitas contra ele pelo NKVD. Ele se ligou a trotskistas e foi apresentado a Trotski por seu amigo e editor Alexander Konstantin Voronski, que, depois de Górki, talvez fosse o mais poderoso editor literário de escritos de vanguarda na Rússia, na década de 1920. Todos os testemunhos de amigos e da própria Antonina Pirojkova documentam a desilusão de Babel com o regime, seu desprezo pelos espetaculosos julgamentos políticos de Bukharin, Zinoviev e Kamenev, e seu desespero em relação ao destino de seus amigos nas forças armadas. Contudo, não há qualquer evidência de que, de algum modo, fosse o que o NKVD o obrigava a confessar: "líder de uma organização antissoviética entre escritores", cuja ambição era a execução de atos terroristas contra o governo soviético e seus líderes.

Como em quase todos os procedimentos desse tipo, o interrogatório e a confissão de Isaac Babel jamais foram divulgados publicamente durante o período soviético. Destinavam-se ao consumo interno do governo. O reconhecimento público de culpa obviamente não era relevante. Reconhecimento interno, sim. Se Isaac Babel admitisse sua culpa; se o grande diretor Vsevolod Meyerhold e batalhões de outros admitissem as suas, o governo poderia legitimar-se *diante de seus próprios olhos*. Hoje, é sabido que confissões como a de Babel circulavam pelo Politburo. Stalin mantinha um conjunto de tais confissões em sua dacha.[53]

Os expurgos serviram não apenas ao propósito de eliminar inimigos reais e imaginários, mas também à necessidade mais existencial de, continuamente, reafirmar sua legitimidade na ausência de verdadeiro suporte popular. Em vez de demonstrar a força interna do sistema, os expurgos provaram quão vulnerável o próprio sistema se sentia.

A retidão essencial dos métodos de Stalin e a sabedoria de sua liderança seriam encorajadas e apoiadas justamente porque Isaac Babel admitira ter levado uma vida "desperdiçada por incorreção e crime". Se Babel dizia isso, como alguém poderia discordar? Ademais, ao construir um caso (embora, com Babel, o sucesso tenha sido parcial no que dizia respeito às inteligências inglesa e francesa, mas, o de que era espião alemão, definitivamente, *não* foi montado), Stalin continuava a construir um caso contra a Inglaterra e a França no próprio Politburo, caso que era essencial para o avanço do pacto de não agressão com a Alemanha.

A "máquina sem igual" de Stalin, citando a abertura de *Na colônia penal* de Kafka, não fugiu ao controle. Muito ao contrário. O fato de que o público em geral não lesse as falsas confissões ou nem mesmo tivesse conhecimento das acusações levantadas contra tantas das vítimas de Stalin era evidência de que a máquina funcionava perfeitamente. Como um trabalho de arte, não servia a qualquer outro propósito a não ser a si própria.

Ao contrário de Babel, Alexander Voronski, seu amigo e editor, nutria claramente ambições políticas. Ao contrário de Babel, ele não deu ao governo o que este queria. Amigo de Lunacharski e Trotski, Voronski foi editor de *Solo Virgem Vermelho** e publicou os principais textos soviéticos novos, incluindo os primeiros contos de Babel. Em 1927, por razões ideológicas, foi destituído do cargo de editor de *Solo Virgem Vermelho*; em 1929, encontrou-se com Stalin para discutir o estado da literatura soviética. A filha de Voronski relata que essa reunião levantou a questão da fundação de um novo jornal com foco político-militar. Voronski concordou em dirigi-lo, mas insistiu em completa liberdade de edição. Stalin recusou. Esse foi o fim da conversa. Voronski foi enviado ao exílio e foi preso pela segunda vez em 1º de fevereiro de 1937. No dia 10 de junho de 1937, foi fuzilado por agitação antissoviética e participação em uma organização antissoviética. Babel manteve contato com ele depois que foi exilado e, ao contrário do que disse ao tribunal, visitou Voronski em pelo menos uma ocasião documentada. Depois do banimento de Trotski da União Soviética em 1929, os dias de Voronski estavam contados.

Por ter sido tão próximo de Babel, quis saber o que aconteceu a Voronski. Teria ele também denunciado Babel? O que o teria

---

**Krasnaya nov'*, jornal literário fundado por Alexander Voronski em 1921. [*N. do T.*]

compelido a persistir em um caminho que, obviamente, levaria à sua destruição? Vladimir Pavlovich sugeriu que eu passasse pelos mesmos canais de antes, caso desejasse ler o arquivo do NKVD sobre Voronski; contudo, como obter permissão de um parente? Que parente? A esposa havia sido presa junto com ele. Como alguém pode ter sobrevivido?

Olga Varshaver fez alguma investigação entre sua rede de colegas do antigo Sindicato de Escritores e descobriu que a neta de Alexander Voronski vivia anônima na periferia de Moscou, em um pequeno apartamento.

— É interessante — comentou Olga — que ela more em Vladimirka, no limite do anel externo na periferia da cidade. Na época pré-revolucionária, esse era o caminho que os prisioneiros políticos tomavam em direção à Sibéria.

A neta de Alexander Voronksi nasceu em Kolyma, a região mais notória no sistema de gulags. Estima-se que tenha contido mais de novecentos mil prisioneiros, dos quais cerca de quinhentos mil morreram, ou por fuzilamento ou de fome. O escritor Varlam Shalamov, um prisioneiro político confinado em Kolyma, trabalhava no flanco de uma montanha, de onde mato e tocos haviam sido removidos por novos tratores americanos enviados em arrendamento:

> A montanha foi desmatada e transformada em um palco gigantesco para uma peça de mistério no campo.
>
> Uma sepultura, sepultura para o enterro em massa de prisioneiros, uma fossa de pedra recheada de cadáveres não decompostos de 1938 deslizava pelo lado da colina, revelando o segredo de Kolyma.

> Em Kolyma, corpos não eram entregues à terra, mas à pedra [...]. Todos os nossos entes queridos que morreram em Kolyma, todos os que foram fuzilados, surrados até a morte, ressecados pela fome, ainda podem ser reconhecidos, mesmo após dezenas de anos. Não havia fornos a gás em Kolyma. Os cadáveres esperavam na pedra, no subsolo permanentemente congelado...
>
> Essas sepulturas, enormes fossas de pedra, eram cheias até a borda com cadáveres. Os corpos não se decompunham; tornavam-se simples esqueletos recobertos com pele esticada, suja, arranhada e mordida por piolhos.[54]

Após a execução de Voronski, sua filha foi presa e sentenciada a oito anos no gulag; por fim, foi levada para essa região estéril de "cadáveres não decompostos". Cumprida a sentença, foi libertada e se casou, sem saber que sua mãe já havia morrido. Durante o "degelo" de Kruchev, o que restou da família retornou a Moscou.

É agosto de 1995, e o ar superaquecido de Moscou não se move. O carro de Nikolai cheira a graxa e a gasolina. Seguimos pelo anel externo em direção a Vladimirka no meio do que se tornou um novo fenômeno: *probka* ou rolha, o termo para engarrafamento de trânsito. Com buzinas berrando no calor e carros espalhados pela rua em total desrespeito pelas convencionais faixas de tráfego, cada um se metendo nos espaços vazios, fechando o caminho aos outros e criando um bloqueio em massa, Nikolai comenta que algo pouco visível está ocorrendo com as pessoas: elas estão se tornando muito mais agressivas.

Contudo, quando pergunto de que forma essa agressividade é demonstrada, ele não sabe explicar com facilidade. São pequenas coisas, o modo como caminham pelas ruas, passam na sua frente, empurram os outros, como se lutassem por ar.

Chegamos a um dos muitos bairros superpovoados e decadentes, com prédios de altura moderada, fachadas desbotadas e esburacadas, portas de metal enferrujadas e, nas janelas dos andares mais baixos, grades de aço quebradas. O pátio estava cheio de cabos de aço retorcidos, vidros quebrados e o que parecia ser um Pobyeda* abandonado e suspenso em blocos. Cachorros de rua dormiam nas sombras ao longo das calçadas cobertas por ervas daninhas e rachadas pelas elevações provocadas pelo frio do inverno, forçando as pessoas a contornar as ilhas de concreto deslocado. Após várias voltas e muita discussão entre Olga e Nikolai, sem conseguirmos achar a entrada correta, acabamos encontrando-a por acidente. A campainha funcionava. Ela estava à nossa espera. O prédio de apartamentos lembrava projetos de casas populares em Chicago. Alguma coisa no interior parecia ter sido rasgada por um animal selvagem. O elevador não estava funcionando, e tivemos de subir vários lances de escada. O cheiro de peixe do lixo inundava a escadaria.

Seguimos até o fundo do corredor, como nos instruíram. Quando batemos na porta, ela foi aberta quase imediatamente por uma mulher avançada nos quarenta anos. Havia algo frágil e manso no modo desajeitado como ela mantinha o corpo, dando-nos as boas-vindas ao seu apartamento e, ao mesmo tempo, não querendo nos ver, desviando o olhar enquanto apertava nossas mãos, mas atenta a cada movimento nosso. Ela não apertou minha mão, mas como que permitiu que a sua fosse apertada, como se dissesse *Não olhe para mim. Eu não sou alguém para quem valha a pena olhar e também não vale a pena apertar minha mão.* Como se fosse somente a criada e temesse que, a qualquer momento, o

*Automóvel de passeio produzido na União Soviética de 1946 a 1958. [*N. do T.*]

verdadeiro dono do apartamento pudesse aparecer, e ela teria de se retirar para outro cômodo. O silêncio se estabeleceu entre nós enquanto a seguíamos pelo corredor. Ela tinha cabelos castanho-claros e usava um vestido decente, limpo.

Ela divide o apartamento, mas não sei com quem; quando entramos, as portas no outro lado do corredor estavam fechadas. O cheio de gordura de cozinha está no ar. Ela abre uma porta e entramos em seu quarto — seu quarto de dormir, sua biblioteca, sua sala de estar. O quarto é despojado, exceto que, no centro, há uma pequena escrivaninha e cadeiras. A nossa volta, do piso ao teto, nas quatro paredes, estão milhares de livros. Nem todos cabem nas estantes, e muitos estão cuidadosamente empilhados por todos os lados. Os livros estão em filas duplas nas estantes.

Sinto dó quando ela põe seu cartão sobre a mesa para que eu o pegue: "Tatiana Isaeva. Assistente Editorial" do que parecia ser uma publicação — *Vozvrashchenie* (Retorno). Assistente? Para quê? De quem? Que textos ou línguas podem ser esses? Não consigo imaginar essa criatura dolorosamente modesta, inofensiva, calma, trocando ideias com alguém, exceto fantasmas do passado em línguas sem voz. O ar no quarto é sufocante. Qualquer um poderia ser atraído para trás, para trás, para trás, para as sombras sussurrantes, para um mundo obscuro de memória e dor. Começo a sentir-me tonto. Apresento meu cartão a ela e menciono Isaac Babel. Ela assente com a cabeça.

— Seu avô foi muito importante para Babel e para outros escritores — digo, quebrando o silêncio. A energia viva do quarto parece prestes a ser arrastada em torvelinho para o silêncio, como água vazando pelo ralo. Somente o som de minha voz a bloqueia. Apenas minha voz se opõe ao abatimento invisível, dominado por vozes que não consigo entender, que parece crescer sobre nós como as sombras da tarde. Ela assente com a cabeça novamente.

— Você tem alguma objeção a que eu leia o dossiê do NKVD sobre seu avô, para que eu possa aprender mais sobre o que aconteceu a ele?

Ela balançou a cabeça e respondeu calmamente. Não, ela não tinha qualquer objeção, mas gostaria que eu soubesse que a maioria do que leria no arquivo era mentira. Ela conta que nasceu em Magadan. A vida era muito difícil. Agora, as coisas estavam melhores. Teria eu interesse em ver um livro de histórias que sua mãe, filha de Voronski, escreveu? Era um livro muito triste, mas eu poderia achá-lo interessante porque, no prefácio, também falava de Voronski. Era sobre a vida nos campos. Pego a pequena brochura que ela oferece. Está impressa em papel fino, no qual o processo de oxidação e mancha já começara; em algumas páginas, a impressão é forte e em outras as palavras e frases parecem prestes a desaparecer, como o som da voz de Tatiana. O livro cheira a Moscou. Tenho-o diante de mim agora, enquanto escrevo isto, e me lembro da presença tímida, quase insuportavelmente calma e diminuta desse último elo com uma das maiores figuras literárias da revolução, cuja fotografia vejo pela primeira vez. É uma fotografia tirada na época de sua prisão, em 1937. Seu cabelo é grisalho, e sua expressão, acerada, austera. Ele tinha 53 anos, mas parecia muito mais velho. Ele pode ver o futuro como em um espelho.

Tatiana prosseguiu o que sua mãe iniciou — uma discreta e incansável campanha para restaurar Voronski a seu legítimo lugar na literatura russa. Seus esforços tiveram algum sucesso. Um excelente estudo foi publicado em 1989 por Galina Belaya com o sugestivo título *Don Kikhoty 20-kh godov* (Dom Quixote do século XX), e uma biografia de Voronski foi publicada em russo em 1991. Um volume de seus escritos importantes foi publicado em inglês, em tradução de Frederick Choate, por uma pequena editora socialista em Michigan.

Eu mal podia esperar para sair, respirar ar fresco, sentir a luz do sol. Tatiana assinou a carta de que eu precisava para o arquivo do KGB, e, no dia seguinte, voltei à sala de leitura. A mesma senhora com olhos pintados com mesma sombra metálica, de cor púrpura, e o mesmo penteado elaborado trouxe o arquivo sobre Voronski. Ele era um antigo bolchevique, um verdadeiro crente desde a revolução de 1905. O arquivo era volumoso, com denúncias e interrogatórios.

Como outros, Voronski teve a oportunidade de fazer uma declaração antes da sentença. Babel suplicou apenas para que pudesse terminar o trabalho. Yejov foi para a sepultura com o nome de Stalin nos lábios, Voronski tinha uma mensagem diferente para seus juízes. Ele se levantou e declarou que, assim como o haviam julgado, a história os julgaria. Eles, e não ele ou aqueles a quem apoiava, tinham traído a revolução. Suas palavras foram fortes, diretas, inflexíveis e claras. Ele não denunciou ninguém; ele não se retratou de nada. O discurso durou somente alguns minutos. Ninguém tentou interrompê-lo. Tudo foi devidamente registrado pelo estenógrafo do tribunal e preservado. Foi fuzilado no dia seguinte, e todos os vestígios de Alexander Voronski desapareceram por mais de vinte anos. A engrenagem continuava a girar.

14

Raoul Wallenberg

Por essa época, li, no *New York Times*, uma resenha sobre uma organização denominada ARC, que buscava informação sobre Raoul Wallenberg, a quem é dado crédito por salvar as vidas de cerca de cem mil judeus húngaros em 1944 e que, depois de uma famosa reunião com soviéticos em janeiro de 1945, desapareceu sem deixar pistas. O artigo mencionava um homem de nome Boris Yujin, um antigo oficial do KGB e agente duplo americano. Yujin era um dos espiões soviéticos denunciados por Robert Hanssen, o agente do FBI que, em 2001, se declarou culpado por ter trabalhado para o KGB. Yujin foi preso em Moscou em 1985 e sentenciado a 15 anos de prisão, mas foi libertado por Boris Yeltsin em 1992. Os outros agentes duplos do KGB denunciados por Hanssen foram fuzilados. Yujin teve sorte.

Agora, ele morava na Califórnia e se dedicava a procurar prisioneiros de guerra desaparecidos na Sibéria na década de 1940, e apoiava os esforços para determinar o que acontecera a Wallenberg. Havia muitas teorias na época. Alguns pesquisadores acreditavam que tinha morrido de ataque do coração ou tinha sido fuzilado ainda em Moscou, em 1947. Outros insistiam que ainda estava vivo e afirmavam ser capazes de apresentar relatos de presos que o haviam visto recentemente em um campo ártico. O mistério do desaparecimento de Wallenberg crescia, pois ninguém sabia por que fora preso e qual foi a base da ação dos soviéticos contra ele. Nenhum documento do governo foi apresentado que desse suporte a qualquer das teorias. Wallenberg foi um grande herói que simplesmente desapareceu no vazio da burocracia soviética.

Telefonei para Yujin e disse que, em breve, iria para Moscou e gostaria muito de seguir qualquer pista que ele pudesse oferecer. Ele me deu o nome e o número do telefone de alguém em Moscou que falava inglês.

— Não diga nada. Apenas meu nome — instruiu-me. — Pergunte pelo arquivo de Kutuzov.

Logo depois de chegar a Moscou, segui suas instruções.

Após um longo silêncio, o homem no outro lado da linha disse firmemente em inglês:

— Nunca repita este nome em Moscou; certamente, não ao telefone.

Todavia, ele concordou em encontrar-me em um restaurante próximo a seu escritório. Ele tinha uma história para me contar.

Olga e Nikolai ficaram descontentes com o encontro. Por que procurar pessoas desse tipo?, perguntaram. Pelo que sei, não estou fazendo nada de errado, apenas buscando informação, insisti. Pode ser, disse Nikolai, mas nunca é bom encontrar essa gente. Uma vez que os encontremos, ficam sabendo quem somos. Jamais se esquecem.

Por volta do meio-dia, Nikolai, Olga e eu fomos ao restaurante no porão indicado pelo oficial do KGB. Era frio e escuro, e não havia outras pessoas lá. Dirigimo-nos a uma mesa ao fundo. Logo chega um homem de terno e gravata, que para na porta de entrada e vasculha o salão. Na luz vinda da rua, é difícil distingui-lo, mas ele nos vê e se aproxima rapidamente. Levanto-me e apresento-me.

— Muito bem — diz ele —, o que deseja saber?

— Falaram-me sobre o arquivo de Kutuzov. Ele existe?

— O arquivo de Kutuzov é real.

— De que se trata?

Ele contou a seguinte história: após a revolução, um homem jovem — que vinha a ser um parente distante do príncipe Mikhail Kutuzov, o herói da Guerra de 1812 e de *Guerra e paz* de Tolstoi — foi parado pelos bolcheviques na fronteira, quando tentava fugir do país. Em vez de ser fuzilado, ele, como tantos outros, concordou em se tornar informante da Cheka,* precursora do KGB. Ele foi para Paris, de onde passava informação sobre os círculos de emigrantes russos, muitos dos quais eram velhos amigos ou conhecidos. Em 1944, ele foi deslocado para Budapeste. Como era um homem afável, culto e espirituoso, logo fez amizade com Wallenberg. Ele trabalhava no hospital que, embora parecesse improvável, cuidava de prisioneiros de guerra soviéticos. Wallenberg gostava dele. No que ficou conhecido como O Arquivo de Kutuzov, ele relatou a Moscou tudo o que Wallenberg disse ou fez.

— Onde está o arquivo?

— Ficava no repositório do KGB. Um dia, desapareceu.

— E agora?

*Comissão Extraordinária Pan-russa para o Combate à Contrarrevolução e Sabotagem. [*N. do T.*]

— Não sei. Ninguém sabe. Talvez o tenham vendido para os suecos. Talvez tenha sido destruído.

— Você o leu?

— Não.

— Qual é o valor do arquivo?

— Conta a história de Wallenberg em Budapeste. Mostra por que tinham de executar Wallenberg.

— Tinham?

— Não tinham outra opção.

— Você nunca o leu?

— Não.

Segundo o general Pavel Sudoplatov, do KGB, Wallenberg foi executado por injeção letal em 1947, ainda quando estava detido em Moscou.[55] A existência de Kutuzov e sua relação com Wallenberg foram confirmadas, de forma independente, por um homem que ainda vivia em Budapeste e me disse que, quando garoto, trabalhou para Wallenberg e se lembrava de um fascinante russo que vinha com frequência à residência de Wallenberg. Mas seu nome não era Kutuzov, o Sr. Forgascne me disse. Seu nome era Tolstoi. Aparentemente, esse era o nome que Kutuzov usava em Budapeste. Na verdade, na família de Kutuzov havia casamentos com descendentes de Tolstoi. Nele, o general e o escritor se fundiram; sua grande obra, o Arquivo de Kutuzov, se dissolveu no mesmo silêncio que encobriu os manuscritos confiscados de Babel.

15

A viúva de Erofeev

Para minha grande alegria, descobri que a viúva do escritor Venedikt Erofeev vivia em Moscou e gostava de companhia. Quando ainda trabalhava na Editora da Universidade do Noroeste, publiquei — ou melhor, republiquei — uma tradução inglesa de *Moscow to the End of the Line* (*Moscou até o fim da linha*), e ansiava para saber se havia outras obras de Erofeev que eu pudesse publicar em Yale. Sem dúvida, Erofeev está entre os grandes escritores da segunda metade do século XX. A sutileza da narrativa autorreflexiva desse grande romance, o *pathos* cômico combinado ao brutal realismo psicológico o tornam uma das mais profundas investigações de modernidade produzidas em qualquer literatura no mundo. Ao contrário da escrita pós-moderna muito simples, o romance de Erofeev não oferece saídas fáceis ou formulistas do problema de transcendência, nem soluções baratas à desorientação e aos deslocamentos radicais de consciência no mundo moderno.

> "Não é nada", disse a mim mesmo. "Nada. Ali está uma farmácia, vê? E ali, aquele chato de paletó marrom raspando a calçada. Você também vê isso? Então, acalme-se. Tudo está indo como devia. Se quiser virar à esquerda, Venichka, vire à esquerda, não o estou forçando a fazer coisa alguma. Se quiser virar à direita, vire à direita."[56]

Tudo está indo como devia, o herói de Erofeev diz a si próprio. Se quiser virar à direita, vire à direita; se quiser virar à esquerda, vire à esquerda. Para Erofeeev, a questão é como estabelecer uma relação entre sua liberdade e o "chato de paletó marrom raspando a calçada". Se você não consegue estabelecer a relação, não tem ideia do que é liberdade. *Moscou até o fim da linha* é seu grande romance. Eu queria encontrar outros.

Sua viúva, Galina, vivia em um arranha-céu, parecido com o de Tatiana. Ela era corpulenta, energética, animada, bem-humorada, com cabelos castanhos curtos, de franja reta. Feliz por alguém dos Estados Unidos ter vindo prestar homenagem à memória do marido, ela convidou amigos para almoçarem conosco. Ela parecia estar sempre em movimento em volta da mesa, sempre falando, sempre pegando alguém pelo braço ou colocando alguém diante de outro. Ela preparou uma variedade de coisas maravilhosas para comermos enquanto discutíamos Venedikt. Disse a ela que achava que, com frequência, ele era mal compreendido e sujeito a um destino parecido com o de Henry Miller — o de ser um escritor conhecido principalmente por suas transgressões — mas cujos interesses eram muito mais profundos. Muitos consideram Erofeev pouco mais do que um escritor que falava sobre embriaguez, mas isso não era, de modo algum, verdade, eu disse. Ela usa embriaguez e álcool para atacar a artificialidade, a própria arte, como Miller usa o sexo para que possa entrar em um espaço imaginativo diferente. Contudo, no fim, Miller permanece sendo um realista em luta contra a superficialidade dos valores e da sociedade americanos. Erofeev é distinto. Sua concepção imaginativa penetra mais profundamente na existência do que a de Miller; ele ilustra o destino do espírito, que vaga como um vagabundo bêbado em um mundo sem compreensão. Ela gostou disso, mas não deu atenção à comparação com Miller. Em seu testamento, Erofeev escreveu que o preço de seu romance jamais deveria ser maior do que o de um litro de vodca, um costume que foi seguido ao pé da letra, até que a própria União Soviética atingisse o fim da linha.

— Deixe-me contar-lhe uma história sobre Erofeev que mostrará a você o tipo de homem que ele realmente foi — disse ela. Pessoas da organização extremista Pamyat queriam que Erofeev discursasse em sua conferência anual. Isso foi um ou dois anos antes de ele morrer. Na época, ele estava confinado a uma cadeira de rodas e podia falar apenas através de um buraco na garganta, devido ao câncer. Em sua maior parte, a proposta da Pamyat era nacionalista, xenofóbica e antissemita. Queriam mostrar que Erofeev era um deles e, a partir de alguns de seus escritos, pensavam que compartilhava de suas visões políticas sobre a necessidade de criar uma literatura puramente russa.

Erofeev sempre os despachava, Galina disse. Contudo, um dia, uma delegação simplesmente apareceu no apartamento. Ele recusou, mas veio outra delegação, e, dessa vez, ele assentiu. Chegou o dia do grande evento, e Galina empurrou sua cadeira de rodas até o palco, diante do auditório lotado. Todos os assentos estavam ocupados; pessoas ocuparam os corredores para ouvir o que Erofeev diria. Jornalistas estavam presentes para tomar nota de cada palavra.

Erofeev, no entanto, nada diz. Ele apenas fica sentado na cadeira de rodas e olha para a multidão. As pessoas ficam nervosas. O que está havendo? Quando ele vai falar? Começam a se mexer e a bater os pés. Algumas começam a bater palmas. Erofeev permanece calado.

Galina olhou para mim, de olhos arregalados. Ela não tinha ideia do que aconteceria.

— Ninguém tinha.

Por fim, Erofeev faz um sinal com a mão e o auditório silencia. Ele puxa o microfone para o buraco na garganta.

— Obrigado pelo convite — sussurra hesitante. — Estou profundamente comovido, pois agora sei que vocês me amam de verdade, por mim e por meus escritos. Nada mais explica esta grande multidão, pois... — Ele fez uma longa pausa, disse Galina, antes de terminar a frase. — Pois, além disso, na verdade, absolutamente nada temos em comum. — E isso foi tudo. Todos ficaram chocados.

Temerosa de que a audiência pudesse matá-lo, Galina correu e tirou Erofeev dali antes que alguém reagisse.

Na visita seguinte a Moscou, quis ver Galina, mas me disseram que caíra para a morte quando limpava a janela de seu apartamento, de pé na borda externa, sem uma corda de segurança.

16

Vsyo Normalno

Em 1998, a Rússia era um país à beira da desintegração — econômica, social, militar e política. Quando cheguei, no fim de agosto, as ruas de Moscou pareciam combinar entropia com ira, desesperança com ressentimento maldisfarçado. Nikolai se tornara presidente da Sociedade Kendo de Moscou. Ele era um mestre nessa arte japonesa de violência não violenta estilizada. Ele reclamou novamente que as pessoas ficaram mais agressivas. Como?, perguntei; contudo, mais uma vez, sua resposta foi vaga: em geral, pelo modo como fazem as coisas, pelo modo como dirigem, pelo modo como empurram os outros na rua, pelo modo como falam com você nas lojas, pelo modo como andam na rua. Enquanto caminhávamos pela Praça da Revolução, dois jovens recrutas com o uniforme do Exército russo se aproximaram de nós e, num sussurro apressado e vivo, falaram algo com Nikolai; em seguida, ele enfiou a mão no bolso e deu-lhes algumas notas de rublo.

— O que queriam?

— Estão com fome e mendigam por comida.

— Mendigam por comida?

— Veja no que se tornou o Exército que derrotou Hitler — disse Nikolai, incapaz de esconder a emoção. — Mendigando por comida nas esquinas das ruas de Moscou.

Nikolai contou-me que faria tudo o que estivesse ao seu alcance para manter o filho longe do Exército. As surras e a brutalidade a que são submetidos os típicos recrutas russos nas forças armadas da Rússia são chocantes, segundo Anna Politkovskaya em *A Rússia de Putin*:

> Você pode decidir se gostaria de viver em um país onde seus impostos sustentam um [Exército] como este. Como você se sentiria quando seu filho completasse 18 anos e fosse recrutado como "recurso humano"? Quão satisfeito você ficaria com um Exército do qual um bando de soldados deserta toda semana, às vezes esquadrões completos ou companhias inteiras? O que você pensaria de um Exército em que, em apenas um ano, 2002, um batalhão, mais de 500 homens, morreu, não em uma guerra, mas espancado? No qual oficiais roubam tudo, das notas de 10 rublos enviadas por familiares aos soldados a colunas inteiras de tanques? No qual oficiais são unidos pelo ódio aos pais dos soldados, porque, com muita frequência, quando as circunstâncias são demasiadamente infames, mães indignadas protestam pelo assassinato de seus filhos e exigem punição.[57]

Politkovskaya, uma ativista de direitos humanos e jornalista, foi assassinada em Moscou no dia 7 de outubro de 2006. Seu assassinato permanece sem solução. Muitos suspeitam do KGB; muitos suspeitam de elementos nocivos nas forças armadas; alguns suspeitam do próprio Vladimir Putin.

No final de 1998, perguntei a Vladimir Naumov se achava que as pessoas poderiam agir coletivamente contra o governo para tratar dessa situação. Em resposta, ele contou a seguinte piada que corria por Moscou:

Três judeus caminhavam pela rua. Um perguntou ao amigo: "Você possui uma dacha?" O amigo respondeu: "É claro." Eles perguntaram ao terceiro, que confessou ser muito pobre para ter uma dacha. "Escute", disseram, "juntaremos nosso dinheiro e compraremos uma para você." Três georgianos caminham juntos e o primeiro pergunta ao segundo: "Você tem carro?" "É claro", é a resposta, "um muito bom." O terceiro, no entanto, não tem carro, de modo que reúnem dinheiro para comprar-lhe um. Dois russos caminham juntos, e o primeiro pergunta ao segundo: "Você já esteve na prisão, meu amigo?" "É claro", o colega responde. "E Misha, já esteve na prisão?" O segundo pensa um pouco e diz: "Por quê? Não, não estive." O primeiro, então, diz: "Vamos descobrir uma forma de colocá-lo lá."

— É assim que os russos ajudam uns aos outros — comentou Naumov. Em seguida, acrescentou: — É o fim do regime, o fim da democratização em nosso país.

Naumov apresentou-me a Alexander N. Yakovlev, antigo embaixador no Canadá e um arquiteto da *perestroika* durante os anos de Gorbachev. O Dr. Yakovlev, que tinha cerca de 70 anos quando o conheci, criou a Fundação Democracia Internacional; sua missão, até sua morte em 2005, foi a publicação do maior número possível de documentos do período soviético. Ele também dirigiu a Comissão de Reabilitação, da qual Naumov era o pesquisador principal.

Quando conheci Yakovlev em seu escritório de Moscou, me chamaram a atenção seus cabelos grisalhos penteados cuidadosamente para trás e as rugas irregulares que convergiam em sua testa como um padrão geológico. Ele mancava, devido a um ferimento na Segunda Guerra Mundial, e tinha olhos penetrantes. Por ter estudado na Universidade de Columbia, em 1958, e sido embaixador no Canadá, Yakovlev falava excelente inglês, mas, muitas vezes, fingia entender menos do que de fato entendia. Seus modos eram, ao mesmo tempo, cordiais e distantes, e seu tom de voz se tornava irônico com facilidade, rechaçando intimidade. Nessa visita para discutir possíveis ideias de colaboração, ele estava particularmente distraído e sombrio.

— Não há nada com que nos sentirmos felizes — disse.

Perguntei se era possível avaliar a lealdade do povo ao governo pela pequena proporção de impostos que o governo conseguia recolher. Não, ele reagiu, não era uma questão de lealdade.

— Se minha fundação tivesse um copeque, eu também não pagaria ao governo — disse. — Por que eu pagaria imposto de 80% da renda da fundação? Por quê? Para alimentar a corrupção e a incompetência? Não. — Ele fez uma pausa para assegurar-se de que eu entendera. — Sou um verdadeiro patriota russo. Acredito em meu país. Daria a vida por meu país, mas não daria um rublo aos escroques no Kremlin.

Para Yakovlev, lealdade poderia ser devotada somente a seu país, não ao governo. Fiz-lhe uma pergunta a que não era capaz de responder logicamente.

Ele achava que o crescente número de jornais antissemitas, fascistas, alguns com circulação moderadamente grande, era um bom termômetro do progressivo movimento retrógrado em direção a formas totalitárias de pensamento.

— No Ocidente, totalitarismo — disse — sempre é acompanhado pelo ódio aos judeus.

Na Rússia, o judeu permanece como o intruso, o símbolo do liberalismo ocidental — apesar do fato de que, em 1917, muitos estavam no Partido Bolchevique, apesar do fato de que Lenin, Trotski, Zinoviev, Kamenev, Kaganovich e muitos outros eram judeus, parcialmente judeus ou, no caso de Molotov, Andreev, Dimitrov e Voroshiliv, tinham esposas judias. Até Nikolai Yejov, diretor do NKVD. Até o primeiro marido da filha de Stalin era judeu.

Quando ofereci a Yakovlev uma cópia de um novo livro de Yale, *Socialist Realist Painting* (Pintura realista socialista), como presente, ele apenas riu e disse, mordaz:

— Não existe e nunca existiu qualquer arte realista socialista. É uma contradição em termos — não era socialista e não era arte.

Até morrer, Yakovlev tinha grandes planos para um jornal internacional sobre a Guerra Fria. Ele desejava, desesperadamente, espalhar informação e conhecimento como forma de combater a onda de pensamento extremista que ameaçava engolfar a Rússia e o Ocidente. Embora, em 1998, não tivesse perdido a esperança, ele era claramente um homem à procura de uma saída para o colapso intelectual, político e espiritual de seu mundo, para o *tupik* em que se encontrava. Por fim, ele disse simplesmente:

— O que você faz quando não tem dinheiro?

Perguntei-lhe se estaria interessado em escrever um livro escolar sobre história soviética usando os documentos que a Editora da Universidade de Yale e sua fundação haviam publicado.

— Não é possível — interrompeu Naumov. Escrever um livro escolar, explicou, significava ter uma espécie de narrativa unificadora com uma concepção subjacente. Um ponto de vista. Ninguém, ele insistiu, assumiria, nesse momento, uma tarefa intimidadora e perigosa como essa. Oferecer uma interpretação unificada do período soviético implica, primeiro, que você deseja conhecer a verdade e, segundo, que você tem a coragem de divulgá-la.

— Muitos pensam que já foram publicados documentos demais — prosseguiu Naumov. — A história daquela época ainda não é ensinada em muitas escolas e universidades russas. Ninguém ousa. Vai demorar uma geração. Se não mais.

Yakovlev assentiu com a cabeça.

Em meados de agosto de 1998, o rublo era negociado a 7 mil por um dólar. Isso representava, aproximadamente, uma queda de 40% no poder aquisitivo do russo médio desde o mês de janeiro anterior. O rublo chegou a cair à taxa de 12 mil por dólar, e o pânico quase se instalou. Fora das grandes cidades, simplesmente não havia dinheiro, e as pessoas se valiam do escambo de batatas e outros bens domésticos para a sobrevivência. Muitas pessoas no governo e fora dele previam colapso civil.

Embora não houvesse sinal visível de pânico ao longo da Kutuzovski Prospekt, longas filas se formavam nas casas de câmbio espalhadas pelo bulevar, com homens e mulheres segurando sacos de papel cheios de rublos, esperando trocá-los por dólares antes que desaparecessem totalmente de vista.

Enquanto a imagem do mundo à sua volta se alterava, e deve ter-lhes parecido que o chão desaparecia sob seus pés, as imagens acima de suas cabeças, nos pôsteres, projetavam uma nova vida, que contradizia terrivelmente o que tinham diante dos olhos. Anúncios de uma nova operadora de telefonia celular brotavam ao longo das avenidas. Seu *slogan*, em português, era "Seja Feliz". Em praticamente todo quarteirão, era possível ver um anúncio declarando *Otvetny udar* — o contragolpe —, com a imagem dourada, realista socialista, de um homem e de uma mulher da década de 1930, com os braços esticados à frente, no verdadeiro estilo revolucionário. Nos anos 1930, estariam brandindo a bandeira vermelha da revolução e do poder soviéticos; agora, seguravam um maço de cigarros Zolotaya, tendo ao fundo o perfil da cidade de Nova York. Esse seria o golpe de resposta, desferido contra o domínio americano do mercado de tabaco, a nova revolução sendo vendida aos moscovitas enquanto corriam para trocar seus rublos.

As vitrines das lojas estavam repletas de caros produtos estrangeiros: Sport Siti [Cidade do Esporte] exibia produtos Reebok, Kettler, Speedo, Adidas, BH Fitness e Bauer, com 20% de desconto. Uma Central de Documentos e Cópias Xerox mostrava as novidades tecnológicas. "Roupas para a casa e relaxamento" podiam ser vistas na vitrine de uma loja cheia de estilosas roupas de baixo em preto e branco, masculinas e femininas. Em uma loja chamada "Roupas para Homens e para Mulheres", as etiquetas de Dior, Wolf, Lejany e Alessandra Traini convidavam as pessoas a entrar e a sentir na pele como seria o futuro. Uma ótica exibia óculos de Yves Saint Laurent, Valentino, Tiffany, Oliver e Longines. Ao lado, uma vitrine do Dizain Tsentr ("Centro de Design") dominada pela fotografia de uma sala toda branca, despojada, bem-iluminada, elegante. No fundo, uma pilha de livros de arte; no topo, um álbum do aclamado designer italiano Walter Albini, sem dúvida escolhido pela cor e pelo nome. No primeiro plano, uma loura atraente, cabelos curtos, sentada em um sofá branco, com as pernas cruzadas, meias pretas, sem sapatos. Ela cobria o bonito rosto com uma das mãos, como se acabasse de ouvir uma deliciosa piada, uma fofoca engraçada, ou notícias fantásticas sobre o romance que acabou de escrever. O telefone branco está sobre o sofá, virado para baixo, como se dissesse "Espere! Só um minuto". Ao lado dela há uma máquina de escrever portátil, com uma folha de papel ainda no rolo; a seus pés, a lista telefônica aberta. Esse último detalhe era a revelação: não havia listas de telefones na Rússia. Essa vitrine não anunciava um sofá ou um design, anunciava um sonho. Nenhum russo que passasse pela vitrine jamais se sentaria no tal sofá, atenderia o tal telefone ou riria da tal piada. Aquele era um sofá em uma sala em uma cidade que não existia, pelo menos não em 1998.

O sonho continua, como o famoso sonho que, no final de *A guarda branca* de Bulgakov, voava de casa em casa, exceto que, agora, o sonho passa de *outdoor* para *outdoor* e de vitrine de loja para vitrine de loja. "Amo você", diz uma vitrine que não oferece qualquer produto ou procedência, apenas o sonhador rosto eslavo de uma mulher novorussa de hipnóticos olhos cor de turquesa. "Ele come demais!", diz outra, ilustrando o tipo de cozinha bem-equipada que se imagina ser habitada por essa face surreal do amor; em vez disso, uma muito "real" esposa russa segura uma grande panela de cobre sobre a cabeça de seu marido jovial, gordo e de nariz largo, sentado à mesa preparando-se para ser servido.

Outra vitrine de loja exibe o tríptico sagrado dessa cozinha novorussa: três painéis adjacentes ilustrando uma nova e reluzente lava-louças, uma pia de aço inoxidável e uma área de trabalho forrada de madeira, com uma bateria de brilhantes potes e panelas de cobre. *O paraíso está logo na esquina*, dizem esses anúncios, não diferente do costume nos Estados Unidos, saturados com a abundância material que o capitalismo pode oferecer. *Venha, venha, venha*, é o comando surdo, inconsciente. *Venha para a terra prometida do sofá branco, dos curtos cabelos louros e das meias soquetes pretas, da lava-louças, do contragolpe. Renove-se, torne-se saudável e atraente. Adquira objetos de prazer e fantasia. Sinta-o na pele.*

O *outdoor* anunciando a novorussa revista *Vogue* oferece o nexo vital: "*V Rossii nakonyet*", dizia a legenda. Em russo, por fim — a longa espera chegou ao fim, como o advento da Ortodoxia ou o alfabeto de São Cirilo. Duas bonitas modelos estão diante uma da outra, de lado, de modo que seus amplos seios parecem se tocar — um trocadilho de grande carga visual, implicando um alegre *tête-à-tête*, um encontro de mentes e corpos apaixonadamente, talvez subversivamente, desejados. Uma das modelos é americana, loura, o rosto voltado para o observador, sorrindo para ele com dentes brancos perfeitos; a outra, de perfil, é uma insinuante jovem de cabelos escuros e aparência claramente eslava. A Praça Vermelha e a Catedral de São Basílio atrás delas como uma visão encantada. Suas vestes apertadas e seus sorrisos abertos e esperançosos proclamam o novo dia em que o Oriente encontra o Ocidente. O excitante ponto de contato está inchado com dinheiro, moda, sexo e fantasia, enquanto o impassível poder do Kremlin e o místico poder de São Basílio flutuam desamparadamente ao fundo. Nada pode impedir isso. Tinha de ser. Que se danem a velha política e a velha religião! Esse é o novo momento hegeliano. O fim da história virá no momento em que se abraçam — por fim.

Não muito distante da *Vogue* novorussa, um *outdoor* suspenso anuncia apartamentos de luxo a 1.900 dólares por metro quadrado (hoje, esses apartamentos custariam, pelo menos, três vezes mais), enquanto, abaixo dele, um homem de barba e o rosto vigilante de um cocheiro de Chekhov está sentado no meio-fio, e um cachorro de rua espia de um beco próximo, inconsciente de que a manchete do principal jornal de economia, *Kommersant*, era a simples palavra *Obval* — "Colapso".

As fachadas de muitos prédios, recentemente restauradas aos sonhados tons pastel adorados pelos nobres de Moscou de séculos idos — suaves rosa, amarelos, azuis e verdes de maciez e delicadeza quase inimagináveis, como nos retratos de Borovikovski, Rokotov e Levitski em exibição na Galeria Tretyakiv — amenizam o severo espaço à sua volta, mas não mitigam a sensação de crise. A calma das pessoas ao longo da Kutuzovski é impressionante. Apenas a imagem de um homem e de uma mulher febrilmente contando rublos de uma grande sacola diante de uma casa de câmbio expressa a tensão que todos sentem.

Olga Varshaver e eu tomamos um ônibus para irmos ao encontro do diretor de um dos maiores arquivos estatais, e também o mais próspero. Um homem jovem, alto, visivelmente bêbado, de cabelos gordurosos, se aproxima, vindo de vários assentos adiante.

— O que é liberdade* — pergunta em um inglês com sotaque russo carregado, inclinando-se perturbadoramente próximo de meu rosto. Sinto como se estivesse olhando um espelho quebrado. Há um corte vermelho-escuro em sua têmpora direita, um ferimento recém-curado em seu nariz amassado — a ponte do nariz está achatada, como por martelada. Seus olhos são embaçados e apáticos. Suas roupas parecem muito pequenas para sua figura esguia.

— O que é liberdade?

— *Da.*

Ele espera. Seu hálito fede. Nada digo.

— Uma sepultura — responde Olga.

---

*No original, *vat iz freedom*. [*N. do T.*]

— *Nyet, nyet.* — Mas ele rejeita o cinismo simples.

— Alguns pensam que liberdade é fazer o que querem — digo, de modo não convincente. — Outros acham que liberdade é autocontrole. — Ele aguarda, como se esperasse algo mais. Mas mudo o foco.

— O que é liberdade na Rússia?

— Amar múlrer, muitas múlrer* — ele diz.

— Amar ou usar? — pergunta Olga em inglês.

— *Shto?*

— Amar ou usar?

— Amar muitas, muitas múlrer — a quiém e o quié?**

— Então, liberdade é fazer o que quer... Isso é liberdade para você na Rússia?

— Na Rússia — diz ele —, liberdade, *govno.*

— *Govno?*

— Coco*** — diz enfaticamente. — Liberdade: coco. Você entende, irmão? — Ele estende a mão suja, que eu aperto.

Após a reunião de negócio no arquivo, o diretor sentou-se na beirada da mesa, juntou as mãos grandes no colo e sorriu como um menino.

— Jonathan — disse ele —, pior não pode ficar. — Então, uma espécie de ira negra se apossou dele. Sua voz se elevou: — Jonathan, preciso de dinheiro. Não tenho dinheiro. O que vou fazer? O quê? Não tenho dinheiro. — Ele fez uma pausa, olhou

*No original, *vooman*. [*N. do T.*]

** No original, *Love many, many vooman - to khoom and vat*? [*N. do T.*]

*** No original, *sheet* (pedaço largo e fino de qualquer coisa, como folha de papel, de vidro etc.). O jovem bêbado provavelmente queria dizer *shit* (versão chula para excremento, fezes). Assim, *coco*, para *cocô*. [*N. do T.*]

para o chão. Então, como se para tranquilizar a si próprio, e falando mais para si do que para mim, ele disse: — Sobreviverei, de algum modo. Todos sobreviveremos de algum modo. Já o fizemos antes. Haverá um mercado negro. Que fechem o país. Que cobrem trinta copeques por dólar. Já o fizemos antes. Faremos de novo.

Voltei ao meu apartamento, não mais o de Mariana, mas em um prédio localizado em um complexo onde viveram Brejnev e Andropov — um prédio de apartamentos para a *Nomenklatura*,* onde, em anos passados, limusines do governo podiam ser vistas no pátio, no lugar dos velhos Jigulis e Ladas estacionados, em 1998, ao longo do meio-fio e das calçadas. A velha viúva cujo apartamento aluguei ficou com a filha enquanto estive em Moscou.

Desde minha visita em janeiro passado, a entrada do prédio foi pintada; o elevador, que não funcionava, foi consertado; uma nova porta foi instalada na entrada e tinha um sistema de abertura por código que funcionava. O pequeno apartamento de dois cômodos tinha uma nova porta da frente, com fortes fechaduras de latão; tudo o mais permanecia como antes. Até mesmo os jornais empilhados no canto, junto à porta, eram os mesmos que eu havia folheado em janeiro. Não havia jornais novos, mas nenhum foi descartado.

Pouca coisa de substância havia mudado no interior deste modesto apartamento ao longo dos oito meses de distúrbios econômicos e políticos na rua abaixo, apesar do advento da *Vogue* russa, apesar da queda do rublo, apesar do contragolpe. O mundo *deste* apartamento *neste* mundo era definido pelas mesas

---

*Burocracia ou classe de dirigentes da União Soviética e outros Estados comunistas. [*N. do T.*]

cujas pernas desniveladas exigiam um pequeno cálculo de onde e como colocar uma xícara de chá; cadeiras em cujas costas uma pessoa não podia apoiar seu peso, camas com o permanente cheiro de mofo, uma pia cuja torneira se desloca instantaneamente para o lado e espirra água no chão se for fechada com muita força, um fogão cujos queimadores permaneciam um mistério, vassouras de galhos no canto, espelhos pendurados na cabeça de um parafuso que cairiam se fossem tocados de modo incorreto, uma banheira com sua cortina de plástico pendurada em um pedaço de fio que alcançava apenas a metade do vão.

A um toque, a velha ventosa de fixação do sabonete perde aderência, o pano de pratos se rasga, a manopla da torneira de água quente se solta na minha mão, o espelho do banheiro oscila loucamente como em um filme de terror. Todas essas coisas frágeis, semiquebradas ou prestes a se quebrarem duraram mais do que o poder do Kremlin para estabilizar o rublo, mais do que a força do Exército soviético. O poder dessa fraqueza é quase indestrutível.

Era o mês de agosto, e cheguei em casa suado e precisando de um banho. Não havia água quente. Não havia água quente em qualquer parte nesse lado de Moscou. Disseram-me que isso era parte de um plano municipal para "consertar" os velhos canos sob a cidade, e que o fornecimento seria restaurado no dia seguinte. Impossível saber se era apenas mais um boato gogoliano ou uma desculpa para a pura incompetência. Nenhum de meus conhecidos com quem falei sobre isso tinha certeza. Às duas da madrugada, sem conseguir dormir e ainda sem água quente, resolvi tomar um banho. Eu tinha usado o velho fogão a gás de quatro bocas somente para fazer chá, mas decidi usá-lo para esquentar água para o banho.

Quando acendi um dos grandes queimadores, a chama se elevou a mais de 15 centímetros, e me dei conta de que deveria usar os queimadores menores da frente ou correria o risco de incendiar a cozinha. Incapaz de tomar banho com a água de uma chaleira, encontrei um grande pote de alumínio, enchi-o na pia e o coloquei no fogão. Não chegou a ferver, mas esquentou um pouco. Esvaziei-o na banheira e fui esquentar outro. Quando voltei à banheira, a água tinha sumido — desaparecera por uma pequena fissura na tampa de plástico do ralo. Após uma hora de ferver, carregar, tampar o ralo, consegui imergir-me em dez centímetros de água morna. Na manhã seguinte, a água quente corria como de uma fonte.

Enquanto Audis, Porsches, Volvos, Mercedes-Benz e gigantescos Wagoneers deslizam pelos imensos bulevares em alta velocidade, deslocando os diminutos Moskviches e Jigulis; enquanto "Miss Peitos", "Gatinhas Manhosas" e outras "borboletas da noite" prometem prazeres universais em jornais em inglês; enquanto restaurantes no coração de Moscou asseguram "ambiente agradável e seguro", onde os clientes podem desfrutar uma refeição, a nova Rússia ainda busca sua identidade. Para a maioria, como meu amigo Nikolai, a cidade se tornara desagradável, agressiva e ameaçadora. Era possível sentir um perigo constante, ainda que adormecido. Não faz muito tempo, na comemoração do 850º aniversário, uma grande placa apareceu no centro de Moscou: "A Moscou!", dizia. "Vamos mantê-la limpa e ordenada como cabe a uma capital!" Abaixo, um *dvornik** do século XIX, de boné azul, botas pretas, vassoura de galho e pá de madeira nas

*Zelador, porteiro. [*N. do T.*]

mãos, estava pronto a executar alegremente essa ordem. Entre o lixo e o fedor das ruas de Moscou, igrejas ortodoxas, com seus reluzentes globos prateados ou dourados, que, até recentemente, haviam sido cobertas por tapumes, de repente voltaram à vida.

Como ainda faltavam vinte minutos para encontrar-me com Nikolai para o almoço, sentei-me em um banco público, junto a uma fonte no centro de Moscou, para me refrescar. Notei um ônibus escolar lotado de crianças passar pela rotatória em torno da fonte. As crianças — de uns dez anos, talvez — tinham expressões travessas e alegres nos rostos. Por algum motivo, o ônibus passa novamente e olho com mais atenção para as crianças nas janelas. Todas tinham o dedo médio levantado e colado na janela; estavam maravilhadas em ver minha perplexidade.

Nikolai e eu fomos a um restaurante estiloso no centro da cidade. Éramos dois, mas nos trouxeram somente um cardápio; quando pedimos mais um, a garçonete diz que estão temporariamente em falta, apesar de o restaurante estar quase vazio. O menu é elaborado, com muitos pratos estrangeiros e uma carta de vinhos. Um item é carneiro cozido com *baklajan* — berinjela — frita. Ao lado, uma tradução em inglês é dada como carneiro com *aborigines* fritos — uma tentativa frustrada para *aubergines* [berinjelas]. Metade dos itens no menu não está disponível. Escolhemos uma sopa e uma especialidade russa particularmente gostosa, *sudak*, que chamam de "lúcio-perca" ou lúcio *walleye*.* No dia seguinte, eu e Nikolai estávamos enjoados. Eu disse a ele que devia ter sido a sopa, que não estava suficientemente quente. Não, disse Nikolai, a culpa foi nossa. Não tomamos vodca.

---

* *Sander vitreus*, peixe nativo da América do Norte. [*N. do T.*]

Perto de meu apartamento encontra-se um dos maiores feitos do prefeito Yuri Lujkov (o equivalente moscovita do prefeito Daley de Chicago):* um magnífico *shopping* em uma ponte sobre o rio Moscou. O *shopping* tem um elegante átrio, cheio de lojas de caros produtos importados, lentas escadas e passarelas rolantes. Após uma tarde estudando documentos, Nikolai e eu decidimos explorar o lugar e chegamos à Venski Dvor ("Praça Vienense"). Serviram-nos uma refeição preparada com perfeição: salmão defumado sobre torrada, com pepino, raiz-forte e tomate-cereja apresentados com ramos de salsa fresca e acompanhados de pãezinhos integrais e manteiga austríaca. Os pratos de porcelana branca reluziam, os pesados talheres eram impecáveis, e a imaculada toalha de mesa, engomada. Meu saudável Jack Daniel's com gelo foi seguido por um magnífico *cappuccino* adoçado com *suiker* [açúcar] da Holanda.

Os arcos da Venski Dvor sobre o rio Moscou são decorados com o motivo de um barco — aberto, leve, com janelas arredondadas, navegando sobre Moscou, mas que deixa a sensação de estar navegando em torno de Moscou. É possível sentar em uma cadeira no deque e ficar observando os barcos de passeio no rio, e os carros passando pela Casa Branca russa e, mais além, em voltas congestionadas, indo em direção ao Kremlin. Comentei com Nikolai que a ideia de um navio voando sobre Moscou me parecia particularmente apropriada — *à la* Marc Chagall.

— É claro — disse ele —, pois o navio não vai a lugar algum.

Havia mais guardas de segurança usando o crachá do MVD posicionados por todo o prédio, com telefones celulares e ra-

* Richard Michael Daley (1942-), político americano que serviu o mais longo período como prefeito da cidade de Chicago: foi eleito em 1989 e reeleito em 1991, 1995, 1999, 2003 e 2007. Em 2010, anunciou que não concorreria à reeleição e deixou o cargo em 2011. [*N. do T.*]

diotransmissores, do que consumidores. *Eles virão e estaremos pronto para recebê-los*, diziam seus indolentes e curiosos olhares em minha direção. Contudo, acima da praça de alimentação encontrava-se uma inovação que eu jamais vira em qualquer restaurante fino, em qualquer parte do mundo: uma câmera de circuito fechado de televisão voltada não para as pessoas que entravam pela porta, mas para as pessoas sentadas às mesas que desfrutavam suas refeições.

Comentei isso com Vladimir Pavlovich, que simplesmente deu de ombros e fez um som de chiado. Perguntei-lhe se achava que meu telefone estava grampeado.

— É claro.

— Por quê?

— Apenas para que você saiba que ainda estão ouvindo.

— Para quê?

— Eles ainda não sabem. Talvez venham a saber em um ou dois anos.

— Nada há em que acreditar — disse Nikolai —, exceto esses navios que não vão a lugar algum e a velha maneira de pensar. Somos todos pagãos, mas, na verdade, nem isso temos.

Uma nova geração de "seguradores de vela" frequentava a Igreja Ortodoxa sem convicção interior, mas esperando conseguir alguma, Nikolai disse. Eles cantam, seguram velas, mas sabem quase nada da religião. Enquanto isto, velhos hábitos não desapareceram. O velho governo não morreu; apenas dorme.

Nikolai fez várias viagens ao Japão para estudar *kendo*, que deu a ele algo em que se agarrar internamente. Não é uma religião nem uma filosofia. É um modo de vida.

— Para ter sucesso, você deve liberar-se de seu ego. Você deve ver a espada vindo sobre você e se mover para salvar-se, em vez de ficar preocupado com o medo da espada e com o que ela pode fazer se o atacar. Você deve se libertar de preocupações interiores. Você deve aprender a se desligar. Essa é sua única liberdade. Dessa forma, você pode analisar a situação.

Você pode se libertar dos próprios desejos, vontades, temores. Trata-se de o que é necessário, e o que é necessário estava resumido na palavra que Nikolai invariavelmente usava para descrever seu estado de coisas: *normalno.* "Como estão as coisas?" eu perguntava. "*Vsyo normalno*", era a resposta invariável. Uma vez, perguntei-lhe o que exatamente significava esse termo: tudo que necessariamente importa, como se dissesse: "Tudo está do jeito que deveria ser."

Somente em retrospecto, depois da morte horrível de Nikolai, por causa de um machado que não viu caindo em sua perna, vindo da própria mão, refletindo sobre aquele momento iluminado na Venski Dvor, no início do novo regime de Putin, sob as lentes vigilantes da câmera de segurança enquanto buscava documentos sobre o assassinato de Kirov com Vladimir Pavlovich Naumov, comecei a perceber o sentido do que Nikolai queria dizer. *Vsyo normalno* — tudo está *normalno.*

17

Vergil

Naquela noite, Naumov telefonou para perguntar se eu poderia ir a seu apartamento no dia seguinte para prosseguir com a discussão sobre nossos projetos — havia algo especial que ele gostaria de mencionar.

A porta metálica do prédio de Naumov é pintada de cinza e tem aparência e consistência de um cofre de banco. Seu neto a abriu para mim e para Olga, assim que tocamos a campainha. É um apartamento espaçoso, cheio, do piso ao teto, de livros, jornais e manuscritos. Ao abrir qualquer porta de um armário ao longo do corredor, em vez de pratos ou talheres, víamos pilhas de fichários com documentos, livros, jornais e mais manuscritos.

Fotografias dos filhos e netos de Naumov estavam espalhadas pelas paredes; o piso era coberto com bonitos tapetes persas antigos. Era o fim da tarde, e as luzes no apartamento não estavam acesas, sombras começavam a se acumular em torno da pequena escrivaninha de Naumov, no canto da sala de estar, onde ele se sentava rodeado por papéis e pilhas de documentos. Uma televisão Panasonic relativamente nova, com tela de 16 polegadas, encontrava-se na escrivaninha, em espaço limpo. Meus olhos seguiram o fio até a tomada de plástico na parede, que parecia datada dos anos 1940.

Quando chegamos, Naumov estivera ocupado em cortar fotocópias de documentos das grandes folhas de papel da copiadora. Depois dos cumprimentos, ele se sentou à escrivaninha e retomou a tarefa, enquanto discutia o estado atual do país. Quando terminou de cortar todas as folhas, pegou os pedaços de papel que sobraram, arranjou-os cuidadosamente em pilhas de mesmo comprimento e largura, prendeu-os com grandes clipes da era soviética e os guardou na gaveta da escrivaninha para anotações futuras.

Conversamos por várias horas, e o assunto ia e voltava, de seu trabalho nos arquivos à noção de que o país podia ser entendido somente se fosse levada em conta a "mentalidade" do povo. Prédios, carros, telefones celulares, roupas caras eram uma coisa; mas a mentalidade das pessoas determinaria o futuro da Rússia. Era algo mais profundo do que qualquer coisa vista nas ruas ou nos *outdoors*. O povo, Naumov estava convencido, esperaria. As pessoas estavam exaustas, não estavam prontas para mais agitações políticas. As coisas permaneceriam como estavam. Não havia alternativa. Ainda não.

Eu já ouvira falar em alguma coisa conhecida como a conspiração dos médicos? Ele queria saber. Vagamente, admiti. Era uma conspiração contra médicos judeus, se eu me lembrava, a quem Stalin acusara do assassinato de líderes do Kremlin. Naumov assentiu com a cabeça.

— Há alguma informação nova — acrescentou Naumov.

— Que prova a inocência dos médicos?

Ele balançou a cabeça.

— Que prova que eram culpados?

Ele balançou a cabeça novamente.

— Não, não — disse ele, desdenhoso. — Muito mais complicado. É uma história muito obscura.

— Então, escreva sobre ela. Escreva um relato completo para minha série em Yale.

— Não, não posso. Eu poderia ser acusado de ser antissemita, o que não sou. Preciso de alguém que possa escrever sobre essas coisas corretamente.

— Quem?

— Você.

— Mas eu nada sei sobre o assunto. Eu mal conheço o início da história soviética.

— Você sabe mais do que pensa que sabe. Eu ensinarei o resto. Trabalharemos juntos. Mostrarei alguns documentos a você. Venha à minha dacha no fim de semana.

No sábado, o rublo não estava sendo negociado, e a cidade tinha uma chance de recuperar o fôlego. Era um dia lindo, com uma chuva refrescante alternando com o sol claro do meio do verão. Bosques de grandes bétulas de preto-esverdeado e pinheiros altíssimos brilhavam quando passamos de carro. Ao longo do caminho até a dacha de Naumov, a cerca de quarenta minutos de Moscou, há numerosas quitandas exploradas principalmente por pessoas do Cáucaso, que, me disseram, há milênios vêm vender seus melões brancos, oblongos e doces (*uzbek dinya*), melancias, cerejas, bananas, pistácios e vegetais.

Diante de mim se estendia um longo dia de prazer, de comida, de bebida, de discussão — política, personalidades soviéticas, novos e intrigantes documentos, que confundem —, de admiração das belezas do campo russo, que praticamente chegavam à porta da modesta dacha de Naumov. Eu jamais vira, nos Estados Unidos, uma casa tão completamente incrustada na floresta, exceto a ocupada por um lenhador na fazenda de meu pai no Wisconsin. Não havia um gramado, nenhum jardim de flores formal, nenhuma pista circular ou moldagem do mundo natural em volta da dacha. A casa não era invadida pela natureza, mas estava em algum tipo de diálogo com ela. A dacha de Naumov não era única. Essa ausência de intervenção humana parecia refletir uma específica sensibilidade russa à beleza natural. A renúncia consciente (ou, talvez, apenas semiconsciente) da vontade de domar o mundo natural me parecia em grande divergência com a dominante urgência da ideologia soviética. Aqui, o mundo do poder e da força humana não podia penetrar.

Oleg Naumov tinha reconstruído a casa, renovado o piso, consertado o banheiro, colocado bonitos painéis de pinho e refeito o estúdio do andar de cima, de onde seu pai podia, por um lado, ver a floresta e, por outro, inspecionar o trabalho de seus vizinhos novos russos. Esses vizinhos estão ocupados com a construção de suas próprias dachas, tirando o mato da terra e usando arquitetos suíços, construtores suíços e material suíço importado da Suíça em contêineres fechados.

— Novos russos — resmunga Naumov com indiferença, apontando para o outro lado da fileira de árvores separando as propriedades.

Ele conta a seguinte piada em russo: um novo russo dirige sua Mercedes 0 km pela estrada e vê um amigo, também um novo russo, parado no acostamento. O capô da nova Mercedes do amigo está levantado. Ele para o carro. "Qual é o problema?", pergunta. "A droga do carro não vale nada", diz o amigo. "Veja. Agora, terei de comprar um novo." "Mas qual é o problema com o carro?", o primeiro homem pergunta. "A porcaria está sem gasolina."

Antes da comida, pegamos cogumelos nas bétulas e pinheiros junto aos lados da casa. Oleg, minha intérprete Olga (que, descobri, foi sua colega de colégio) e a esposa de Naumov, Valentina Ivanovna, vagueavam com os olhos no chão, procurando esses prêmios da floresta. Tendo levado o que encontraram para dentro de casa, Valentina Ivanovna fica em pé no canto da varanda e declara em voz alta, para ter certeza de que eu entenderia: "Aqui está algo que certamente não pode ser encontrado na América!" Ela aponta para um cogumelo brilhante, de um vermelho-lítio, sob um grande abeto; ao lado, como irmão gêmeo, estava outro, de um laranja brilhante como uma lua cheia. Muito bonito. Muito letal. *Mukhmor*, é como os chamam aqui: "matadores de moscas".

Valentina Ivanovna é uma mulher grande, de corpo robusto; nos últimos dois anos, tem sofrido com um coração fraco e tira cochilos frequentes. Contudo, trabalhou sozinha todo o dia na cozinha. A refeição incluía cortes de frango empanados, pão preto, berinjela recheada com queijo cremoso e vários temperos, batatas assadas, tomates-pera e pepinos, juntamente com um tipo de carne prensada servida com raiz-forte. Em seguida, trouxe seu prato favorito: pizza de salsicha, cogumelo, cebola e pimentão vermelho feita em casa.

— Que língua vamos falar? — pergunta ela com falsa seriedade, de pé na cabeceira da mesa. — Inglês, russo, francês, alemão?

— Jonathan entende, mas não fala russo bem — explica Olga.

Valentina Ivanovna pondera a situação.

— Então, falemos japonês — diz alegremente. — Quem vai começar?

Ninguém responde.

— Então, começo eu — diz ela. — Jap, jap, jap, jap, jap, jap, jap.

Fazemos muitos brindes, consumimos primeiro a garrafa de Glenfiddich que eu trouxe e, depois, dois terços de uma garrafa de Chivas Regal. Outras garrafas permaneceram sobre a mesa: sucos brancos e vermelhos, vinho da Geórgia e vodca especial. Chegaríamos a elas no tempo certo. Não havia pressa.

Naumov trouxe uma pasta e pôs um documento em minha mão. A essa altura, eu conseguia ler russo suficientemente bem para saber, de imediato, que essa era uma cópia do testemunho dado por Semyon Ignatiev, antigo diretor do MGB (o KGB da época), a Lavrenti Beria, em 27 de março de 1953, a respeito da prisão e tortura dos médicos em 1952. Segundo o testemunho de Ignatiev, Stalin o instruiu a fazer todas as confissões e testemunhos ele próprio, evitando o Comitê Central. Stalin instruiu Ignatiev a não modificar o material de forma alguma, pois, como posto por Stalin, "nós mesmos seremos capazes de determinar o que é verdade e o que não é verdade, o que é importante e o que não é importante".[58] O próprio Stalin determinaria a verdade.

O que tornava o documento particularmente vívido era o relato feito por Ignatiev das ordens de Stalin para torturar os prisioneiros e extrair as confissões. Ele pessoalmente ameaçou Ignatiev e todo o MGB, se não produzissem as confissões necessárias. "Vocês trabalham como garçons de luvas brancas. Se querem ser chekistas,* tirem as luvas. Chekistas trabalham — isso é para camponeses e não para barões", Stalin disse, ordenando que o MGB surrasse os médicos "com golpes mortais".

— Alguém já viu este documento?

---

*Membros da Cheka — Comissão Extraordinária Panrussa para o Combate à Contrarrevolução e Sabotagem. [*N. do T.*]

Naumov balançou a cabeça.

— Há mais?

Ele sorriu.

— Muito mais, nunca visto por alguém, incluindo um relato sobre a morte de Stalin que levanta suspeitas.

— Podemos usar isso?

— Por que não?

Contudo, qual era a importância desses documentos? Como poderiam alterar substancialmente a imagem básica de que os médicos judeus eram inocentes e que Stalin era culpado de uma fraude cruel?

— Ninguém era inocente naquele sistema — disse Naumov. — Ninguém. Os juízes e as vítimas, todos estavam envolvidos. Um homem bom não pode existir em uma sociedade má. Isso é o que devemos mostrar. Como tudo estava relacionado. Não basta dizer "Stalin era culpado" ou "Os médicos eram inocentes". Nosso trabalho é mais árduo. Não é sobre política ou moralidade. É sobre como as pessoas viviam.

Ele me convidou ao andar de cima, para admirar o estúdio que Oleg construíra para ele. O céu ainda estava claro sobre a densa floresta.

— Aqui, nada tenho além de documentos; mas, para entender a história — disse —, é necessário ir além dos documentos. Os documentos apenas não bastam. Na verdade, muito pouco foi escrito. A documentação sobre o massacre de Katyn é única, pois foi lá que Stalin se enganou ao pensar que, como a Polônia tinha sido dizimada e jamais se reergueria como Estado, não seria perigoso guardar os documentos que autorizaram o assassinato dos oficiais poloneses. É importante ver que Stalin, Beria e o resto não tinham, de início, a intenção clara de executar os oficiais poloneses. Os documentos esclarecem isso muito bem. Contudo, quando viram que os poloneses jamais mudariam suas visões políticas ou desistiriam do ódio em relação à União Soviética, decidiram que não tinham outra opção senão fuzilá-los. Inimigos inveterados do Estado deviam ser fuzilados. O que os documentos não mostravam é *por que* sentiram que não tinham opção. Por que essa decisão foi o resultado inevitável da liberdade provida por sua ideologia?

Em geral, Naumov contou-me, Stalin comunicava suas intenções em "meias palavras", sugestões e comentários informais. Algumas vezes, dizia o oposto do que queria e deixava que os subordinados determinassem sua intenção. Por exemplo, após uma reunião do Politburo em que foi discutida a prisão de um homem, Stalin, via de regra, não assinava um decreto ou mandado de prisão. Em vez disso, dizia algo como: "Que pena, X era um homem tão bom." Os outros saberiam o que queria dizer e agiriam em conformidade. Se alguém não soubesse, se alguém não fosse capaz de antecipar as intenções dele, não sobreviveria muito tempo. Por isso os documentos existentes são tão preciosos e, também, insuficientes.

Logo, fomos chamados para o *shashlik** que Oleg preparou na churrasqueira externa, que esteve acesa toda a tarde. Ainda havia muita luz no céu, mas o ar se tornara leve e frio. Sobre a mesa estava uma enorme travessa desse delicioso prato, do qual comemos até nos fartarmos. Fizemos novos brindes. Oleg fez um brinde a sua casa, ao local onde havia estabilidade, amor, sacrifício pelos outros e continuidade. Valentiva Ivanovna trouxe

*Espécie de churrasquinho no palito muito popular na Europa central. Tradicionalmente feito com carne de carneiro, mas, também, com carne de porco ou de vaca, dependendo da preferência e dos hábitos religiosos locais. [*N. do T.*]

um prato de pepinos frescos, ainda com os talos. Ela disse que deixara os talos por achá-los tão bonitos. "*Oy, kak eto pakhyet!*", ela exclama ao fatiar um dos pepinos, fechando os olhos — "que cheiro maravilhoso!". Ela dá uma metade para mim e a outra para Vladimir Pavlovich.

No fim da refeição, ela pegou o enorme melão de um amarelo esbranquiçado que eu comprara em uma das quitandas na estrada. Ele o deixou no centro da mesa por vários minutos, para que todos pudessem admirá-lo e sentir seu aroma.

— Você acha que está bom? — Ela pergunta, pega o melão no colo e, com uma grande faca de cozinha, corta fatias em forma de cunha. Cuidadosamente, remove a casca e tira as muitas sementes, colocando-as em um prato separado, e distribui o melão, que, a seu pedido, Oleg prova, como faria com vinho. Ao comprovar que o melão estava doce, todos recebem permissão para comer.

Quando terminamos o melão, Naumov sênior se levanta e ergue seu copo. O resultado mais importante de nosso projeto, ele diz, foi o fato de a confiança e a amizade produzidas não serem simplesmente profissionais. Concordei com isso. Eu queria acreditar nisso, e ainda quero acreditar. Confiança e amizade se tornam ainda mais preciosas tendo em vista o mundo de mentiras, paranoia, suspeita e crueldade amplamente atestadas nos documentos de um mundo que existiu há não muito tempo. São tudo o que permanecerá depois que, finalmente, forem soltas as amarras do navio no *shopping* do prefeito Lushkov e este navegar sobre Moscou.

18

O escritório de Yejov

Vladimir Pavlovich havia conseguido que eu trabalhasse no arquivo do Serviço Federal de Segurança da Rússia — FSB, antigo KGB —, no dossiê de Isaac Babel; um dia, perguntou-me se eu teria interesse em encontrar-me com o diretor do arquivo do FSB para discutir uma possível colaboração. Seria possível trabalhar lá com integridade, sem falsidade, com real objetividade histórica?, perguntei.

Por que não?, foi a resposta de Naumov. O FSB agora era diferente, ele disse. Todos os diretores mudaram. Eles também têm interesse em desenterrar o passado. Eles, também, estão interessados em uma nova Rússia. E disse algo para o que eu não estava preparado:

— Eles desejam conhecê-lo.

Pareceu-me que eu nada tinha a perder; Naumov e eu discutimos, então, os tipos de projetos nos quais gostaríamos de trabalhar e quais poderiam ser aceitáveis para o arquivo. No topo da lista estava um volume sobre a supressão das artes pelo governo, da revolução à morte de Stalin. Como isso aconteceu? O que os próprios artistas, principalmente Górki, realmente pensavam de Stalin? Eles colaboraram para a própria morte, não obstante a ironia de Babel? A seguinte lista parcial de escritores, artistas e estudiosos — alguns famosos e outros, não — reprimidos diretamente, com uma bala na cabeça, ou indiretamente, por loucura e indigência ou silêncio, merece uma reflexão. Esta lista foi tirada do volume da Editora de Yale publicado sobre o assunto:

Anna Akhmatova, poetisa, expulsa do Sindicato dos Escritores, 1946
Leopold Averbakh, crítico literário, fuzilado, 1937
Isaac Babel, escritor, fuzilado, 1940
David Bergelson, escritor, fuzilado, 1952
Alexander Blok, morto por falta de tratamento médico em 1920
Mikhail Bulgakov, censurado, impedido de deixar o país e de publicar —1891-1940
Sergei Dinamov, estudioso literário, fuzilado, 1939
Robert Eideman, poeta letão, fuzilado, 1937
Itzik Fefer, poeta soviético, fuzilado, 1952
Aleksandr Gavronski, diretor de cinema, reprimido, 1956
Yakov Golosovker, filólogo e tradutor, no gulag, 1936-1942
D. D. Golovin, solista de ópera, reprimido
Maksim Górki, morto em 1936 em circunstâncias misteriosas; muitos ainda suspeitam de que foi envenenado por Stalin
Ivan Gronski, funcionário do partido e erudito, reprimido em 1937, mas sobreviveu
Nikolai Gumilyov, poeta, primeiro marido de Anna Akhmatova, fuzilado, 1921
Aleksandr Isbakh, romancista, reprimido, mas sobreviveu
Ivan Kataev, escritor, colega de Voronski no grupo *Pereval*, fuzilado, 1939

Vladimir Kirshon, dramaturgo, fuzilado, 1938
Nikolai Kliuev, poeta, fuzilado, 1937
Sergei Klychkov, escritor, fuzilado, 1937
Mikhail Koltsov, escritor, amigo de Babel e de Ehrenburg, fuzilado, 1940
Boris Kornilov, poeta, fuzilado, 1938
Pyotr Kriuchkov, secretário de Górki, fuzilado, 1938
Georgi Kuklin, escritor, fuzilado, 1939
Lev Kvitko, poeta, fuzilado, 1952
G. Lelevich, poeta, fuzilado, 1937
Fedor Levin, crítico, acusado de "cosmopolitismo" no final da década de 1940
A. Lejnev, crítico no grupo *Pereval*, fuzilado, 1938
Ivan Luppol, filósofo, reprimido em 1943
Ivan Makariev, secretário de RAPP, sindicato de escritores proletários, no gulag, 1937-1955
Leonid Maliugin, dramaturgo, acusado de cosmopolitismo no final da década de 1940
Osip Mandelshtam, poeta, preso em 1938 e morto no gulag
Perets Markish, poeta, fuzilado, 1952
Vladimir Maiakovski, poeta, cometeu suicídio em 1930; Stalin o denominou "o melhor e mais talentoso poeta da era soviética"
Dmitry Maznin, poeta, fuzilado, 1938
Pavel Medvedev, estudioso literário do círculo de Babel, fuzilado, 1938
Vsevolod Meyerhold, diretor de teatro, fuzilado, 1940
Solomon Mikhoels, ator, diretor do Teatro Iídiche de Moscou, assassinado por ordem de Stalin em 1948
Ivan Mikitenko, escritor ucraniano, fuzilado, 1937
Vladimir Narbut, poeta, fuzilado, 1944
Isaac Nusinov, historiador e crítico literário, reprimido, 1950
Yuri Olesha, escritor, atacado repetidamente na década de 1930, calou-se e morreu em 1960

Pyotr Oreshin, poeta, fuzilado, 1938
Boris Pilnyak, escritor, fuzilado, 1937
Valerian Pravdukhin, escritor, fuzilado, 1939
Nikolai Punin, historiador da arte, escritor e marido de Akhmatova, morreu no gulag em 1953
Aleksei Selivanovski, crítico literário, fuzilado, 1938
Mikhail Semenko, poeta, fuzilado, 1937
Dmitri Shostakovich, compositor, atacado brutalmente, mas sobreviveu
Lev Sosnovski, jornalista, fuzilado, 1937
Boris Tal, jornalista, fuzilado, 1938
Aleksandr Tarasov-Rodionov, escritor, fuzilado, 1937
Marina Tsvetaeva, poetisa, cometeu suicídio, 1941
Illarion Vardin, crítico, fuzilado, 1943
Pavel Vasiliev, poeta, fuzilado, 1937
Artem Veseli, escritor, fuzilado, 1939
Aleksandr Voronski, crítico, fundador do *Pereval*, fuzilado, 1937
Bruno Yasenski, poeta, fuzilado, 1941
Paolo Yashvili, poeta, fuzilado, 1937
Sergei Yesenin, poeta, cometeu suicídio em 1925; seus poemas foram banidos durante os anos de Stalin e Kruchev
Yevgeni Zamyatin, escritor, forçado ao exílio, 1931
Nikolai Zarudin, escritor, membro do *Pereval*, fuzilado, 1937
Vladimir Zazubrin, jornalista, fuzilado, 1938
Mikhail Zoshchenko, escritor, expulso do Sindicato dos Escritores junto com Akhmatova em 1946

Essa lista fornece somente um escasso esboço do que aconteceu à comunidade erudita e artística de 1917 até a morte de Stalin, em 1953. Durante esse período, cerca de 1.200 escritores foram reprimidos, de uma forma ou de outra. A lista não inclui figuras como Boris Pasternak ou Ilya Ehrenburg, que foram intimidados, mas nunca foram presos; ou Lydia Chukovskaya, presa em 1926, mas não enviada ao gulag, por ter protestado contra algumas práticas em uma organização juvenil autorizada, mas não como escritora; ou Aleksandr Soljenitsyn e Varlam Shalamov, que não foram originalmente presos por seus escritos. Shalamov foi preso por suas atividades políticas, e Soljenitsyn, por, enquanto servia no Exército, ter escrito uma carta em que criticava Stalin.

Lubyanka é um prédio grande, de tijolos amarelos, que poderia ser confundido com um *palazzo* de estilo italiano: foi construído em 1898 por um nobre russo, no estilo neobarroco, e, por um período, foi sede da Companhia Pan-russa de Seguros. Após a revolução, deu ao regime soviético um tipo diferente de seguro. Diante do prédio, há uma grande praça que, na construção original, deve ter sido agradável e espaçosa; hoje, é cercada por estacionamento; no outro lado, fica a maior loja infantil da Rússia, "O Mundo das Crianças". Um relógio no centro da fachada do prédio vigia a Praça Lubyanka. Quando nos aproximávamos, Naumov disse que era o prédio mais alto em Moscou, pois, brincou, do porão era possível ver a Sibéria.

Naumov e eu entramos pela porta principal e fomos imediatamente guiados, ao longo de três lances de escada, por um homem jovem que apertou minha mão com firmeza e me olhou diretamente nos olhos. Entramos em um longo corredor com numerosas portas e fomos levados a uma espaçosa sala de reuniões. Um homem elegante, de aparência enérgica, com um terno bem-cortado, ao estilo ocidental e com um monograma no bolso da frente, entrou, apertou minha mão, deu um cartão de visita e, em um inglês excelente, se apresentou como o diretor de relações-públicas do FSB. Ele estava contente com minha visita para discutir um projeto editorial tão importante como o que o professor Naumov descrevera. Eles tentariam ajudar. Caso necessário, no futuro, eu poderia contactá-lo diretamente.

Alguns minutos depois, chegaram três homens, vestidos com os monótonos ternos cinza que passei a associar às reuniões oficiais em Moscou — o diretor do arquivo, um proeminente historiador e um arquivista. Eles se dirigiram ao lado oposto da mesa, sem apresentações formais. Tomei um assento à mesa, tendo de um lado o diretor de relações-públicas, minha tradutora Olga do outro, meu guia pelo prédio ao lado dela e Naumov. Meus anfitriões no outro lado da mesa não pareciam tão contentes em me ver quanto o diretor de relações-públicas. Essa foi a primeira e única reunião que tive em Moscou em que membros da organização com a qual negociava sentaram no meu lado da mesa.

Depois que todos ocupamos nossos assentos, talvez sentindo a falta de jeito do arranjo, Naumov começou descrevendo-me e a minha missão em Moscou. Isso também era incomum. Em todas as reuniões anteriores, o diretor do arquivo faria uma saudação em uma linguagem mais ou menos formal, à qual eu responderia. Na verdade, eu nem ao menos sabia ao certo qual dos dois homens de terno cinza era o diretor.

Naumov falou de minha experiência e meu interesse pessoal em Isaac Babel, meu trabalho contínuo no Arquivo Central do Partido, meu compromisso com a publicação de um livro sobre Kirov, a reputação da Editora da Universidade de Yale, tanto na Rússia como no resto do mundo.

Quando terminou, houve um silêncio. Esperei por um sinal de Naumov, mas ele não virou a cabeça nem fez qualquer gesto. Esperei. Por fim, o diretor do arquivo deu um sorriso tímido. Estávamos sentados, ele queria que eu soubesse, no escritório que fora ocupado por Nikolai Yejov. Ele apontou, do outro lado da sala, para um grande bar que eu não havia notado quando entramos. Lá, ele disse, era onde Yejov entretinha seus camaradas.

— Ainda está em uso? — perguntei.

— *Konyechno* — respondeu ele. Claro.

E Beria?, perguntei.

Beria também esteve aqui. É um escritório famoso.

Tudo parecia mofado, velho, caindo gradualmente em esquecível anonimato. Parecia mais uma antiga sala de aulas do que o escritório onde os destinos de milhões foram decididos. As paredes de um verde pálido e o piso de tacos não guardavam qualquer traço do que pode ter sido dito ou feito ali — tudo que havia sido pensado ou sentido. Tudo parecia envolto em silêncio e guardado no sótão de um passado distante.

O homem mais velho, que foi apresentado como historiador do FSB, perguntou qual era o tema da colaboração que eu buscava. Talvez pudéssemos tentar um projeto, ele disse, e ver como as coisas vão sair. Mencionei meu interesse no destino dos escritores soviéticos.

— Um assunto tão velho — disse ele, rejeitando-o. Um grande caroço em uma face lembrava o toco de um pequeno ramo quebrado, enquanto caroços menores no nariz e na testa pareciam brotos de batata. — Você não pode pensar em alguma outra coisa?

— É um assunto velho — contra-argumentei —, mas você se esquece da ignorância do Ocidente. Nós simplesmente não sabemos como isso aconteceu ou o que aconteceu com tantos de seus grandes escritores e artistas. Esse é o livro em que eu gostaria de trabalhar com vocês.

— Você não trabalharia conosco nesse livro, mas nós poderíamos trabalhar nele.

Naumov interveio e disse que eu falava de modo figurado, como uma publicação conjunta, um trabalho a ser feito em conjunto. O diretor do arquivo se inclinou e sussurrou algo ao historiador.

Falamos por mais de uma hora, e parecia que a conversa ainda prosseguiria; afastei minha cadeira da mesa e pedi licença para ir ao banheiro que eu vira ao longo do corredor. Contudo, quando me levantei e caminhei em direção à porta, meu guia correu para alcançar-me.

— Eu o acompanharei — disse, quase sem fôlego.

— Mas é logo ali — falei, em russo. — Não há necessidade.

Ele sorriu, pegou-me pelo braço e saímos da sala. Na porta do banheiro, ele disse que esperaria ali; quando saí, estava parado na porta, como que para impedir que outros entrassem enquanto eu estivesse dentro.

A reunião não se estendeu tanto pela tarde como eu imaginara; na verdade, após alguma discussão sobre o tipo de material que eu gostaria de ver nesse volume, o diretor disse que ponderariam o que poderiam fazer. O historiador balançou sua cabeça enorme e encaroçada e sussurrou algo ao diretor.

— Faremos assim — disse o diretor. — Não entraremos em contato com você diretamente, mas, na hora certa, você será procurado por um intermediário.

E foi tudo. Nunca mais tive notícias deles; contudo, dois anos depois, como se essa reunião nunca tivesse acontecido, Alexander Yakovlev perguntou-me se eu estaria interessado em publicar um livro sobre a repressão aos escritores soviéticos, baseado no material do KGB. Era, de fato, o livro que eu imaginara, uma coleção inestimável de documentos importantes — cartas, ordens, transcrições, memorandos, de 1917 a 1953 —, onde era possível ler sobre o lento e angustiante progresso da canibalização da sociedade, o equivalente cultural ao que Babel testemunhara na Ucrânia no início da década de 1930.

Entre os muitos documentos nesse volume está a transcrição de uma conversa entre Sergei Eisenstein, Stalin, A. A. Jdanov e Vyacheslav Molotov a respeito da segunda parte do filme de Eisenstein, *Ivan, o Terrível*.[59] A reunião ocorreu no dia 6 de fevereiro de 1947, no auge da Jdanovshchina [era de Jdanov] — a repressão pós-guerra, durante a qual Akhmatova e Zoshchenko foram expulsos do Sindicado dos Escritores. Eisenstein e N. K. Cherkasov (o ator que representou Aleksandr Nevski e Ivan, o Terrível) foram levados ao gabinete de Stalin às 10h.

> No fundo do gabinete, estavam Stalin, Molotov e Jdanov.
>
> Entramos, cumprimentamos todos, nos sentamos à mesa...
>
> **Stalin**: O que você pensa fazer com o filme?... Você estudou história?
>
> **Eisenstein**: Mais ou menos...
>
> **Stalin**: Mais ou menos? Eu também sei uma coisa ou outra sobre história. Você mostrou o Oprichnina [Exército pessoal do tsar] de modo inadequado. O Oprichnina era o Exército real. Diferentemente de um Exército feudal, que poderia virar seus estandartes a qualquer momento e deixar a guerra, um Exército normal foi formado, um Exército progressivo. Você fez o *oprichniki* parecer a Ku Klux Klan. Eisenstein disse que usavam capuzes brancos, enquanto os nossos usam capuzes pretos.
>
> **Molotov**: Em princípio, isso não constitui uma diferença.
>
> **Stalin**: O tsar aparece em seu filme como um indeciso, como Hamlet. Todos lhe sugerem o que deve ser feito, mas ele próprio é incapaz de tomar uma decisão [...]. O tsar Ivan foi um grande

e sábio soberano, e se você o compara com Luís XI (você já leu sobre Luís XI, que preparou o absolutismo para Luís XIV?), Ivan, o Terrível, e Luís XI são completamente diferentes. A sabedoria de Ivan, o Terrível, consistia no fato de que insistia em um ponto de vista nacional e não permitia estrangeiros em seu país, resguardando-o da penetração de influência estrangeira [...]. O notável empreendimento de Ivan, o Terrível, foi o fato de ser o primeiro a introduzir um monopólio estatal no comércio exterior. Ivan, o Terrível, foi o primeiro a introduzi-lo; Lenin foi o segundo.

Jdanov: O Ivan, o Terrível, de Eisenstein parece mais um neurastênico.

Molotov: Em geral, a ênfase foi voltada para o psicologismo, a importância excessiva de contradições psicológicas interiores e sofrimentos pessoais.

Stalin: Você precisa mostrar as figuras históricas corretamente em seus estilos. Assim, por exemplo, na primeira parte, é errado que Ivan, o Terrível, passe tanto tempo beijando a esposa. Naquela época, isso não era permitido [...]. Ivan, o Terrível, foi muito cruel. Você pode mostrar que ele foi cruel, mas tem de mostrar por que era essencial ser cruel...

Cherkassov: Tenho certeza de que a refeitura será bem-sucedida.

Stalin: Que Deus lhe garanta um ano novo a cada dia. (*Ele ri.*)

Eisenstein: Estávamos dizendo que, na primeira parte, muitos momentos foram bons, e isso nos deixa confiantes de sermos capazes de fazer a segunda parte também.

Stalin: Não falamos do que deu certo ou foi bom, nesse momento, estamos apenas falando das falhas.

Eisenstein pergunta se haverá mais instruções especiais em relação ao filme.

Stalin: Não estou dando instruções. Estou expressando os comentários de um espectador. Imagens históricas têm de ser mostradas com fidelidade.

Stalin era um leitor de história, ele sabia "uma coisa ou outra" sobre ela. Contudo, ele também sabia sobre Hamlet, a Ku Klux Klan e exigências estéticas de mostrar a verdade histórica. "Imagens históricas têm de ser mostradas com fidelidade", alertou. Após a Segunda Guerra Mundial, Stalin sofreu uma doença que, por um período, o deixou fisicamente debilitado; em 1947, ele começava a colocar em prática estratagemas, como a conspiração dos médicos, para recuperar total controle da liderança soviética, que havia necessariamente passado para outras mãos durante sua doença. Ele tinha 69 anos. Havia sofrido de pressão alta e, possivelmente, teve um derrame. Restavam-lhe seis anos de vida. Ao expor sua opinião a Eisenstein, Stalin talvez expressasse seu entendimento de como ele, Stalin, gostaria de, algum dia, ser mostrado.

"Você pode mostrar que ele era cruel, mas você tem de mostrar por que era essencial ser cruel", ele disse.

No entanto, há uma diferença. A crueldade de Ivan, o Terrível, era, em grande parte, personalizada. Era *dele*. A crueldade de Stalin nunca fora dele próprio. Era do Estado. Stalin explica essa distinção na conversa com Eisenstein:

Stalin: Um dos erros de Ivan, o Terrível, foi não dar cabo das cinco maiores famílias feudais. Se ele tivesse aniquilado essas famílias boiardas, nunca teria havido um Tempo das Perturbações. Contudo, Ivan, o Terrível, executava alguém e passava um longo tempo se arrependendo e rezando. Deus o refreava nesse aspecto [...]. Ele devia ter sido mais resoluto.

Ivan, o Terrível, tinha uma consciência. "Deus o refreava nesse aspecto." A crueldade de Stalin não tinha qualquer relação com consciência pessoal; ele trabalhava contra Deus. A ideologia descomedida do Estado permitia que fizesse isso. Ivan, o Terrível, era um indivíduo poderoso, enquanto Stalin era mais do que um indivíduo. Ou menos. Em alguns aspectos importantes, Stalin não tinha vontade própria. Ele, também, era uma não pessoa.

19

O arquivo pessoal de Josef Stalin

Quando estava para deixar o serviço do governo, no início do período de Yeltsin, Alexander Yakovlev — que fora tão importante para o predecessor de Yeltsin, Mikhail Gorbachev, no desenvolvimento da política e dos princípios da *glasnost* e da *perestroika* — prestou um serviço que Yeltsin jamais esqueceu. Em um particularmente tenso momento de agitação civil, no início da década de 1990, durante o qual a espaçosa praça diante da Lubyanka foi tomada por uma multidão de irados manifestantes, Alexander Yakovlev foi chamado, por ser o único homem capaz de negociar com todos os lados. Ele aquietou a multidão e estabeleceu um entendimento entre Yeltsin e o KGB que permaneceu intacto até o fim do regime de Yeltsin. Por esse serviço notável, e também pelo serviço prestado a Gorbachev, Yeltsin perguntou a Yakovlev o que poderia lhe dar como um gesto da gratidão da nação.

Yakovlev pediu um privilégio: o direito de publicar documentos do que é chamado na Rússia de *lichny fond Stalina* — os arquivos pessoais de Stalin. Concedido em 1990, o direito de publicar esse material não foi tão simples como, inicialmente, poderia parecer. Ter o direito e ter os documentos são duas coisas distintas; apenas no início do novo século esses documentos extraordinários passaram a ser disponibilizados a pesquisadores. Somente em 2002, Vladimir Pavlovich pediu que me encontrasse com Yakovlev para discutir o interesse de Yale em publicá-los; e apenas no outono de 2003 Yakovlev se sentiu seguro de que uma estratégia de publicação conjunta seria possível.

Quando tomei assento em seu gabinete, em outubro de 2003, pronto para discutir o arquivo de Stalin, Alexander Nikolaevich parecia preocupado com outros assuntos. "Não se pode ceder a revanchistas" foram as primeiras palavras que saíram de sua boca, e, em vez dos arquivos de Stalin, queria falar sobre o estado de espírito na Rússia, a inepta liderança dos Estados Unidos e a, em geral, triste imagem da situação do mundo. Falávamos metade em russo, metade em inglês; ocasionalmente, minha tradutora precisava esclarecer um ponto.

Somente depois que seu assistente trouxe chá é que Yakovlev pareceu se lembrar do motivo de minha visita.

— Agora, voltemo-nos para nossas próprias ovelhas — disse ele, assinalando que era a hora de considerar o interesse comum na preparação de oito ou dez volumes dessa notável coleção para publicação. A publicação dos arquivos de Stalin seria seu legado, seu protesto contra a criminalidade do passado soviético e um alerta aos líderes atuais.

Com informação colhida de numerosos documentos, o primeiro volume, com mais de novecentas páginas, relatará a tomada do poder por Stalin, através da cooptação e manipulação dos serviços de segurança, de 1928 a 1953. O volume explicará por que o sistema, fundado por Lenin, inevitável e inexoravelmente implantava *strakh* — medo — como o elemento dominante na psicologia do povo soviético.

Medo.

Lydia Chukovskaya evocou a experiência desse medo em *Sofia Petrovna*, que escreveu em 1938-1939, mas que foi publicado na Rússia apenas em 1988.

> [Sofia Petrovna] agora tinha medo de todos e de tudo. Ela temia o porteiro, que olhava para ela de modo indiferente e, ao mesmo tempo, austero. Ela temia o síndico, que deixara de cumprimentá-la. (Ela não era mais a representante do apartamento; a esposa do contador foi eleita para substituí-la.) Ela tinha medo mortal da esposa do contador. Ela tinha medo de Valya. Ela tinha medo de passar pela editora. No caminho de casa, após tentativas infrutíferas de conseguir emprego, tinha medo de olhar para a mesa de seu quarto: talvez uma intimação da polícia estivesse sobre ela? Talvez a estivessem convocando à delegacia de polícia para tomar-lhe o passaporte e enviá-la ao exílio? Ela temia qualquer toque da campainha: talvez tenham vindo confiscar todos os seus pertences.[60]

Demitida do trabalho de datilógrafa em uma editora estatal, Sofia Petrovna "tinha medo de todos e de tudo", assim como Bukharin previu ao escrever a Stalin que "desconfiança *eterna*" resultaria do expurgo generalizado e que isso daria ao governo uma "*garantia total* para si próprio". Quando o governo prendeu seu filho, Sofia acredita, a princípio, que foi um erro; ela crê que seu governo protege o povo e quer a verdade e a justiça; ela crê que seu filho será, por fim, libertado. Sua lenta descoberta de que o governo não quer a verdade nem a justiça, que seu filho não será libertado e que sua prisão pode não ter sido justificável, mas que também não era um acidente, acaba por enlouquecê-la.

Na última cena do livro, Sofia pega a última carta do filho, onde ele escreve: "O investigador Ershov me surrou e maltratou." Ela se senta junto à janela, "pensando em nada". Por fim, ela queima a carta e pisa nela, como Akhmatova em *Réquiem*: "deve esmagar [suas] memórias em pedaços,/Deve transformar [seu] coração todo em pedra".[61]

Medo, desconfiança e opressão não produzem resistência, nem mesmo o desejo de vingança. Em Sofia Petrovna, produziu loucura. No Ivan Denisovich de Soljenitsyn, produziu esquecimento e indiferença:

> Por um momento, Shukhov [Ivan Denisovich] esqueceu-se de todas as mágoas, esqueceu-se de que sua sentença era longa, que o dia era longo, que, mais uma vez, não haveria domingo...
>
> Shukhov fitou o teto e nada disse. Ele não sabia mais se queria ser livre ou não.[62]

O que significa a liberdade quando, como disse o diretor do arquivo estatal, ele "não tinha dinheiro"? No Ocidente, é fácil ser levado por *slogans* sobre democracia e anunciar sofismas sobre a liberdade de se elevar acima da multidão, de fazer a escolha certa, de ser tudo o que desejar, de levar o melhor da vida. Em um mundo inundado de bens materiais e construído sobre hipóteses a respeito da natureza da vida "normal" que, há 75 anos, pareceriam, no mínimo, presunçosas, poucos na classe média americana devem encarar o fato de que o preço de uma garrafa de vinho decente pode ser quase a metade do salário mensal de alguém.

Yakovlev acreditava que *strakh* permanecia sob a superfície das vidas da maioria dos russos de hoje, talvez em todos, excetuando as gerações mais novas, cujos únicos medos podem ser econômicos. Apesar de odiado pelos revanchistas, que gostariam de ver um retorno ao velho sistema, seu projeto de publicação era apoiado por Putin. Pode o medo ser eliminado pelo conhecimento? Esse era o objetivo de Yakovlev. Contudo, como se obtém conhecimento? Será que bastam os documentos?, perguntei. De modo algum, Yakovlev insistiu. Todavia, sem a informação fornecida pelos documentos, o conhecimento do passado era impossível, e sem esse conhecimento o povo russo não será capaz de entender o poder descomedido do Estado. Não será capaz de entender por que precisa de um país governado pela lei — que prosperidade e estabilidade econômicas não bastam.

Yakovlev tinha, no entanto, outro objetivo, além de esmagar o prestígio e a autoridade do legado bolchevique. Ele deseja estabelecer a base para um despertar moral de seu país. Nas conversas, Yakovlev sempre retornava ao fato de que a Rússia nunca foi totalmente dessovietizada. Aqui, não houve um julgamento de Nuremberg, uma prestação de contas geral, uma reconciliação pública entre vítima e algozes, restauração da propriedade ou compensação adequada aos muitos milhões cujas vidas foram permanentemente danificadas ou destruídas pela "utopia" de Stalin. Em vez disso, o país deslizava, como o Shukov de Soljenitsyn, em direção à indiferença e ao esquecimento, praticamente sem saber se deseja a liberdade ou não — mal se lembrando da própria liberdade.

No entanto, sob essa aparente sonolência permanece a memória de grandes vitórias, da projeção global do poder soviético, de uma autoimagem arranhada. Um retrocesso da abertura ao confinamento, da legalidade ao sigilo e à conspiração, era, na visão de Yakovlev, inevitável. Estabilidade e prosperidade cuidarão dos temores econômicos da nova geração; contudo, sem a legalidade os jovens retornarão inexoravelmente aos perigos do passado. Quando Lenin ordenou o saque das igrejas e catedrais, os patriarcas reclamaram que isso era ilegal. A revolução varreu tais sutilezas jurídicas, pois a justiça proletária era diferente da justiça burguesa. Yakovlev desejava recuperar um ideal de justiça universal, comum a todas as classes e grupos étnicos.

Seu grande temor era que Putin governava apenas com a indulgência de forças maiores do que ele próprio e que ninguém sabia quem, de fato, governava o país ou em que direção o país estava sendo guiado por essas forças invisíveis. Ele citou um comentário sobre Putin feito em 2003 por um conselheiro político do secretário geral da presidência, Gleb Pavlovski, que disse exatamente isso. Yakovlev ressaltou que essa era uma afirmação que Pavlovski não poderia ter feito sem a permissão de outrem. Contudo, permissão de quem? Seria uma provocação? Um alerta? A demissão do primeiro-ministro por Putin, praticamente na mesma época, foi vista por alguns observadores como uma vitória das forças de segurança sobre os reformistas. O restabelecimento do pessoal e do prestígio das forças de segurança tem sido uma prioridade importante. Um fato não percebido pela imprensa estrangeira, Yakovlev comentou, era significativo: o FSB assumiu o controle da guarda de fronteiras, antes com o MVD — uma mudança pequena, mas significativa, na opinião de Yakovlev, algo como a câmera de segurança focada nos clientes da Venski Dvor. Sem saber aonde essas pequenas mudanças levarão, elas definirão o destino do país e, então, será impossível alterá-lo.

Podemos pensar no stalinismo como algo que aconteceu há muito tempo. Não, Yakovlev insistia, as estruturas permanecem as mesmas: sigilo, ilegitimidade, conspiração, concentração de poder nas mãos de poucos, violência como um legítimo exercício de poder político — como o único fator político e social legitimador —, uma sociedade de classes baseada na premissa da eliminação das classes, corrupção que não é resultado da quebra de leis, mas da falta de leis.

Você pensa mesmo que Putin deseja se tornar outro Stalin?, perguntei.

Não, Yakovlev disse imediatamente. Não é esse o ponto. O fato é que, entre agora e então, a crença na violência tomou a forma de um entendimento de que violência deve ser disfarçada de várias maneiras, mas, no fim, apenas a violência, ou a ameaça de violência, é capaz de criar estabilidade e prosperidade. No entanto, estas serão pouco mais do que vilas de Potemkin* para uma sociedade que não deseja ver além das aparências. O sonho de Yakovlev de uma democracia liberal consistia precisamente em afastar a Rússia do modelo de uma sociedade governada pela violência.

Yakovlev enfatizou que a Rússia não podia voltar ao passado comunista. Isso tinha acabado. Contudo, as estruturas de poder estabelecidas por Stalin jamais desapareceram. Estavam enraizadas nas tradições e hábitos sociais, políticos e psicológicos. Por serem habituais, são ainda mais perigosas — pois são invisíveis e normais. Abramos os arquivos de Stalin e chegaremos a essa raiz; se a expusermos, talvez ela morra. Essa era a esperança.

Após a conversa com Yakovlev, caminhei pela Arbat, nas proximidades do hotel onde vinha me hospedando nos últimos anos, por recomendação de Vladimir Pavlovich. O hotel me

---

*Expressão que designa uma fachada atraente para esconder fato ou situação indesejável. A expressão, aparentemente, tem origem no ministro russo Grigori Potemkin, que teria construído falsas vilas ao longo de uma estrada para impressionar a imperatriz Catarina, a Grande. [*N. do T.*]

deixaria mais próximo do centro e me daria, ele acreditava, mais proteção. Meu hotel tinha boa segurança, quartos limpos e era relativamente barato. A Arbat é a região boêmia de Moscou. O Teatro Vakhtangov fica lá. Era um dos locais favoritos de Bulat Okudjava (1924-1997), o amado poeta, cantor e escritor cuja estátua se encontra na esquina das ruas Plotnikov e Arbat e é um ponto de encontro de estudantes, futuros artistas, turistas e mendigos. Próximo da estátua de Okudjava está o Moo-Moo, restaurante de uma popular cadeia em Moscou, com uma gigantesca vaca de polietileno preto e branco junto à entrada.

A Arbat explode com curiosidades e *kitsch* soviético. O velho e o novo se aglomeram confusamente, como uma colagem modernista: quiosques vendem retratos de Lenin e grandes quantidades de excedentes militares de máscaras de gás, medalhas do Exército soviético, facas, chapéus e cintos, juntamente com bonecas *matryoshkas*, cachecóis, objetos folclóricos. Um engolidor de fogo entretém um círculo de curiosos; uma criança violinista toca um Tchaikovski desafinado, junto a uma fileira de pequenos animais sedados e sendo vendidos por seus donos letárgicos — coelhos, gatinhos, chinchilas, filhotes de cachorro. Uma jiboia se enroscava nos ombros de um jovem empresário cujo único propósito era ser visto. Um grande cão dinamarquês preto e branco, balançando o quadril ossudo, é mantido firme em uma corrente apertada por seu dono; namorados se abraçam defronte à estátua em homenagem à Turandot de Gozzi, na frente do Teatro Vakhtangov. Mulheres extremamente belas, em roupas de marca e saltos altos, deslizam entre a multidão como aparições, passam por um violonista sentado em um caixote de madeira e tocando a "Sonata ao Luar" e por um grupo de roqueiros punk de cabelos espetados, correntes, jaquetas de couro preto, tatuagens e amplificadores.

Um diminuto e idoso chinês se balança para a frente e para trás no braço de uma mulher jovem e esbelta, puxando um grupo de turistas. Sua cabeça quase desaparece sob um enorme chapéu preto de pelúcia do Exército Vermelho que acabou de comprar.

Na manhã seguinte, um antigo general do KGB aparece no hotel para discutir suas memórias, cuja publicação estava sendo considerada por Yale. Ele tinha cabelos grisalhos, era um pouco curvado e frágil, tendo sido recentemente submetido a uma cirurgia cardíaca, realizada na Espanha e paga pelo filho rico que vivia no exterior. Ele é muito elegante, amigável, de fala mansa e domina os principais idiomas europeus. Em seu apartamento, há alguns anos, vi exemplares de livros de Dick Francis, Flaubert e Graham Greene nas estantes abarrotadas. Ele gosta de conhaque fino e peixe com batatas fritas, que comia regularmente enquanto estava baseado em Londres, como residente do KGB, na década de 1970.

Ele examina o cheio saguão do Hotel Arbat e, depois, o teto.

— Você percebe o bonito projeto? Este sempre foi um hotel fino. Tenho muitas lembranças daqui. Muitas lembranças. Você não sabe, sabe?

— O quê? — perguntei.

— É que, Jonathan, este é o antigo hotel do partido. Para cá eram enviados os dignitários estrangeiros. Agora, é um dos hotéis presidenciais. De primeira classe. Eu encontrei um velho amigo aqui. Eu era seu conselheiro. — Ele sorri, franze a testa, muda de tom. — É essencial que nos encontremos aqui, infelizmente. Desde que Roza [sua esposa de muitos anos] morreu, não tenho estado bem e tenho pouco a oferecer-lhe, mas essa não é a razão. O fato é que meu apartamento está grampeado. Eu sei.

Eles sabem que sei. É uma chateação, e só; mas, por que eu lhes daria essa satisfação? Fazem isso para que saibamos que ainda estão por perto.

— Há grampos aqui?

Sua resposta foi um eco da de Naumov há alguns anos.

— Certamente. Mas, provavelmente, ninguém está escutando neste momento. — Ele reprime um riso. — É um pouco do hábito — explica. — Eles querem saber de tudo, mas não sabem por quê. Há vazamento de informação — eles não sabem o que ou como, e não sabem como interromper isso, nem mesmo se deviam fazer isso, mas há forças poderosas neste país que querem estar preparadas caso algo venha a acontecer. Mas é principalmente uma espécie de... — ele busca a palavra certa —, uma espécie de intimidação implícita.

— Por quê?

— Ninguém sabe.

Um técnico entrou no elevador junto conosco. O general o examinou com o olhar atento e, quando saímos no sexto andar, disse:

— Há que ser muito cuidadoso hoje em dia. Eles vigiam tudo. Sem dúvida, sabem tudo a respeito de nossa pequena reunião.

Contudo, nossa reunião é sobre *nada*. Mesmo assim, querem saber. Stalin também queria saber o nada. Ele queria saber sobre as escovas de dentes que os membros do Politburo usavam; ele queria saber se você preferia telefones brancos ou vermelhos; ele queria saber seus hábitos, suas expressões, suas preferências em relação a mulheres, vinho, roupas. Todos esses nadas se tornaram algo com o passar do tempo.

Dois dias antes, ocorreu um pequeno incidente que me deixou um pouco de prontidão e parecia relacionado a essa reunião, mas de uma forma que eu não podia entender. Vinte minutos depois registrar-me no Arbat, o telefone de meu quarto tocou.

Atendi.

— Desejo dar-lhe as boas-vindas a Moscou — disse uma voz familiar no outro lado da linha.

— Muito obrigado — disse a meu amigo, esse mesmo antigo general do KGB que eu agora encontrava no saguão do Arbat. — Como você soube que eu estava em Moscou e hospedado aqui?

— Ora, Jonathan, você mesmo me disse.

— Eu disse? Quando?

— Quando? Quando falamos ao telefone na semana passada.

De fato, havíamos falado ao telefone e, se me recordava bem, eu disse que viria a Moscou nesta semana e que ligaria para ele quando chegasse. Eu não me lembro de ter-lhe dito o nome do hotel, nem a data nem a hora certa de minha chegada.

— Talvez, talvez — admiti.

Nada tenho a esconder. Nada tenho com que me preocupar, disse a mim mesmo, recordando meu encontro com o general Staroshin anos atrás. Então, me dei conta de como *meus* pensamentos, imediata e invisivelmente, começaram a seguir a mesma direção que os de Sofia Petrovna ao saber que o filho fora preso: "Em nosso país, pessoas inocentes não são presas. Especialmente patriotas soviéticos como Kolya. Eles esclarecerão a questão e o libertarão." De fato. É a primeira saída que a mente toma quando é incapaz de conceber o inconcebível fato de que aquilo que pensa *pode não ter importância*.

Naquela noite, fui dormir descartando meu general do KGB e seu técnico de elevador como resíduos de seus próprios maus hábitos — e, talvez, do sorrateiro revanchismo que Yakovlev temia estar em andamento. No dia seguinte, visitei a exposição sobre

Stalin no Museu da Revolução, onde uma grande variedade de material histórico sobre Stalin e o período de Stalin era exibida em ordem quase cronológica: pôsteres de elogio a Stalin lado a lado com denúncias. Nada na exposição — folheto ou descrições coladas nas paredes — indicava como julgar o homem ou seus feitos. Como Naumov havia comentado a respeito de minha ideia de livro escolar, nenhum ponto de vista que servisse de guia era evidente. O Stalin herói da revolução, herói da industrialização, herói da Grande Guerra Patriota, estava ao lado de imagens horríveis do gulag, da coletivização forçada e da fome dos anos 1930.

O propósito pode ter sido confrontar o observador com a injunção: "Julgue você mesmo." Contudo, esse ato de aparentemente elevada responsabilidade social esquiva-se de responsabilidade. Stalin foi, de fato, um herói da revolução? Foi um herói da Grande Guerra Patriótica — ou responsável por um dos maiores fiascos militares de todos os tempos, que, em 22 de junho de 1941, permitiu que Hitler invadisse o país sem oposição? Pode qualquer dos feitos de Stalin ser justificado à luz dos horrores produzidos por ele? Essas não são perguntas de respostas simples e, de modo algum, são autoevidentes, como sugere a exposição. Assim como as respostas não dependem do equilíbrio entre os horrores morais, psicológicos e físicos infligidos por ele e o bem que ele pode ter alcançado.

No saguão do museu os tapetes exalam, a cada passo, pó estupefaciente e decadência. As velhas recepcionistas mantêm um olhar vigilante nos dois ou três turistas que se movem pelo até então vazio salão de exibição. Os feitos de Henry Ford podem ser exibidos, mas não os de Josef Stalin. Uma pesquisa recente mostrou que mais da metade da população russa ainda pensa em Stalin de modo favorável. Por trás da "objetividade" e do "equilíbrio" da exposição está algo maior: a memória de uma época em que o povo soviético se encontrava no topo de uma alta montanha e olhava para baixo, uma época exaltada de triunfo e poder inimaginável, apesar de ser consagrada por um oceano de sangue.

No lado de fora, a imagem do passado se desintegra imediatamente. Os rostos espectrais dos trabalhadores no canal Belomor são levados pela onda de camisetas Nike e tênis Reebook, Volvos, Mercedes-Benz e Audis, revista *Vogue* e cigarros Marlboro, sapatos Gucci e camisas de seda, Pizza Hut e McDonald's, telefones celulares e computadores, das caras bicicletas novas, da pornografia e dos cassinos Dzak-Pot, de clubes masculinos cujas luzes se acendem após o anoitecer e envergonhariam a tímida Pequena Bo Peep das brincadeiras inocentes de anos passados.

Durante o fim de semana, visitei a dacha de Vladimir Pavlovich. Ele me pareceu mais pálido e mais fraco do que a última vez em que o vi, há quase um ano. Ele está vestido com uma camisa de flanela, com listras azuis e brancas, e carrega um telefone portátil Panasonic no bolso da frente. Valentina Ivanovna está mais gorda, e também mais fraca, do que em minha última visita. Ela tem dificuldade para caminhar e para se abaixar. Há muito, havia se preparado para minha visita, com blini e *khachapuri*,* bolos, salmão defumado, caviar, *borsht* e várias outras iguarias de sua generosa cozinha.

Essa é uma época mágica do ano, quando cogumelos aparecem em todas as partes, mas nunca duas vezes no mesmo lugar. Atrás da casa cresciam arbustos de frutos vermelhos, groselha silvestre e groselha-espinhosa, em meio a mato rasteiro. Depois

* Espécie de panqueca recheada com queijo, típica da Geórgia. [*N. do T.*]

de uma semana de chuva forte, o ar fresco brilha à luz dourada do sol do entardecer.

Para fazer a digestão, Valentina Ivanovna e eu caminhamos até o rio. Um amigo que vivia nas proximidades se mudou para Leningrado há algum tempo, ela diz. Pode ser que o NKVD, ela informa, ainda seja o dono da propriedade onde agora funciona o hospital infantil, não muito distante do rio. Leningrado? NKVD?

— Mudam os nomes com tanta frequência que pouco importa como os chamemos — diz ela, e ri.

As esbeltas árvores de *topol*, álamo russo, começam a perder as folhas, mas ainda faltam algumas semanas até que a "neve dourada" tenha início e inunde o jardim com a beleza que precede a morte invernal.

— De que mais preciso? — pergunta Valentina.

No jantar, Vladimir Pavlovich conta uma história sobre um homem em um vilarejo que tinha uma filha feia, que não conseguia dar em casamento. Um dia, um casamenteiro veio persuadir o homem de que sua filha caseira, sem boa aparência ou dote, devia desposar o príncipe Potoski. A princípio, o surpreso pai se negou a dar o consentimento para tal proposta absurda. Contudo, depois de muita persuasão pelo casamenteiro, que citou todas as qualidades e as prendas domésticas da filha, o pai, por fim, consentiu na união. Encantado, o casamenteiro se levanta e bate palmas.

— Agora — ele explica —, metade do acordo já está pronta! Falta apenas o príncipe Potoski concordar.

Hoje em dia, muito na Rússia acontece dessa forma, comenta Vladimir Pavlovich: falta apenas o príncipe Potoski concordar. Por trás da máscara de conversa formal, ele ressalta, permanece o resíduo de uma piada que fez muito sucesso nos anos 1930: um homem se olha no espelho, enquanto faz a barba, e pensa: "Um de nós é um traidor."

— Somente a completa desbolchevização do país impedirá a Rússia de cair no passado — diz Alexander Yakovlev no dia seguinte, em seu escritório, em nosso último encontro antes de minha partida. — Hoje, a luta não é sobre como consertar a economia — sabemos como fazer isso. É sobre quem controla a economia.

Antes dos assassinatos de Politkovskaya e de Litvinenko, Yakovlev me assegurou que uma disputa feroz pelo poder estava em curso e traria à tona as mais letais táticas do governo para garantir a vitória.

As pessoas no Ocidente não entendem que a corrupção universal na Rússia *não* é um ataque ao governo ou um sinal de fraqueza, Yakovlev continuou. Muito pelo contrário, é o meio pelo qual o governo central destrói a regra da lei e, dessa forma, assegura poder inquestionável para si próprio. A regra da lei é um inimigo muito mais poderoso do que Khodorkovski ou Berezovski. A presença de Putin, em setembro de 2003, na cidade de Nova York, na inauguração do primeiro posto de gasolina russo nos Estados Unidos, não foi um gesto aleatório de boa vontade. Indicava o grau de domínio alcançado por seu governo sobre as vastas fortunas do país em petróleo, gás natural, diamantes e ouro. Os "barões do capitalismo" — os oligarcas, como Berezovski — agora estão sendo julgados por corrupção, que o governo, um dia, encorajou — um velho estratagema de Stalin. Ivan, o Terrível, mais uma vez, eliminando os boiardos.

Filho de um camponês, Yakovlev se recorda da época antes da coletivização, quando as pessoas tinham batatas mas não tinham socialismo. Depois, tinham socialismo e nenhuma batata.

Putin pode não ser um homem mau, Yakovlev enfatiza, mas sua promessa de batatas pode ter um preço demasiadamente alto. Ele desconfia do povo, uma antiga característica do governo russo, e confia exclusivamente nas elites. No fim, Yakovlev teme que Putin possa simplesmente não ser capaz de enfrentar a pesada força que se abate sobre ele, pois sua base de apoio é muito pequena. Um importante sinal das dificuldades de Putin é a ausência de transparência em sua administração. Ele se cercou de sigilo, fechou o único canal liberal de televisão e eliminou eleições para a câmara superior do Parlamento russo — nada disso seria feito por alguém com propósito de reforma democrática. Não surpreende, portanto, que suspeitem de que os bombardeios dos cinco prédios de apartamento em 1999 tenha sido obra do KGB, e que os assassinatos de Anna Politkovskaya, em outubro de 2006, e de Alexander Litvinenko, em novembro de 2006, tenham tido a aprovação tácita de Putin.

A natureza sigilosa e conspirativa do regime soviético era, de alguma forma, seu aspecto mais letal, como Yakovelev entendia corretamente. Ela informava todos os aspectos do funcionamento do governo, tanto os assuntos internos como decisões da política externa. Recentemente, veio à luz um documento assustador, datado de 20 de outubro de 1951, e composto por S. D. Ignatiev, diretor do MGB. Ignatiev enviou esse memorando ao Politburo do Comitê Central, pois estava preocupado como parentes das vítimas dos expurgos dos anos 1930 deveriam ser informados do destino da pessoa condenada. Ignatiev escreveu que o MGB estava recebendo numerosas reclamações de parentes dos condenados, que desejavam saber da situação de seus casos. Como muitos dos condenados — todos fuzilados no dia seguinte ao de seus julgamentos — haviam sido presos há mais de dez anos, a resposta de que foram exilados por dez anos sem direito de comunicação não mais satisfaria os parentes. Por que os parentes precisavam dessa informação? Não se tratava da necessidade básica do ser humano em saber o destino de um ente querido (o que Molotov, na conversa com Eisenstein, chamou de "psicologismo"), Ignatiev escreve; essa informação era necessária para a disposição de propriedades, novos casamentos, estabelecimento de curatelas, o que, em geral, exigia notificação por escrito.

Nesse memorando, Ignatiev delineou o procedimento que recomendava ao MGB, com a sanção do Comitê Central. Parentes devem ser informados que a pessoa condenada morrera no local para onde ele ou ela fora enviado(a) para encarceramento, jamais que a pessoa condenada fora condenada a *vyshaya mera nakazaniya* (VMN) — a medida suprema de punição, ou fuzilamento, usualmente executada em até 24 horas do veredito.

> Para preservar o extremo sigilo [*konspiratsii*] nesse trabalho, a composição do certificado de óbito do condenado para os parentes deve ser tratada pelo aparato central do MGB URSS [em Moscou], mas a declaração da notificação deve ser processada pelos correspondentes funcionários dos órgãos locais do MGB.[63]

Esse procedimento asseguraria que o parente jamais teria certeza do que aconteceu. Sempre que possível, a notificação devia ser dada oralmente. Somente em circunstâncias em que um certificado legal fosse necessário, este deveria ser preparado. A recomendação de Ignatiev foi aprovada pelo Comitê Central, e até o fim do regime de Gorbachev ninguém soube o que foi feito com seus mortos.

Em 1951, a burocracia do Estado soviético teve de começar a lidar com o passado, algo que nunca fora necessário antes. Pela primeira vez, o regime se tornou ciente de que *tinha* um passado. Ao começar a olhar para trás, a história soviética entrava em uma nova fase, apesar do fato de seu primeiro impulso ser a manutenção do sigilo extremo [*strogaya konspiratsiya*]. A palavra *konspiratsiya*, escolhida por Ygnatiev, também diz muito. *Sovershenno sekretno* é o termo usado em documentos soviéticos para denotar "ultrassecreto". *Konspiratsiya* sugere algo mais do que o sigilo de certa informação; sugere um estratagema para manter o sigilo. Isso também é parte da mentalidade sobre a qual Naumov falou.

A esperança de Yakovlev era que, agora, fosse possível olhar para o passado frontal e completamente. Uma vez que não era possível expor totalmente a natureza conspiratória do Estado, nem mesmo aos próprios cidadãos, o Estado não poderia ser totalmente liberado de suas origens bolcheviques.

Yakovlev lamentava que, embora a população russa tivesse acesso a um alto nível de educação, um entendimento da história não fazia parte dos maiores feitos da população. Em especial, falta um conhecimento da história do passado stalinista e da Guerra Fria. Por quê? As pessoas ainda temem dizer a verdade. Talvez esse seja o maior de todos os medos.

A ambição de Yakovlev de produzir uma cultura autocrítica e democrática na Rússia dependia, ele disse, de reforma, mas essa reforma dependia de a Rússia não estar mais isolada do Ocidente. O que ele via à sua volta diariamente, no entanto, era que uma boa parte do compromisso recente trouxera pouco mais do que pornografia, bens materiais baratos e, para uma pequena elite, uma corrida para a "boa vida" de prazeres e conforto material.

— A Rússia espera — Yakovlev me disse, ao encerrarmos a última reunião. — Devemos esperar. Peço apenas uma coisa ao Ocidente: não esqueça a Rússia. Esse seria um erro trágico.

Alexander Nikolaevich Yakovlev morreu no dia 18 de outubro de 2005. Faltavam dois meses para completar 82 anos de idade. Seu funeral teve a participação de dignitários de todo o mundo e dos principais diplomatas e políticos russos. Um ano depois, como Vladimir Pavlovich observou tristemente, ninguém foi à cerimônia de aniversário de sua morte. Já havia sido esquecido. Sua passagem foi como uma grande pedra jogada ao mar. No início, emite muitas ondas, que logo desaparecem.

Yakovlev não chegou a ver a publicação dos arquivos de Stalin.

20

Stalin

Simon Sebag-Montefiore relata o seguinte:

> O filho adotivo [de Stalin] Artyom Sergeev se lembra de Stalin gritando com seu filho Vasili por tirar proveito do nome de seu pai. — Mas eu também sou um Stalin — disse Vasili.
>
> — Não, você não é — respondeu Stalin. — Você não é Stalin e eu não sou Stalin.
>
> "Stalin é o poder soviético. Stalin é o que é nos jornais e retratos, não é você, nem mesmo eu.[64]

Stalin era uma autocriação, como Sebag-Montefiore sugere, mas também era uma criação, como o próprio Stalin reconhece, dos "jornais e retratos" — da imaginação das pessoas. Ele era a imagem do poder nele projetada pelos outros. Ele era o grande poder trazido à terra.

Esforços para reabilitar ou condenar Stalin nos dias de hoje deixam escapar esse ponto. Como me disse Kyrill Anderson: "Stalin não pode ser reabilitado. Ele nunca desapareceu." Não basta olhar para Stalin, o homem, e discutir seu caso como em um tribunal do júri, provando sua culpa. Muitos, como o neto de Stalin, Jakob Jugashvilli, um artista que mora em Tblisi, Geórgia, insistirão que "Stalin não cometeu qualquer crime".[65] Outros dirão que Stalin, é claro, cometeu muitos erros, era cruel, desinformado e, com frequência, bárbaro, mas, mesmo assim, foi um "grande homem", que salvou seu país e o mundo de Hitler, um mau pior. "Josef Vissarionovich Stalin [...] é difícil encontrar na história da Rússia um homem que, durante a vida, tenha feito mais para sua grandeza e prosperidade e, depois de morto, seja tão injustamente difamado."[66]

Stalin salvou a Rússia de Hitler. Mas, inegavelmente, também abriu a porta para Hitler com seus programas militar e político da década de 1930 e início dos anos 1940, destruição do corpo de oficiais em 1937, desconfiança dos próprios serviços de inteligência, estratégias defensivas que adotou na Ucrânia ocidental e, sobretudo, a decisão de destruir os socialistas alemães, que poderiam muito bem ter reagido a Hitler antes que os nazistas esmagassem e queimassem a Ucrânia, cercassem Moscou e assassinassem milhões de inocentes nos campos de extermínio e nas unidades móveis de execução.

Não basta tentar salientar sua "humanidade", como fez Rodina Publishers com o livro *Iosif Stalin v ob'yatiyakh semyi* (Josef Stalin nos braços da família: dos arquivos pessoais), através de fotografias de Stalin com a filha nos braços; Stalin descansando, com o chapéu de lado, com Voroshilov e outros depois de um passeio de barco em Sochi; cartas a Nadejda Alliluyeva, sua segunda esposa, ou à mãe. Não basta argumentar, como faz I. Pykhalov em seu livro de 2001 *Vremya Stalina: Fakty protiv mifov* (A época de Stalin: fatos *versus* mitos), que os crimes dos quais Stalin é acusado sejam largamente exagerados e resultado de nada mais do que o desejo de ganho pessoal de vários carreiristas ou oportunistas que esperam destruir o bolchevismo. A negação dos crimes de Stalin na Rússia tem um equivalente na negação do Holocausto no Ocidente, e o debate sobre o papel de Stalin na história nada tem a ver com esse ou aquele fato — nisso Pykhalov tem razão.

Stalin é um tipo de poder transpessoal que emana de uma particular configuração do moderno Estado totalitário, no qual o indivíduo se tornou uma abstração. É um poder que une todos os indivíduos, mas os deixa desprovidos de significado, um vazio que pode ser "preenchido" com significado somente pelo Estado, como Babel foi preenchido por suas confissões. Que não se opõe ao "eu" dos indivíduos, mas o cria e oferece seu próprio tipo de transcendência, com a qual o ego individual vazio, como a pele da salsicha de Bukharin, é preenchido com a plenitude das variadas relações do Estado. Esse poder não advém dos valorosos feitos de qualquer indivíduo, do consentimento do povo, nem mesmo de um golpe de estado. Como Stalin observou no brinde de 7 de novembro de 1937: "Muito foi dito sobre grandes líderes. *Todavia, uma causa jamais é ganha se as condições perfeitas não existirem. O mais importante aqui são os quadros intermediários* [...]. *Eles não tentam subir além de seu posto; nem chegamos a percebê-los.*" Grandes homens não fazem história; a história faz os grandes homens, como Marx ensinou.

Stalin admirava Ivan, o Terrível. Mas, o poder que ele exercera era qualitativamente diferente. O poder de Ivan foi nele investido pela Igreja. Ele buscou aliados, criou novas leis, destruiu os inimigos e, no fim da vida, estava insano. Grande quantidade de mercúrio foi encontrada em seu corpo, depois de sua morte. Stalin assassinou o inocente junto com o culpado; contudo, diferentemente de Ivan, o Terrível, não atirou gatos e cachorros pelas janelas do Kremlin; não tentou violentar sua nora; e, embora tenha permitido que os nazistas matassem seu filho Jakob, agiu por princípios e não espancou o filho até a morte com seu estado-maior, como fez Ivan, o Terrível.

Stalin precisava de inimigos, mais do que de amigos. O poder de seu regime dependia deles, pois o regime era baseado na violência — na formulação de Lenin, "a derrubada violenta da burguesia" — e a legitimação dessa violência. "O proletariado necessita de poder do Estado", Lenin escreveu, "uma organização centralizada de força, uma organização de violência, tanto para esmagar a resistência dos exploradores como para liderar a enorme massa da população — camponeses, pequena burguesia e semiproletários — no trabalho de organização de uma economia socialista". Inimigos legitimam o uso da violência; a violência legitima o Estado.

A violência não é sancionada por qualquer indivíduo, como no caso de Ivan, o Terrível. É sancionada pelo coletivo, por uma abstração transpessoal. Nunca ficou estabelecido quem, em um dado momento, é a pequena burguesia, quem é um semiproletário, um *kulak* ou contrarrevolucionário. Novos terão que ser inventados assim que os velhos forem destruídos, diferentemente dos boiardos, os poderosos proprietários de terras que Ivan, o Terrível, teve de eliminar. A regra da lei não podia se estender além do que tais abstrações permitiam. Essas abstrações permitiram que Lenin escrevesse em seu decreto de 10 de março de 1922 que "justamente agora, e somente agora, quando, nas regiões de fome, pessoas comem carne humana e centenas se não milhares de cadáveres estão espalhados pelas ruas [a maioria dos quais pertencia exatamente à 'enorme massa da população' que Lenin achava que precisava da proteção do Estado], que podemos — e, portanto, devemos) executar o confisco de bens da Igreja com a energia mais brutal e impiedosa". Em vez de prometer ajuda às "regiões de fome" e às pessoas, principalmente camponeses, que sofriam, Lenin planeja *usar* o sofrimento delas para construir o Estado. Yakovlev entendeu isso ao alertar que a corrupção desenfreada da Rússia de hoje não enfraquece o governo; indiretamente, o fortalece através do enfraquecimento da regra da lei e, portanto, da redução das restrições sobre o elenco de ações permitidas ao governo. O Estado stalinista provê liberdade *total* — não a liberdade de uma democracia parlamentar restringida por responsabilidade e limitações.

> Vejam, olhem para vocês — homens-cegos, gatinhos, vocês não veem o inimigo; o que farão sem mim — o país perecerá, pois vocês não são capazes de reconhecer o inimigo.[67]

Stalin proferiu essas proféticas palavras aos membros do Politburo em dezembro de 1952, quando se preparava para desencadear seu grande e definitivo estratagema, a conspiração dos médicos. Nesse caso, como nos outros, o reconhecimento do inimigo significava inventar um. A conspiração contra os médicos judeus pretendia eliminar os judeus de suas profissões — médicos, cientistas, estudiosos, artistas, escritores, jornalistas, militares e agentes de segurança — expurgar os serviços de segurança dos chamados agentes "sionistas" em conluio com Israel e os Estados Unidos, livrar o Politburo de rivais, como Molotov, e reassegurar o supremo controle de Stalin sobre o Estado soviético. Contudo, dos seis médicos e médicas originalmente acusados de conspiração contra a vida de Andrei Jdanov, apenas uma era judia, Sophia

Karpai, a técnica de ECG que nem ao menos atendeu Jdanov nos estágios finais de sua doença. Todavia, médicos judeus foram culpados pela morte de Jdanov, Israel foi culpado e, via Israel, os Estados Unidos. Judeus russos temiam deportação em massa para os campos de concentração em construção na época, mas Stalin morreu em circunstâncias suspeitas antes de poder executar esses supostos planos.

Fosse o plano de deportação em massa real ou não, os judeus eram o principal alvo dos últimos dias do regime de Stalin. Muitos creem que essa conspiração foi o resultado do antissemitismo inveterado de Stalin, mas uma análise mais profunda demonstra que nada tinha a ver com seus ódios pessoais, mas tinha tudo a ver com sua necessidade de reconsolidar o que via como o poder unitário do Estado soviético após a Segunda Guerra Mundial.

Cada período do regime de Stalin após a morte de Lenin em 1924 foi focado em um inimigo: Trotski, *kulaks*, destruidores urbanos, "contrarrevolucionários" e "espiões" dos anos 1930, Hitler, Estados Unidos e Grã-Bretanha após a guerra e, por fim, nos anos que antecederam sua morte, judeus e gatinhos cegos de seu Politburo. Cada estágio da carreira política de Stalin foi definido por inimigos, e seu famoso brinde de 7 de novembro de 1937 lembrava, a todos que o ouviram, que qualquer um era um inimigo em potencial:

> Destruiremos impiedosamente qualquer um que, por seus feitos ou pensamentos — sim, por seus pensamentos —, ameace a unidade do Estado socialista. À completa destruição de todos os inimigos, os próprios e seus parentes! (*Exclamações de aprovação: Ao grande Stalin!*)[68]

Bukharin, já na prisão quando Stalin fez o brinde, reiterou o tema essencial desse brinde quando escreveu a Stalin em dezembro daquele ano, implorando pela vida: "Esse expurgo inclui (1) os culpados; (2) pessoas sob suspeita; e (3) pessoas potencialmente sob suspeita."[69] Todos eram "potencialmente" suspeitos; portanto, o expurgo teve um lugar perene na sociedade soviética. Todos seriam sempre suspeitos — até mesmos consumidores conversando inocentemente na Venski Dvor, ou estrangeiros telefonando a suas famílias a 11 mil quilômetros de distância, ou antigos agentes do KGB tentando dar um sentido à sua experiência de vida, ou jornalistas tentando escrever a verdade, ou estudiosos que possam desejar entender a verdade do período soviético.

A chave para entender Stalin — não o homem, mas o poder — consiste em perceber que ele relaciona a punição impiedosa não à oposição ao "socialismo" ou "comunismo", mas à "unidade do Estado socialista"; ou seja, à integridade da nação como estabelecida pelos tsares, do Báltico ao Pacífico, da Sibéria à Crimeia.

Quão distante tudo isso parece da Moscou de 2006, agora considerada a cidade mais cara do mundo, onde um almoço para uma pessoa em um restaurante simples no centro da cidade pode custar mais de cinquenta dólares. Adolescentes desfilam pelo bulevar Tverskaya com estilosos telefones celulares grudados ao ouvido; param diante de vitrines de lojas de artigos de luxo que podem ser facilmente encontradas na avenida Madison [na cidade de Nova York]; saboreiam sorvete e café em uma grande variedade de novos cafés e cafeterias italianos, franceses ou alemães. Finos restaurantes japoneses podem ser encontrados ao lado de pizzarias e de restaurantes que anunciam a "Velha Rússia" e servem o melhor carneiro pré-revolução. Restaurantes usbeques, turcos, georgianos e azerbaijanos proliferaram, e Moo-Moo, com sua grande vaca de polietileno, tem agora a companhia de outras cadeias por toda Moscou: Shesh-Besh, Shashlyk-Mashlyk, Yolki-Palki.

Tudo isso é evidência clara de que o plano de Vladimir Putin para "consolidar o poder vertical do governo" está dando resultado; os oligarcas estão intimidados, na prisão ou no exílio, e grande parte de seu império cuidadosamente construído caiu nas mãos do governo. O rublo é mais ou menos estável, e grande riqueza começa a permear a sociedade russa ou, pelo menos, o estrato mais alto da sociedade moscovita.

Quando, há pouco, visitei o RGASPI (antigo RTsKhIDNI, antigo Arquivo Central do Partido), Kyrill Anderson me chamou para junto de uma janela. Ele apontou para a rua Bolshaya Dmitrovka, onde dois homens em jaquetas de couro estavam parados diante de uma loja de roupas Stefano Ricci, aberta recentemente, portando submetralhadoras, como os *militsiya* que guardavam prédios do governo em 1992 e 1993. Um pouco antes, Anderson disse, haviam escoltado todos os clientes para fora da loja.

— O que está acontecendo?

— Um oligarca apareceu — disse Anderson. — É típico. Aqueles são seus guardas. Veja os carros. — De fato, havia três grandes Mercedes pretas estacionadas em frente. — Eles não podem simplesmente entrar e comprar roupas. Tomam posse de toda a loja.

Abaixo de nós, na fachada do arquivo, Marx, Engels e Lenin (os três cegos, como Vladimir Naumov os chamava) também assistem à cena.

A nova opulência de Moscou tem pouco efeito na melhoria da vida do cidadão comum. Um arquivista em RGASPI ganhava de 10 mil a 12 mil rublos por mês (aproximadamente 400 dólares). Arquivistas ucranianos ganham mais, Anderson diz, e um zelador do metrô, ainda mais. Os valores de propriedades estão nas alturas, talvez mais altos do que na cidade de Nova York; no entanto, matilhas de cachorros de rua podem ser vistas dormindo amontoadas ao longo das calçadas e nos parques. Fora do centro, é possível sentir o peso opressor dos anos de destituição e negligência nas praças descuidadas e nos velhos edifícios, cujos pátios internos são marcados por entradas cobertas de grafites, onde brinquedos destruídos enferrujam entre vidros quebrados, fios torcidos e Ladas enguiçados, com capôs levantados e ainda colocados sobre blocos de cimento, que aguardam conserto.

O contraste entre opulência e pobreza é chocante, mesmo para os padrões de Londres ou Nova York. Uma garrafa de cerveja custa 7 dólares, e o salário de um professor universitário pode não ser mais do que 150 dólares por mês. Nessas circunstâncias, não é surpresa que, apesar do esforço de Putin para "normalizar" a vida cotidiana, a sociedade russa ainda sofra grandes incertezas quanto ao futuro. Como me disse um jovem historiador de mentalidade liberal: "Estabilidade devia vir antes de qualquer outra coisa."

Embora alguma melhora possa ser vista, há muitos bolsões no campo onde as coisas são ainda piores. Depressão econômica, mal-estar social e grande decréscimo de população, especialmente de homens, persistem em muitos vilarejos. "Os vilarejos estão morrendo", lamentou uma jovem mulher cuja mãe mora a cerca de 500 quilômetros de Moscou. No vilarejo da mãe, na ausência de homens, as próprias mulheres idosas devem colher as batatas e, juntas, levar os pesados sacos até seus porões, ou tentam recrutar homens de vilarejos vizinhos. Em algumas regiões, o papel-moeda nem é usado na compra de bens — não há dinheiro. Em julho de 2006, um sugestivo, embora questionável, artigo apareceu em um jornal de Moscou, aparentemente sobre um homem que havia solicitado permissão ao Estado para se casar com sua vaca. Por quê? Em seu vilarejo, não havia mulher disponível para casamento, e ele precisava de companhia.

Contudo, o conflito essencial na sociedade russa não é simplesmente entre ricos e pobres, democratas e xenófobos, nacionalistas e comunistas, os que têm e os que não têm. A estratificação econômica indica mais do que a quantidade de dinheiro no bolso de alguém; riqueza não é simplesmente uma questão de bens mundanos, prosperidade e bem-estar físico. Significa uma divisão muito mais profunda. A pobreza russa é o passado. Riqueza é o futuro. Entre o passado e o futuro há um golfo perigoso, tão radical e ameaçador quanto os conflitos de 1917.

Quando escreveu, no dia 22 de maio de 1918, que "Lenin ordenou que os relógios devem pôr [*sic*] 2 horas adiantados (economia de eletricidade), de modo que, às 10h, nos disseram que eram 12h", a imperatriz registrou, mesmo que não se tenha dado conta disso, uma ameaça à mais básica estrutura de referência. No dia seguinte, e durante vários dias depois, ela desejava se agarrar às velhas continuidades, inclusive ao se referir ao tsarévitche, que, na época, já tinha 12 anos de idade, como "Bebê". "Ceamos às 8h, mas Bebê foi para seu quarto somente às 10h (8), ainda muito cedo para dormir. Joguei cartas — na cama às 11h (9)."

Quando desperta e descobre que havia se tornado um gigantesco inseto, Gregor Samsa, personagem de Kafka, tenta restaurar a ordem em sua vida e, em vão, se esforça para se "levantar, porque o meu trem parte às cinco".[70] Contudo, quando olha para o despertador, entende pela primeira vez que algo está terrivelmente errado:

> "Pai do Céu!", pensou. Eram seis e meia e os ponteiros moviam-se em silêncio, até passava da meia hora, era quase um quarto para as sete. O despertador não teria tocado? Da cama, via-se que estava corretamente regulado para as quatro; claro que devia ter tocado.*

O alarme havia tocado para a família real há muito, mas, como no caso de Gregor, eles também não ouviram. Em 17 de julho de 1918, a transformação estava completa.

Que horas são na Rússia agora? Será que o despertador já soou sem que ninguém ouvisse? Tanto o esforço em direção ao futuro como o peso do passado podem ser observados em cada esquina — para cada "contragolpe" e *Vogue* da Nova Rússia existe uma *babushka* sem forma, uma velha avó, vassoura de galhos nas mãos e meias até o joelho. Um anúncio para um grande banco de Moscou expressa bem esse dilema: abaixo do *slogan* "Venha conosco para o futuro", há um tradicional cavaleiro russo montado em seu forte cavalo, com a lança pronta para o ataque. O futuro levará de volta ao passado, sugere o anúncio, onde força, coragem e honra nos aguardam.

Em um espetáculo do Circo de Moscou em 2006, testemunhei uma cena que, pela total ingenuidade, jogava uma luz sobre algumas dessas contradições. "Meu Velho Circo, Meu Amor", como chamado em uma colorida brochura, foi fundado em 1880 e tinha um lugar de honra na vida cultural de Moscou. No espetáculo a que assisti, provavelmente metade da plateia consistia em turistas estrangeiros; muitos, se não a maioria, eram americanos e, desses, muitos eram judeus.

---

*Da tradução de *A metamorfose*, de Franz Kafka, disponível em: <http://www.dominiopublico.gov.br/download/texto/ua00106a.pdf>. [*N. do T.*]

Quando os chimpanzés entraram no picadeiro, seu comportamento grotesco imediatamente provocou gargalhadas. Um deles usava um quipá branco e *payos** grosseiramente improvisados e dançou a *hora*** ao som de música judia tradicional. Os estrangeiros na plateia ficaram mudos. Meu primeiro pensamento foi a cena de *Cabaré* com o gorila judeu. Eu devia achar isso engraçado — o pequeno chimpanzé judeu dançando pelo picadeiro? Ou devia ficar chateado, enquanto meu amigo russo, com quem fui ao espetáculo, nada via de mais? Quando comentei com meu amigo que nenhum outro "grupo religioso" havia sido alvo de brincadeira, ele disse que os judeus não eram um grupo religioso. Na Rússia, são um grupo nacional, e outros grupos nacionais ou sociais foram representados por chimpanzés: uma jovem camponesa e um cigano, em particular. Isso era verdade, mas deixava escapar o ponto principal.

O velho problema é que os judeus eram objeto de ódio na Rússia não por serem uma nação diferente, mas por serem judeus. A recente especulação da Igreja Ortodoxa e do Pamyat sobre o "assassinato ritual" da família do tsar não estava relacionada às aspirações nacionais dos judeus, mas às suas supostas práticas religiosas. As alusões a *Os protocolos dos sábios de Sião* durante o interrogatório de agentes de segurança judeus em 1952, à época da conspiração dos médicos, e o fato de que *Os protocolos* agora circulavam amplamente como um texto estabelecido entre grupos políticos extremistas russos, que se aliaram à Igreja Ortodoxa, sugerem que o chamado caráter nacional dos judeus meramente disfarça um estigma religioso de mil anos.

*Tradicional cacho de cabelo lateral usado por judeus — homens e meninos — ortodoxos. [*N. do T.*]
**Tradicional dança folclórica israelita. [*N. do T.*]

Comentei com meu amigo que um árabe pode ser um cristão e um armênio pode seguir a Igreja Apostólica Armênia ou a Igreja Evangélica Armênia, mas um judeu é sempre um judeu. Um judeu não pode ser um cristão, embora um israelense possa — a menos que as leis racistas dos nazistas sejam aceitas. De qualquer modo, *payos* e quipá são símbolos religiosos e não nacionais, e nenhum macaco apareceu vestido como um patriarca russo, padre polonês ou imame muçulmano. Nenhum *vojd* soviético foi ridicularizado. É incerto que o esquete *tencionava* ser antissemita, mas esse era justamente o problema. O antissemitismo era invisível até mesmo para meu amigo, que era judeu. A cena no circo era tão inocente, tão engraçada, tão grotesca e tão pública que era difícil ver a linha de fronteira entre paródia cômica e mensagem racista. Parecia cair diretamente sobre a linha, como a assinatura de Stalin na planta original para o Hotel Moscou.

A maioria da retórica racista na Rússia hoje em dia é direcionada aos chamados caucasianos — georgianos, chechenos, ossetianos e outros, — mas ainda sobra muito para os judeus. Até hoje, o Holocausto continua sendo um aspecto relativamente desconhecido e não ensinado da história russa do século XX, e a negação do Holocausto permanece viva nas férteis culturas do pensamento racista russo e propaganda fascista. Segundo Alexander Yakovlev, há cerca de duzentos jornais declaradamente antissemitas em circulação. Os partidos fascistas cobram abertamente restrições sobre judeus em todas as esferas de vida, segundo a proporção de judeus na população geral. O livro de David Duke, *Jewish Supremacism: My Awakening on the Jewish Question* [A supremacia judaica: meu despertar para a questão judaica] — uma versão atualizada e fracamente disfarçada de *Os protocolos dos sábios de*

Sião — foi publicada em russo em 2000, com uma introdução por Boris Mironov, antigo funcionário da administração de Yeltsin, e era vendida no saguão da Duma do Estado, a câmara baixa do Parlamento russo, em Moscou.

Em um evento político, em 1998, para comemorar o 81º aniversário da revolução, o general Albert Makashov, autoproclamado antissemita e membro do Partido Comunista, gritou: "Reunirei todos os judeus e os enviarei para o próximo mundo!" Ele caracterizava os judeus como "vampiros que se alimentam das desgraças de outras pessoas. Bebem o sangue dos povos nativos do estado". Em 2000, houve uma tentativa de condenar os ataques de Makashov, que era um membro eleito da Duma do Estado. Um total de 170 deputados votou pela condenação, 120 votaram contra e a censura foi rejeitada. Em 2001, uma moção para condenar o antissemitismo foi novamente rejeitada, e outros deputados protestaram veementemente contra a observação de um minuto de silêncio em memória das vítimas do Holocausto em solo soviético — aproximadamente metade de todos os judeus assassinados pelos nazistas.

O judeu como um chimpanzé dançando a *hora* não é simplesmente uma gentil invenção do Circo de Moscou. Uma versão dele pode ser encontrada no *Exército de Cavalaria* de Babel. Acampado na casa de uma mulher judia após o *pogrom* na Ucrânia, em 1920, o narrador se depara com uma cena triste e desanimadora:

> Em meu quarto, encontro um armário saqueado, pedaços de casacos de pele femininos espalhados pelo chão, excremento humano e fragmentos do sagrado prato de Seder que os judeus usavam uma vez por ano, para a Páscoa.

> — Limpe isto — disse à mulher. — Que maneira abjeta de viver! Os dois judeus se levantaram de seus lugares e, aos pulos, em suas solas de feltro, limparam a sujeira do chão. Eles saltavam pelo quarto sem fazer ruído, à moda dos macacos, como japoneses em um número de circo, inchando e torcendo os pescoços.[71]

Saltando "à moda dos macacos" como "japoneses em um número de circo", "inchando e torcendo os pescoços", enquanto o pai da mulher jaz morto, com o rosto partido em dois, na sala ao lado; esse é o infeliz arquétipo por trás das alegres brincadeiras do Circo de Moscou.

A inocência ambígua do mundialmente famoso número do Circo de Moscou com macacos tinha o eco mais sinistro, também ambíguo, em uma caixa de chocolates exibida em uma loja do *free-shop* no Aeroporto Sheremetyevo. "Suvenir da Rússia" está impresso em inglês na tampa da caixa, produzida por Dilan, um fabricante de chocolate de Moscou que também produz suvenires de caixas de chocolates cujos invólucros ilustram glórias de S. Petersburgo, miniaturas Palekh de laca da Rússia, porcelana de Gjel e retratos de tsares russos. A caixa que vi no *free-shop* era apenas identificada como *plakaty* — pôsteres. O fundo da caixa reproduzia um pôster de Stalin dos anos 1930, mostrando-o ao leme da nave do Estado. No timão, estava inscrito *CCCP* — URSS, em letras maiúsculas. Acima do timão, à esquerda de Stalin, na direção de seu olhar, tendo como fundo a bandeira vermelha dos bolcheviques, estavam as palavras: "O Capitão do País dos Soviéticos nos Guia de Vitória a Vitória!"

As poderosas mãos de Stalin agarram o timão. Acima de sua cabeça, à direita, o céu é azul, mas ele olha atentamente em direção ao canto esquerdo inferior, onde nuvens escuras de tempestade se aglomeram. Benigno, confiante, firme, Stalin guia a nave do Estado a seu futuro incerto.

O outro lado da caixa exibe chocolates embrulhados individualmente em reproduções em miniatura de outros famosos pôsteres soviéticos. Misturados, há alguns invólucros reproduzindo pôsteres americanos da Segunda Guerra Mundial, como o famoso pôster de Rosie the Riveter [Rosie a Rebitadora], com os punhos cerrados e flexionando o bíceps, acompanhada da legenda: "We Can Do It!" [Somos Capazes!].

Juntas, essas imagens são o testemunho do feliz momento em que interesses soviéticos e americanos estiveram unidos contra um inimigo comum — o inimigo que deve estar espreitando das nuvens de tempestade no outro lado. No canto esquerdo inferior, aparece outra figura icônica: o burguês capitalista usando um brilhoso chapéu-coco, segurando uma pilha de moedas de ouro com suas mãos rechonchudas e cheias de anéis. Cobiçosos olhos negros em uma cabeça gorda, sem pescoço, nariz grosso e bruto, lábios sensuais em uma boca cavernosa sugerem a identidade cínica desse burguês como a do tradicional banqueiro judeu cuja ganância sem compaixão é ironicamente enfatizada pelo pingente de ouro, no formato de coração, pendurado em um pesado cordão de ouro sobre a enorme barriga.

Seria a mensagem subliminar dessa justaposição que, na verdade, o inimigo comum de Stalin, o Grande Timoneiro, e de Rosie a Rebitadora, a heroica operária americana que a ele se uniu contra o nazismo, não era Hitler, mas a comunidade internacional de judeus? O judeu usurário agarrando suas pilhas de ouro está no fundo de tudo? Certamente, essa era a conclusão que o general Albert Makashov tiraria. Podemos rejeitá-la com uma risada — como pode ter sido a intenção — e dizer: veja quão tolo foi o passado, quanto progredimos; essa caixa de doces brinca com os grandes bichos-papões do passado russo. O Grande Líder de um lado e o Grande Inimigo do outro. Ultrapassamos tudo *isso*, parece dizer. Será que ultrapassamos? Lamentavelmente, essa é precisamente a mensagem do artigo em *Russkoe Voskresenie* [Ressurreição russa] que encontrei em 1992, que apresentava Hitler e Stalin como líderes justos atraídos à guerra pelo controle judeu de toda a economia mundial; de tempos em tempos, essa mensagem ainda escapa de seu invólucro retórico em manifestações de rua e debates políticos públicos.

A grandeza de Stalin é incontestável. Todos que vieram depois dele eram insignificantes, como o próprio Stalin definiu: "cegos, gatinhos" que deixavam seu país perecer por serem incapazes de identificar o inimigo. Essa pequena caixa de chocolates fornecia uma simples lembrança de quem o inimigo era e, para muitos, ainda é. Testemunhei um claro exemplo disso ao visitar a casa do general aposentado do KGB — o mesmo do Hotel Arbat — que desejava que Yale publicasse a história de sua vida extraordinária.

Na época da revolução, seu pai fora um oficial na Guarda Branca e seu avô, um bem-sucedido comerciante em uma pequena cidade não muito distante de Moscou. Se essa informação tivesse chegado a seus superiores, ao longo de seus quase cinquenta anos no KGB, ele teria sido expulso, se não preso e fuzilado. Ele manteve suas origens bem escondidas — até mesmo da esposa — e alcançou considerável eminência no KGB como um homem de grandes habilidades linguísticas e sociais. Após a Segunda Guerra Mundial, ele recebeu a tarefa de atuar como tradutor para Raoul Wallenberg, em seu último interrogatório; quando o filho de Churchill, Randolph, veio a Moscou, para visitar Stalin depois da guerra, atuou como tradutor para ele também. Uma vez, como me contou, ele traduziu para o próprio Stalin, em uma reunião onde muitos jornalistas estrangeiros hostis fizeram perguntas sobre a política soviética pós-guerra. Ele se recordava como Stalin, por fim, despachou esses jornalistas com os rabos entre as pernas, tendo respondido a todas as perguntas com "lógica irrefutável". Ele serviu na Alemanha durante muitos anos e chegou a diretor do departamento alemão do KGB.

— A Alemanha era nosso Jardim do Éden — lamentou sua esposa, filha de um famoso oficial do KGB, vindo da cozinha. Ela falava excelente inglês, mas tinha de gritar, pois a televisão era mantida em um volume muito alto, como medida contra grampos no apartamento, algo que só entendi algum tempo depois. — É uma pena. Uma pena. Estávamos prestes a mostrar ao mundo o que podíamos fazer. Esses covardes!

— O que a senhora acha de Yeltsin? — perguntei.

Ela balançou a mão, a pôs na garganta e esticou o pescoço.

— Ele deve ser enforcado?

— Ah! — ela riu. — De cabeça para baixo!

— Por favor, por favor, querida. Basta — berrou o general. — Chega. Ouviu?

— E Gorbachev? — insisti.

Ela fez o mesmo gesto silencioso com a mão.

— E Kruchev?

O mesmo.

— Nenhum deles servia?

— Nenhum — disse ela com a amargura de alguém que tinha sido privada de sua herança. — Nenhum.

— Chega, querida. Chega! — berrou o general no barulho da televisão.

Sua esposa desapareceu na cozinha para terminar o preparo do jantar, enquanto o general e eu discutíamos seu livro.

De repente, perguntei:

— O que o senhor sabe do arquivo de Kutuzov?

O general olhou-me rispidamente, mas nada disse.

— Ele existe?

— Como você sabe disso? — questionou, e, pela primeira vez, havia um tom áspero em sua voz.

— Ouvi falar sobre ele. Existe?

— Sim.

— Onde está?

— Em um lugar que você jamais encontrará. — Depois de recuperar a compostura, prosseguiu: — Imagine — disse com real assombro —, Wallenberg queria se tornar o presidente da Hungria depois da guerra. Era impossível — asseverou, balançando a cabeça. — Ninguém o queria.

Fiquei incrédulo.

— É verdade. Ele tinha ideias extravagantes, exageradas.

— O homem que o interrogou ainda está vivo?

— Sim — disse o general.

— Ele já contou a história do interrogatório?

— Não.

— Por quê?

— Ele não queria perder a pensão nem a vida. A verdade sobre Wallenberg jamais será contada.

Naquele instante, um tremendo estrondo veio da cozinha e ouvi a esposa do general gritar. Logo, uma enorme arara invadiu a sala de estar, voou em direção às cortinas, fez círculos e pousou na minha cabeça.

— Pássaro desgraçado! — gritou a esposa do general, correndo da cozinha com uma longa vara na mão. — Venha cá, pássaro maluco! — Ela balançava a vareta sobre minha cabeça e pensei que pretendia atingir a ave; no entanto, ela simplesmente começou a persuadi-la a voltar para o poleiro.

— É muito bonita — disse eu, depois que a calmaria foi restaurada e a ave tinha pulado para o joelho do general.

— É um pássaro mau. — A esposa do general pronunciava "mau" como "maauu",* o que tornava o epíteto ainda mais ameaçador.

— Não, não. Já chega. Você sabe de que espécie é? — o general perguntou, virando-se para mim.

— Creio que é uma arara-azul da Amazônia — respondi —, mas nunca havia visto uma como esta, com tal coloração azul — é incomumente bonita.

— Sim, é uma azul da Amazônia — ele disse. — Castro me deu de presente. Contudo, veja o peito dela. Você vê alguma coisa?

— Parece que há três manchas brancas. Três estrelas?

— Sim. Muito incomum. Minha patente na época. Muita consideração. Muito valioso. — O pássaro subiu obedientemente no poleiro e retornou à cozinha com a esposa do general.

A glória do Jardim do Éden; a glória da arara-azul da Amazônia com as três pálidas estrelas no peito; a glória de ter o destino de nações nas mãos, traduzindo para Stalin, traduzindo para Wallenberg; o drama de esconder a própria linhagem em um jogo de vida e morte com os serviços secretos mais impiedosos e astuciosos do mundo. E, agora, sentando, com o volume da televisão no máximo em um apartamento apertado, sem saber bem como

*No original, *evil* pronunciado como *eeveel*. [*N. do T.*]

pagar a próxima cirurgia, com uma pensão minguante, em uma nação minguante, cujas fronteiras não mais incluíam a cidade de Kiev, a capital cultural da antiga Rus, Odessa ou Kharkov, e cuja influência não poderia mais moldar o destino da Europa Oriental, nem mesmo da Ucrânia; apenas com a humilhante sensação de ter perdido aquilo que dava significado às suas vidas: o grande Estado socialista.

21

A mão de Stalin

No dia 20 de fevereiro de 1941, poucos meses antes da invasão nazista, Georgi Dimitrov registrou em seu diário os trabalhos de uma sessão noturna do Comitê Central, na qual as candidaturas de vários possíveis membros foram votadas, incluindo a da esposa de Molotov, Polina Jemchujina, que Stalin terminou prendendo em 1949.

> O que aconteceu a Jemchujina foi particularmente surpreendente. (Ela fez um bom discurso.) "O partido me recompensou, me encorajou pelo bom trabalho. Contudo, deixei as coisas saírem do controle; meu substituto (como comissário do povo da indústria pesqueira) se revelou um espião, assim como uma amiga. Deixei de demonstrar vigilância elementar. Aprendi uma lição com tudo isso. Declaro que trabalharei honestamente até o fim de meus dias, como uma bolchevique."[72]

Dimitrov nota que, durante a votação, um membro se absteve: Molotov. "Talvez por ser marido dela; mesmo assim, não se pode dizer que estivesse correto", Dimitrov comentou. Vladimir Naumov relata uma história similar sobre o secretário pessoal de Stalin de muitos anos, um general do Exército Vermelho e membro do Comitê Central, Alexander Poskrebyshev, cuja esposa fora presa. Poskrebyshev procurou Stalin e se atirou a seus pés, implorando que a vida da esposa fosse poupada. "Levante-se", disse Stalin, "Arranjaremos uma nova esposa para você."

Talvez apócrifa, essa história revela a mentalidade que deu forma ao sistema stalinista. O partido está no centro da nação, e a nação deve ser o centro da vida de todos. *É* a vida. A vida tem significado somente no seio do coletivo maior, transpessoal. Sem ele, cada um é uma não pessoa — um inseto, um verme, um traidor. Um inimigo. Ao se abster na sessão do Comitê Central que votou contra sua esposa, Molotov reconheceu a importância primordial de sua relação com a esposa — um laço potencialmente mais importante do que o laço com o partido. Naquele momento, ele fez algo que "não se pode dizer que estivesse correto" e revelou, nas palavras de Bukharin, que era um "inimigo em potencial".

Não há muita distância entre Molotov ser um inimigo em potencial do Estado por causa de sua relação com a esposa e classes completas de pessoas se tornarem inimigas em potencial. Durante o período da conspiração dos médicos, M. D. Ryumin, o interrogador-chefe e, depois, vice-ministro do MGB, disse a um dos réus:

> Em Moscou, vivem mais de um milhão e meio de judeus. Eles se apossaram dos postos médicos, da profissão da lei, do sindicato dos compositores e do sindicato dos escritores. Não estou falando das redes de comércio. Enquanto isso, desses judeus, apenas um punhado é útil ao Estado, todo o resto — *são inimigos em*

> *potencial do Estado.* (Fevereiro de 1952, confronto face a face entre M. D. Ryumin e I. B. Maklyarski. Ênfases minhas.)[73]

Há muitos inimigos em potencial por causa de seus sentimentos pelo novo Estado de Israel e, via Israel, pelos Estados Unidos.

Essa linha de pensamento acabou fazendo com que o MGB arrancasse a seguinte confissão de Yakov Broverman, um dos oficiais judeus do MGB presos em conexão com a conspiração dos médicos:

> Referi-me desrespeitosamente aos russos e, de todos os modos, elogiei os judeus, enaltecendo sua inteligência e habilidades, declarando a esse respeito que, de fato, *em virtude de sua história, os judeus foram escolhidos para governar o mundo.* Assim [Brovernam e outro oficial judeu do MGB] expressaram a opinião de que era necessário que os judeus, na URSS e em outros países, seguissem o exemplo dos judeus americanos que penetraram em todos os poros da vida econômica e política do país, exercendo influência sobre as políticas externa e interna do governo americano.[74]

O testemunho de Broverman correspondia quase exatamente ao dado por outro oficial judeu do MGB, L. L. Shvartsman, um fato que confirma que as chamadas confissões estavam sendo antecipadamente relacionadas a um julgamento espetaculoso. Stalin morreu e o julgamento nunca foi realizado. Dessa forma, *Os protocolos dos sábios de Sião*, a desacreditada fraude tsarista do século XIX, fez o caminho de volta até o âmago do regime soviético. Do testemunho arrancado de Broverman às variações de David Duke sobre o mesmo tema e vendidas no saguão da Duma do Estado russo, a distância é pequena.

Quando Vladimir Naumov me perguntou, no outono de 2001, se Yale estaria interessada no arquivo pessoal de Stalin, eu imediatamente disse que sim. Discutimos uma lista de possíveis tópicos, das relações de Stalin com os líderes intelectuais do Ocidente às origens da Guerra Fria e sua manipulação do Grande Terror. Comecei a ver documentos do arquivo de Stalin sobre o terror e sabia que esse material forneceria as ligações que, até então, faltavam para o entendimento de como esse evento se desenrolou e a extensão do envolvimento pessoal de Stalin. Vi uma carta de Upton Sinclair para Stalin, no final dos anos 1930, implorando pela vida de um jovem produtor cinematográfico soviético que trabalhara com Sinclair no México. Ao respeitoso pedido de Sinclair, Stalin respondeu, em cuidada escrita à mão, em um pedaço de papel que me lembrou das tiras que, há tanto tempo, vi Naumov cortando em seu estúdio. Stalin escreveu que, embora fosse grato às palavras do Sr. Sinclair a favor do produtor, o caso já tinha sido resolvido pelos serviços de segurança e estava encerrado. Contudo, havia uma distinção entre o que Stalin fazia, o que dizia e o que pensava. O que Stalin pensava sempre foi um enigma. O que ele pensava *realmente*? Era ele meramente um oportunista sedento de poder? Era ele um verdadeiro crente, um fanático? Era um estadista, um gângster ou um chefe caucasiano? Ele era tudo isso? Como consolidava suas crenças em ações? Havia algum tipo de lógica no terror?

Quem era Josef Stalin?

Perguntei, uma vez, a Vladimir Naumov por que ele pensava que Stalin teve sucesso enquanto outros, como Trotski, falharam. A explicação dada pelo próprio Stalin, registrada no diário de Dimitrov, foi que ele respeitava e confiava nos "quadros intermediários". A explicação de Naumov era outra. "Ele foi mais bruto do que qualquer outro", disse; com isso, Naumov queria dizer que ele era mais livre. Ele não sentia qualquer limitação. Em consequência, seu poder era absoluto.

Stalin não construiu palácios de lazer para si; não tinha cavalos de corrida ou carros de luxo. Na exposição sobre Stalin no Museu da Revolução, foram exibidos magníficos testemunhos da adoração mundial de Stalin, incluindo um cocar cerimonial presenteado pelas "Tribos Indígenas" da América do Norte, que o consagraram cacique honorário. Adagas do Cáucaso; cachimbos de todas as formas, tamanhos e tipos — um tinha garras de águia segurando um fornilho de espuma-do-mar dos Estados Unidos; uma piteira de charuto feita de casco de tatu do Brasil; um telefone no formato de globo, com um receptor no formato de martelo e foice; bandejas de madrepérola e tigelas de jade da Coreia; ricos painéis de laca oriental; magnífico casaco de pele oferecido pelo Sindicato dos Peleteiros dos Estados Unidos, quimonos e espadas de samurai, peças de xadrez esculpidas em chifres de antílopes; piteiras de cigarro de latão feitas de balas de metralhadoras.

Stalin recebia presentes de praticamente todos os países do mundo, mas nunca usou os casacos, nunca fumou os cachimbos, nunca decorou suas moradias com os painéis e tigelas. Ele não era um asceta, mas não necessitava dos presentes.

Embora desse valor aos "quadros intermediários", ele os destruiu impiedosamente no terror juntamente com toda a elite do partido. Ninguém estava seguro. Stalin era o senhor da casa. Exigia devoção abnegada. Isso significava que aqueles à sua volta não podiam ter vontade própria, não podiam ter consciência, relações ou lealdades a qualquer coisa que não fosse o Estado, e o Estado era Stalin. Negligência e falatório — essas eram as portas de entrada para inimigos... Partido, soviete, organizações sociais devem conduzir uma luta inflexível e impiedosa contra negligência e complacência para educar o povo soviético no espírito da mais restrita manutenção dos segredos do Estado, no espírito da mais alta vigilância revolucionária. Onde quer que um soviético trabalhe — em uma instituição estatal, em uma organização econômica, em uma empresa, em um *kolkhoz*, em uma transportadora, em uma instituição científica — em toda parte e em todos os sentidos, ele deve se lembrar das demandas do partido e do Estado soviético e atendê-las rigidamente — ser vigilante.

O Camarada Stalin, combatendo impiedosamente a estúpida enfermidade da negligência, discursou na Plenária do Comitê Central do Partido Comunista de fevereiro-março, em 1937:

> *Quando dermos cabo dessa estúpida enfermidade, poderemos dizer, com total segurança, que não tememos qualquer inimigo, seja interno ou externo; seus ataques não nos assustam, pois os destruiremos no futuro, como os destruímos agora, como os destruímos no passado.*[75]

Isso não foi escrito em 1937, mas apareceu em 15 de janeiro de 1953, como um editorial em *Izvestia*, com o título: "Promoção da Vigilância Política." Não há dúvida de que Stalin aprovava isso. A caça aos inimigos, reais ou em potencial, prosseguiu até o fim. Ele morreu aproximadamente seis semanas depois, no dia 5 de março. Assim como seu próprio inimigo foi um vaso sanguíneo estourado no cérebro, o inimigo do país era interno. Não eram os médicos judeus, não eram trotskistas nem espiões alemães ou americanos, nem *kulaks* ou soldados da Guarda Branca, mas a negligência, essa "enfermidade estúpida". A fraqueza na natureza do próprio homem era seu maior inimigo.

No fim, é a liberdade de ser fraco, e não forte: a liberdade de cometer um erro, de "escrever mal", nas palavras de Babel. A "enfermidade estúpida" de ser confuso e negligente, de se deparar em um corredor miserável, sem princípio ou fim, e se dar conta de que a vida continua "lenta e incorretamente". Babel sabia que não podia haver arte ou civilização humana sem ela. Não seria possível comer a fruta do Éden, vagar pelo deserto por quarenta anos, não haveria perdão para os pecadores, redenção do rei Davi ou ressurreição de Cristo. Também não existiriam as brilhantes ironias cotidianas que Babel amava, como a do final da história da "Morte de Dolgushov", onde, para confortar o orgulho ferido de Lyutov, seu companheiro, Grishchuk, pegou uma maçã enrugada debaixo do assento da carroça. "Coma" disse, ele. "Por favor, coma."[76] Essa maçã murcha do conhecimento, tirada não da árvore no Éden, mas do fundo sujo do assento de uma carroça, que representa as esperanças enrugadas e sonhos corriqueiros do povo imperfeito, é um sinal do mundo humano que Stalin considerava a maior ameaça.

No arquivo pessoal de Stalin, agora mantido no RGASPI, é possível, pela primeira vez, traçar os caminhos do pensamento de Stalin. Há uma ironia amarga no fato de que esses documentos tenham terminado no RGASPI. Esse arquivo, dirigido por Kyrill Anderson, foi fundado em 1921 como Instituto Marx-Engels por David Borisovich Ryazanov (1870-1938), um dedicado social-democrata "não faccionário" que se juntou ao Partido Bolchevique em 1917.[77] Nascido em Odessa e fluente em alemão, iídiche, francês e outras línguas europeias, Ryazanov era um profundo conhecedor de Marx e Engels. Uma infeliz consequência de sua paixão pelas ideias marxistas foi que ele não tinha Lenin e Stalin em grande conta. Ele nunca os mencionou em discursos públicos e era indiferente em relação aos pronunciamentos teóricos dos dois. Ele organizou o Instituto principalmente como um relicário para a social-democracia alemã, e o jovem regime comunista deu-lhe um orçamento generoso para recolher os trabalhos de Marx e Engels. Trabalhando como um fanático, ele era capaz de comprar toda uma coleção simplesmente por causa de um ou dois documentos. Quando não conseguia comprar os documentos que desejava, os copiava. Assim, o Instituto tem uma das principais coleções do mundo, com muitos documentos únicos: outros exemplares em coleções europeias foram perdidos ou destruídos no início da Segunda Guerra Mundial. Em particular, originais de numerosos documentos escritos à mão por Marx foram perdidos no mar quando o navio que os transportava do arquivo em Amsterdã para a segurança nos Estados Unidos foi afundado por um submarino alemão.

Anderson contou que, quando a repressão começou a crescer, Ryazanov instituiu uma espécie de vigilância de direitos humanos e salvou as vidas de aproximadamente três mil empregados aprisionados. Ele protegeu pessoas, incluindo algumas de quem ele não gostava. Foi o caso da viúva de I. G. Shcheglovitov, o ministro da Justiça no governo do tsar. O ministro instigara o famoso caso antissemita do libelo de sangue de 1912, conhecido como o caso Beiliss, em que Mendel Beiliss foi acusado de assassinar um menino ucraniano de 13 anos para usar o sangue na preparação de pão ázimo — a mesma acusação investigada pela Igreja Ortodoxa em relação à execução da família Romanov em 1918. Paradoxalmente, em 1928, a viúva de Shcheglovitov foi demitida de todos seus empregos, por causa da ligação de seu marido com o regime tsarista.

Lenin tolerava Ryazanov e o chamava de *bukvoyed* (literalmente, "comedor de palavras"; figurativamente, detalhista, pedante), mas Stalin o odiava. As relações de Ryazanov com o governo não eram facilitadas pelo fato de que Boris Nikolaevski (um opositor menchevique ao regime de Lenin), preso em 1919-1920, era um amigo íntimo e doara o terreno para o arquivo. Além de fazer pouco das contribuições teóricas de Lenin e Stalin, Ryazanov tinha a reputação de ser rude e arrogante. Certa ocasião, quando um membro do alto escalão do Comitê Central veio ver os manuscritos de Marx, Ryazanov pegou uma carta escrita por Marx, balançou-a diante do chefe do partido e disse: "Aqui está seu Marx; agora, vá." Ele não permitia mulheres no Instituto no verão, a menos que usassem meias; ele calçava luvas brancas de algodão para verificar se havia poeira nas escadas e peitoris das janelas.

Contudo, o que, de fato, disparou a ira de Stalin foi o fato de Ryazanov não o mencionou nos discursos nas plenárias do Comitê Central. Em 1929 — ano do recentemente inventado quinquagésimo aniversário de Stalin — ele não enviou uma saudação especial de aniversário ao *vojd*. Ryazanov foi demitido de seu cargo no arquivo e enviado pelo NKVD para o exílio em Saratov, obviamente com aprovação de Stalin. Em 1937, foi preso; um ano depois, fuzilado.

O Instituto Lenin foi estabelecido apenas em 1923, um ano antes da morte de Lenin. Originalmente, era uma entidade separada, ligada ao Comitê Central, e foi fundido com o Instituto Marx-Engels em 1931. Lev Kamenev foi seu primeiro diretor. Na inauguração, Lenin deu duas semanas para que todos os monumentos do tsar nas vizinhanças do prédio fossem demolidos e substituídos por monumentos aos líderes bolcheviques. A estátua original de Lenin que se encontra na entrada do arquivo foi encomendada na época e posicionada no pátio atrás do prédio. Nos anos 1930, a maioria dos nomes dos líderes bolchevique inscritos nesses novos monumentos havia sido apagada ou alterada.

Em 1954, a famosa estátua equestre de Yuri Dolgoruki foi instalada de frente para a passagem de pedestres, com as costas para o monumento de Lenin; para alguns, isso significava uma nova relação entre o governo soviético e suas origens leninistas-stalinistas. Não muito depois, um velho historiador da arte salientou que nenhum *knyaz* (príncipe) do tsar jamais montaria um cavalo como o de Yuri Dolgoruki. Era um cavalo castrado. Os necessários apêndices foram encomendados, e, como Anderson comentou, a primeira mudança de sexo na história soviética foi executada no cavalo de Dolgoruki, atrás do Instituto Lenin.

Diferentemente do Instituto Marx-Engels, que era um relicário da social-democracia, o Instituto Lenin foi fundado para homenagear Lenin; outra diferença é que, ao contrário do Instituto de Ryazanov, este não comprou o material em sua coleção. Em vez disso, saqueou todos os arquivos de trabalhos de Lenin na Rússia e trouxe o material para Moscou. O Instituto Lenin era político e não abria para o público; seu propósito era controlar a história do partido. A junção, em 1931, do instituto de pesquisa com esse corpo político teve importantes consequências.

Como Anderson comentou, Stalin entendeu bem a formulação de [George] Orwell de que "aquele que controla o passado controla o futuro" e fez grande uso do aglomerado Instituto Marx-Engels-Lenin. Ao longo da turbulência dos anos 1930 e 1940, o arquivo foi usado principalmente para alterar a imagem do passado. Os arquivistas, que tencionavam proteger o registro histórico preciso, perderam a disputa para os políticos, que queriam manipulá-lo. Por fim, todos os arquivistas foram escolhidos pelo Comitê Central. Boa parte do material era mantida secreta, mesmo para a maioria dos arquivistas — como os seis mil documentos secretos de Lenin que formaram a base do volume *The Unknown Lenin* [O Lenin desconhecido], publicado pela Editora da Universidade de Yale em 1997, e as caricaturas que membros do Politburo desenhavam para a própria distração.

Hoje, o instituto fundado por David Ryazanov preserva o material pessoal do homem que mandou fuzilá-lo em 1938. Nos últimos 15 anos, o nome do instituto foi mudado três vezes, mas o grande retrato de Lenin continua pendurado na parede, acima da ampla mesa no gabinete de Naumov. A estátua de Lenin — uma cópia pobre, na opinião de Anderson — também permanece no saguão de entrada, embora as flores frescas tenham um dia sido substituídas por flores de plástico e, depois, por nada.

Muitas pastas creme e marrons são espalhadas sobre a grande mesa de Naumov. Algumas estão estufadas; outras contêm apenas um único item. Em uma delas, a ficha de consultas registra que o conteúdo foi inspecionado apenas uma vez, nos anos 1970, por um pesquisador. A maioria deles nunca foi vista. Em frente ao lugar onde estou, há uma estante com muitos dos livros que publicamos juntos ao longo destes 15 anos; estou no lugar em que me sentei quando Vladimir Petrovich Kozlov me recebeu pela primeira vez no arquivo; atrás de mim, há outra estante; acima da porta no fundo do gabinete de Naumov, o retrato de Lenin continua pendurado na parede; as desbotadas cortinas nas janelas que dão para a rua Bolshaya Dimitrovka não foram substituídas; as cadeiras não foram trocadas; as luminárias são as mesmas. Todas essas coisas se tornaram familiares, mas, pela primeira vez, esses fichários silenciosos, como conchas levadas por uma tempestade, postos diante de mim contêm os restos fossilizados do grande terror da terra: o arquivo pessoal de Josef Stalin.

Os arquivos selecionados e trazidos para inspeção são do Fond (pasta) 588, Opus 3, a designação para os livros e manuscritos encontrados na biblioteca pessoal de Stalin após sua morte. Em uma visita anterior, perguntei sobre a biblioteca, apenas por curiosidade: eu queria saber qual era o gosto literário de Stalin. Haveria a mesma variedade de livros que vi, por exemplo, na biblioteca do general do KGB, cuja casa visitei uma vez? Teria lido *Madame Bovary*? Ou teria uma queda por histórias de detetives americanos?

Nenhum dos conselheiros acadêmicos do projeto esperava haver muito que fosse apropriado à planejada série de publicação de material do arquivo de Stalin. Ninguém estava preparado para o que foi encontrado. Descobrimos que aquela não era uma biblioteca institucional nem oficial; também não era meramente eclética. Não refletia o gosto "oficial", com edições completas de Marx, Engels, Lenin e assim por diante, com encadernação uniforme: ou seja, ao tipo de biblioteca que se pode esperar encontrar em um gabinete de governo, repleta de livros que ninguém lê. Também não continha exemplos de leitura leve para tardes chuvosas, coleções de poesia inscritas por amantes ou romances de aventura para levar a mente para longe das atribulações cotidianas. A biblioteca pessoal de Stalin era uma biblioteca de trabalho, continha tudo que era relacionado a Stalin e pouco ou nada que pudesse estar relacionado a Djugashvili. Em um dado ponto, parece, Djugashvili deixou de existir.

Ver as obras dessa biblioteca era um pouco como estar frente a frente com Stalin. Ver as palavras que seus olhos viam. Tocar as páginas que ele tocara e cheirara. As marcas nelas feitas por ele traçavam as marcas que fez na nação russa. Sem mediação do Comitê Central ou de qualquer um, tais marcas preservam a veemência de sua mão ao tocar o papel com sua caneta, sua impaciência e exasperação com os inimigos, suas expressões de aprovação ao encontrar o tom correto de uma frase ou a formulação correta escrita por aqueles que admirava.

Todas as obras em sua biblioteca pertenciam aos assuntos de Estado, incluindo uma cópia de *O príncipe* de Maquiavel, ao que parece, roubada nos anos 1990 por um funcionário do governo que tinha acesso ao material. Eu não tinha me dado conta do leitor voraz e abrangente que Stalin havia sido. Eu não tinha me dado conta do tipo de leitor que ele foi. Ele não lia novelas de detetives, histórias em quadrinhos ou romances, deixando para seus auxiliares os sérios escritos filosóficos e políticos. Muito ao contrário. Embora David Ryazanov fizesse pouco dos feitos teóricos de Stalin, fica claro que Stalin se pôs a dominar esses conceitos, assim como dominava a nação que governava. Fica claro que ele via a nação como um conjunto de ideias, tanto quanto como um conjunto de fatos econômicos ou materiais.

À medida que eu examinava, folha por folha, as correções, anotações e comentários de Stalin, me dei conta de que, embora professasse uma visão do mundo que era radicalmente contra a metafísica e o idealismo kantiano, Stalin era um idealista, no sentido de que acreditava totalmente na primazia das ideias. Isso representava reorientação e revisão radicais, talvez quase invisíveis, da filosofia de Marx e é essencial para entender a ameaça de Stalin de destruir "impiedosamente qualquer um que, por seus feitos ou pensamentos — sim, por seus pensamentos —, ameace a unidade do Estado socialista".

Para Stalin, pensamentos eram tão importantes quanto feitos, apesar do materialismo histórico de Marx, que ensinava que o pensamento seguia a ação, e que grandes homens não faziam a história, mas que a história fazia grandes homens. Para Stalin, somente o pensamento correto poderia produzir o resultado historicamente "necessário". Ele entendeu que somente um ato de *vontade* poderia realizar a "violenta derrubada" da burguesia e somente o partido, a grande invenção de Lenin, poderia guiar as massas. Sem essa vontade, o resultado historicamente inevitável da luta de classes não seria inevitável. Os sublinhados, exclamações e explicações de Stalin para si próprio registram o poder dessa vontade.

Nenhuma das obras que inspecionei deixou de ser lida *por ele*. Nenhuma obra deixou de ser copiosamente comentada, sublinhada, questionada, apreciada, desdenhada, estudada. Na brilhante biografia que escreveu de Stalin, Robert C. Tucker observa que sua emoção básica era a raiva. Talvez fosse assim no trato com colegas, subordinados e conspiradores. Todavia, só em seu estúdio, distante das exigências do poder, controle e confronto, Stalin teve um espectro mais largo de respostas emocionais, psicológicas e intelectuais. O vemos pensando, reagindo, imaginando *em sua privacidade*. Na edição cuidadosa das palavras de outrem, observamos que o modo em que ideias foram organizadas importava tanto para ele quanto o conteúdo dessas ideias.

Ao contrário de Georgi Dimitrov, que sabia que Stalin lia seu diário, Stalin sabia que nenhum de seus colegas ou adversários leria seus comentários ou tentaria entender seus sublinhados e ênfases. No entanto, quando comentei isso com uma arquivista em Moscou, há muito familiarizada com o regime de Stalin, ela respondeu com astúcia:

— Stalin não pensou que seus colegas leriam isso. Mas pensou que a história leria. Mesmo desde antes da revolução. Ele vivia para a história. Ele se via como um ator da história.

Ele viveria além de si próprio como uma ideia.

Essa compreensão dá ainda mais significado às anotações marginais de Stalin, à sua apreciação do tom gracioso ou poderoso de uma frase, à captura de uma formulação particularmente valiosa. Seus volumes de Lenin são marcados de capa a capa, como livros de um dedicado estudante de pós-graduação. Aqui e ali, nas margens, ele escreve "*stil*" ("estilo"; de tempos em tempos, rabisca suas ideias como pontos um, dois, três, delineando para si próprio a estrutura do argumento. Repetidas vezes, em seu exemplar de *O Estado e a revolução* de Lenin, Stalin sublinha a justificativa de Lenin para a ditadura e a premissa de que o Estado soviético poderia erguer-se somente pela "violenta derrubada" do Estado burguês e poderia apenas ser mantido através da violência contra os remanescentes dos opressores burgueses. Ele se ensina como escrever, organizar os pensamentos e expressar-se.

Além dos livros, também havia manuscritos que continham suas revisões de obras presenteadas pelo Comitê Central e outras agências. Entre esses estão *Breve curso sobre a história do VKP(b)* e *Biografia de Josef Stalin*. Os dois foram tão exaustivamente revisados e emendados que podiam ser considerados obras *de* Stalin. Cada um demonstra a mesma atenção escrupulosa a detalhes de estilo e de efeito retórico, como na transcrição da reunião com Sergei Eisenstein sobre *Ivan, o Terrível*. Agora, no entanto, Stalin não está corrigindo a representação de um tsar do século XVI — está corrigindo a representação de si próprio e do relato do processo pelo qual se tornou Stalin e, ademais, como será conhecido.

O Comitê Central escreveu no *Breve curso:*

> O VKP(b) [Partido Comunista — bolchevique)] cresceu, fortaleceu-se e temperou-se na luta obstinada e de princípios com os inimigos do marxismo-leninismo.

Stalin corrigiu essa passagem para:

> O VKP(b) cresceu e fortaleceu-se na luta de princípios com os partidos da pequena burguesia.

Ele elimina a redundância mecânica de "fortaleceu-se e temperou-se" e "luta obstinada e de princípios". Ele transforma "os inimigos do marxismo-leninismo" especificamente nos "partidos da pequena burguesia".

A objetividade e a solidez de seu pensamento se sobressaem diante dos banais floreios retóricos do Comitê Central. No entanto, qual é o valor substancial dessa pequena emenda? É mais condensado, eliminando clichês e redundâncias; contudo, também apaga algo mais. Ao corrigir a noção de que o VKP(b) não fora temperado ou obstinado, Stalin se livra da descrição de uma implícita avaliação moral e mostra o VKP(b) como uma força da história, à qual não se aplicam julgamentos ou qualificações morais.

Era *necessário* que os bolcheviques lutassem contra "os inimigos do marxismo-leninismo", e essa luta, por mais cruel que fosse, também era necessária — nada havia de temperado ou obstinado em relação a ela. "Ivan, o Terrível, foi muito cruel. Você pode mostrar que ele foi cruel, mas você tem de mostrar por que era essencial ser cruel", Stalin disse a Eisenstein em 1947. Em 1939, após concluir o grande expurgo no *Breve curso*, ele escreve sobre si próprio. Ele foi cruel porque foi necessário que fosse cruel, não por ser obstinado. Eisenstein iniciou o roteiro para *Ivan, o Terrível*, após a Segunda Guerra Mundial, em um momento em que Stalin e o Comitê Central reorganizaram a necessidade de "restaurar à história russa a autêntica imagem de Ivan IV, que fora distorcida pela historiografia aristocrática e burguesa". Em 1939, Stalin entendeu a necessidade de restaurar — ou inventar — a autêntica imagem do partido e, portanto, de si próprio.

Quem eram os inimigos de Josef Stalin? Certamente, a burguesia, os sanguessugas capitalistas, os americanos, os sionistas, e talvez seu maior inimigo fosse Deus — não o "grande deus todo-poderoso", mas o "deusinho", como poderia ter dito Maiakovski, da fraqueza, indecisão, irresolução, instintivos sentimentos de misericórdia diante da dura realidade política, a negligência identificada no artigo de 1953 em *Izvestia*, nos dias que culminaram na conspiração dos médicos, e a "covardia universal" descrita por Venedikt Erofeev em *Moscou até o fim da linha*:

> Ah, se ao menos todo o mundo, se todos fossem como sou agora, plácido e tímido, sem nunca ter certeza de nada, inseguro de si mesmo e da seriedade de sua posição sob os céus — ah, que bom seria. Nenhum entusiasta, nenhum feito de valor, nada obsessivo! Apenas covardia universal. Eu aceitaria viver uma eternidade na terra se, primeiro, me mostrassem um canto onde nunca houvesse lugar para valor.

Esse não é o mundo imaginado por Stalin. É antitético à essência da história do Partido Bolchevique delineada por Stalin no *Breve curso*. Nela, Stalin toma grande cuidado em identificar seus inimigos. Stalin viu o inimigo. Ele o identificou. Ele o esmagou porque era o inimigo. Sua prosa é concisa, concreta, atenta a todos os detalhes, de modo a fornecer uma concepção unificada. A prosa *é* Stalin, e é na conexão desses detalhes que ele será encontrado — não o Stalin que ocupa o gabinete no Kremlin, mas o outro Stalin, aquele que "é o poder soviético", que "é o que é nos jornais e retratos".

A preocupação, se não obsessão, de Stalin com inimigos fica particularmente evidente em uma passagem no *Breve curso* em que revisa três parágrafos escritos pelo Comitê Central a respeito da luta com os mencheviques em 1903. O texto original submetido a Stalin foi:

> Os mencheviques lutaram contra a criação de um partido proletário combativo, com limites bem-definidos, um programa claro, com um rígido comportamento político e disciplina rigorosa. Os mencheviques lutaram contra a criação de um partido proletário desse tipo, que poderia ter dado ao proletariado o controle sobre a revolução democrático-burguesa e, no futuro, ter levado a uma revolução socialista.

Stalin reescreveu esse parágrafo da seguinte forma:

> Os mencheviques se uniram aos "economistas" e com eles trabalharam no partido. O oportunismo dos mencheviques era, entrementes, demonstrado pelo modo como abordavam certas questões. Os mencheviques se opuseram a um partido revolucionário combativo de tipo leninista. Queriam um partido vago, não organizado, inferior. Com a ajuda de Plekhanov, apoderam-se do *Iskra* [um jornal do partido] e do TsK [Comitê Central], utilizando esses órgãos para os seus objetivos dissidentes.

A especificidade e concretude de Stalin, mais uma vez, contrastam vividamente com a prosa mais branda e mais teórica do Comitê Central. Stalin introduz a figura histórica de Plekhanov, o legendário revolucionário russo; menciona o jornal do partido *Iskra*; emprega a palavra "dissidente" para descrever o programa menchevique; contudo, o mais importante aspecto dessa emenda é que Stalin atribui um motivo ao comportamento menchevique, ausente no texto do Comitê Central. O motivo era "oportunismo", um motivo recorrente em todo o *Breve curso*. Eles não foram guiados por princípios, mas por conveniência. Não viram o que era necessário; viram o que era útil. O motivo contém seus "pensamentos". É o mais próximo de um julgamento moral que Stalin permitiria. A linguagem de campanha de guerra do inimigo eclipsou quase totalmente um vocabulário moral. Indivíduos não são bons nem maus, não são virtuosos nem pecadores. Ou "têm princípios" ou são "oportunistas". Indivíduos aderem ao que é necessário, ao que manda a história ou ao que o Estado compele; ou seguem seus próprios motivos de autointeresses, como ecoado na condenação feita por Pykhalov dos atuais críticos de Stalin como "carreiristas". A batalha não é entre essa ou aquela pessoa e o Estado; é entre *qualquer* pessoa e o Estado.

Para Stalin, eram sempre os indivíduos o problema, a causa — jamais o sistema. Se os objetivos do Plano Quinquenal não fossem alcançados, a culpa seria dos indivíduos, jamais dos objetivos irrealistas, dos recursos insuficientes ou do ineficiente sistema econômico em que eram obrigados a trabalhar. Esse talvez seja o maior paradoxo de seu regime: em um mundo em que indivíduos deixaram de ter importância, toda a culpa era jogada neles.

O entendimento das premissas fundamentais no processo de pensamento de Stalin é possibilitado por outro capítulo do *Breve curso*, que, em vez de editar, ele próprio escreveu. Trata-se do capítulo sobre "materialismo dialético e histórico". No manuscrito, o capítulo tem aproximadamente quarenta páginas. Stalin leu, releu, corrigiu, recorrigiu, cortou várias páginas, adicionou várias outras e se dedicou minuciosamente a como essa formulação definitiva do dogma soviético estava sendo preparada para o consumo generalizado ou, como ele escreveu no início, "não em termos filosóficos, mas em palavras simples e de entendimento geral", antes de riscar a frase.

Traduções do *Breve curso* encontram-se disponíveis na internet; portanto, não é necessário reproduzir o corpo do texto aqui. Todavia, o que não se encontra na internet ou em nenhuma outra edição da obra — em russo ou qualquer outro idioma — é o diligente esforço de Stalin em reduzir um complexo sistema de pensamento a "palavras simples e de entendimento geral". Assim, a primeira frase que, originalmente, era:

> A filosofia do marxismo-leninismo é chamada materialismo dialético por ser um método de estudo da natureza, da vida, da sociedade, do pensamento; seu método de compreender toda a existência é dialético; e sua explicação dos fenômenos da natureza, vida, sociedade, pensamento, sua teoria é materialista.

Stalin alterou essa frase para:

> A filosofia do marxismo-leninismo é chamada materialismo dialético por ser um método de estudo dos fenômenos da natureza; seu método de entender esses fenômenos é dialético; sua explicação dos fenômenos da natureza, sua teoria, sistema, visão do mundo é materialista.

Ele melhora o paralelismo da frase e elimina "vida, sociedade, pensamento" duas vezes. Introduz "sistema", "visão do mundo" no fim para enfatizar que isso não é simplesmente um método de pensamento, mas uma estrutura que engloba o todo — nela, "vida, sociedade, pensamento" não têm lugares independentes. A palavra "dialético", Stalin comenta, vem da palavra grega para diálogo, "que significa conversar ou polemizar. Na Antiguidade, dialética era entendida como a arte de alcançar a verdade pelo caminho da revelação por meio da contradição e do julgamento dos oponentes e da superação de suas contradições". Verdade é o resultado de superar contradições. Contudo, a premissa fundamental do materialismo dialético é que tudo está conectado e tudo está em constante movimento. Não há como evitar as batalhas de contradições — seja entre a burguesia e o proletariado ou entre Trotski e Stalin. Nenhum objeto pode ser visto ou entendido fora desse mundo de interconexões; nenhum objeto, pessoa ou ideia — seja a ideia de uma árvore ou a ideia da justiça — pode existir fora de suas relações historicamente determinadas. Esse é um modo de pensar que libera o caminho para um tipo de relativismo muito mais profundo do que o subjetivismo individual ou o "perspectivismo" de Nietzsche. E representa um desafio filosófico que não pode ser resolvido apontando para as consequências políticas ou sociais por ele engendradas. Conceitos abstratos universais como justiça ou verdade desaparecem nessa salsicha de existência. Somente a justiça proletária em oposição à justiça burguesa, somente verdade proletária em oposição à verdade burguesa permanecem.

Ao longo de toda essa seção do *Breve curso*, Stalin injeta a frase "contrariamente à metafísica", como na frase "contrariamente à metafísica, o método dialético vê não o mundo como consistindo em [coisas em um estado de] quietude e imobilidade, estagnação e imutabilidade, mas consistindo em movimento perene". De quem é a metafísica, nunca é especificado, mas a intenção de Stalin é clara: o leitor típico será direcionado para longe das "teorias" ou "abstrações" como verdade e justiça, e será forçado a imergir totalmente no perene "material" da vida, das relações sociais e políticas que definem a realidade. Tudo o mais é "metafísica".

Em outra parte, Stalin colou cuidadosamente um folheto de três folhas cheias de comentários e revisões, marcadas com lápis de diferentes cores, como se pode esperar ver em um trabalho escolar. O cuidadoso alinhamento das folhas de papel, os precisos sublinhados e inserções de comentários marginais sugerem o grande prazer que deve ter sentido na exposição de seus pensamentos. Ali, ele estava construindo, erigindo, posicionando cada palavra em cuidada relação com outra. Ele leva seu trabalho a sério. Ele dedicava ao trabalho material de colar os pedaços de papel a mesma seriedade que dedicaria ao planejamento de uma ação contra um inimigo político. O projeto do Hotel Moscou, o projeto da teoria do marxismo soviético, o projeto de seus próprios pensamentos e o projeto do Estado estavam tão integral e essencialmente relacionados a Stalin como os três centímetros de inchaço no joelho do tsarévitche e o colapso do império russo estavam relacionados à imperatriz Alexandra.

Em seus exemplares das obras de Lenin *A revolução proletária e o renegado Kaustki* e *O Estado da revolução*, encontramos Stalin claramente em busca de princípios. Na página 16 de *A revolução proletária*, Stalin sublinhou a passagem onde Lenin define a ditadura do proletariado:

> A ditadura não significa necessariamente a destruição da democracia para a classe que constitui a ditadura sobre outras classes, mas necessariamente significa a destruição [...] da democracia para a classe sobra a qual ou contra a qual a ditadura é constituída.

Na página 17, ele sublinha uma descrição igualmente vigorosa da ditadura:

> A ditadura é o poder dependente diretamente da força, mas não restringido por qualquer lei.
>
> A ditadura revolucionária do proletariado é poder ganho e suportado pela força do proletariado sobre a burguesia, poder não restringido por qualquer lei.

Na parte superior da página 18, ele resume em meias palavras, como um estudante de pós-graduação:

1. A diura, como domínio do prdo sobre burg, contando com força revolucionária.
2. A diura como um tipo de govo.

Na parte de baixo da página 18, ele sublinha outra passagem:

> A revolução proletária é impossível sem a violenta destruição da máquina do Estado burguês e da mudança para uma *nova* [máquina] que, nas palavras de Engels, ainda não apareceu em sua própria forma de governo.

O que é fascinante no destaque dessa passagem é que Stalin desenhou uma linha sobre o texto "nas palavras de Engels", como se desaprovasse o fato de Lenin citar Engels para seus pensamentos.

Mais evidente nessas poucas páginas é o modo com que Stalin não apenas sublinhava e enfatizava o texto de Lenin, mas também o confiscava, tomava posse dele, o colocava em suas próprias palavras; em resumo, fazia com Lenin o que ele parecia querer que Lenin fizesse com Engels — riscar a fonte e tornar suas as palavras: exercitar a *vontade* da autoria suprema.

Stalin tinha mente ordenada e metódica; mas não se limitava a listar e ordenar coisas em categorias burocráticas sem sentido. É possível sentir a vontade motivadora do homem em cada marca que faz em uma página. Ele se joga nas palavras e formulações de Lenin e as consome, como um peixe voraz. Ele buscava relações — por exemplo, entre os mencheviques e os "economistas" ou entre os mencheviques e Plekhanov; mas, também buscava motivos. Sua mente trabalhava de modo silogístico, da premissa à conclusão. Fatos importavam menos do que a força dessas relações deduzidas, das quais podiam ser revelados intenções e pensamentos. Suas provas da existência de inimigos eram internamente coerentes, como qualquer prova escolástica de existência de Deus. Se há algo de maquinal no inexorável movimento da mente de Stalin, também há algo sutil, complexo e poderoso. Não basta caracterizar Stalin e os que o cercavam, como Yejov, como fez Robert Conquest ao escrever que esses homens possuíam "um sentido de lealdade à mística de uma organização" como "proeminentes gângsteres", para os quais "o Partido era, de fato, *cosa nostra* — 'nossa coisa'".[78]

O enigma e a tragédia de Stalin são precisamente que ele *não* era um mero materialista, de um lado, ou um gângster, do outro. Ele não era um Gengis Khan ou um Pol Pot empilhando pirâmides de caveiras humanas em uma orgia sanguinária. Ele não era um antissemita entusiástico; não era um racista, sadomasoquista ou homossexual não assumido; não era impotente e não temia mulheres; não odiava seus filhos; não era um fanático iludido. Ele não tinha sífilis nem epilepsia. Ele não era o único homem cuja mulher tragicamente cometeu suicídio. Ele sempre teve uma tendência paranoide, mas, provavelmente, não mais do que Richard Nixon. Em seus escritos e nos comentários marginais feitos nos livros que lia, é possível ver a energia de um homem observando um novo mundo, apreendendo-o e fazendo-o seu. O compromisso ideológico de toda a vida de Stalin não foi simplesmente uma estrutura para ação ou "lealdade à mística de uma organização", mas expressava a descoberta de uma verdade que, para ele, unia este mundo: verdade, justiça, liberdade, democracia, paz — na passagem do artigo de Ehrenburg no *Pravda*, em 11 de março de 1953: "pacífica estrutura de uma vida feliz". Era sua estrutura para o *conhecimento*, o telescópio com o qual via o futuro e o passado, através do qual via a si próprio. E através do qual queria que outros o vissem.

Ele era Stalin. Ele nunca foi quem foi. Como disse ao filho Vasili: "Você não é Stalin e eu não sou Stalin." Stalin é poder, o poder único que flui do Estado soviético. Como Stalin poderia ser Stalin quando, segundo seu materialismo dialético, nenhuma "coisa" existia em si própria, mas era o nexo de um conjunto infinito de relações? O idealismo de Stalin consiste em sua total certeza no poder dessas ideias, paradoxalmente, no poder da *ideia* de materialismo histórico. Foi o poder dessas ideias que esmagou Sofia Petrovna até a loucura e fez com que Anna Akhmatova entendesse que, "não, esta não sou eu, é alguma outra pessoa que está sofrendo". Como Stalin, Akhmatova também não era mais quem fora. A natureza desse poder é tão hipnótica que atrai tudo para si — vítima e algoz, que limpa o eu da individualidade e da unicidade. É o centro do silêncio que Babel e tantos outros tentaram expressar. É um vento obliterante.

A natureza transpessoal do poder de Stalin é descrita de forma brilhante em um pôster construtivista dos anos 1930, que mostra uma multidão de cidadãos soviéticos comuns — alguns sérios, alguns sorridentes — com expressões e aparências individuais. Cada um ergue a mão como uma promessa de honrar o lema do pôster: "Cumpramos o plano da grande obra." Elevando-se acima desses rostos e de todas as mãos está o grande braço esticado do poder soviético. Contudo, olhando mais de perto, é possível ver que a mão de cada indivíduo é apenas uma miniatura dessa mão gigantesca, que corta o pôster diagonalmente, contra um fundo vermelho.

Esse pôster poderia ser lido como dizendo que o poder soviético flui da unidade de propósito de cada indivíduo, que a grande mão do povo nada mais é do que uma mão coletiva. No entanto, isso não é muito correto, pois tanto a grande mão como as pequenas que a compõem não estão conectadas aos corpos dos trabalhadores, mas elevam-se por sobre os trabalhadores, saindo de alguma entidade separada e abstrata. A floresta de mãos e rostos de indivíduos contidos em um grande braço soviético não está conectada a um corpo real. Portanto, o pôster deve ser lido no sentido reverso, como dizendo que cada indivíduo flui do poder soviético — a unidade sobre a qual Stalin falou no brinde de 7 de novembro de 1937. Cada mão é apenas a mesma mão. Cada mão é mão de ninguém.

Essa é a mão de Stalin. A mão do povo, da qual vem seu poder. O poder dessa mão não é facilmente esquecido ou dirimido; de alguma forma, ainda está lá, impresso e visível na veemência feroz de Mariana em relação às suas pílulas soviéticas e o devaneio suave de seu retrato em meu quarto; em sua supersticiosidade quase pagã e em sua insistência em saber o preço de cada coisa; nos suaves amarelos, verdes, azuis e rosa das fachadas dos prédios públicos de Moscou, nos vidros quebrados e ferros retorcidos dos pátios descuidados e moradias; no espelho do banheiro que oscila violentamente ao menor toque, nas torneiras que nunca funcionam, nos elevadores quebrados e vassouras de galhos com que as sombrias ruas de Moscou são varridas, na vassoura de terror com que Stalin varreu seu país nos expurgos da década de 1930.

É nessa unidade e poder do Estado que Stalin é encontrado, e em sua imutável lealdade *àquilo*. *Aquilo* é força, honra, glória, graça redentora. A seu serviço, podemos fazer tudo. Por isso, devemos. Todavia, tais unidade e poder não podem existir sem a realidade quebrada e desfigurada em que a maioria do povo soviético vivia o lento e incorreto desenrolar de sua vida. O terror não poderia ter existido sem a vida insignificante e destruída de Sofia Petrovna. Como que em uma relação dialética entre eles, Stalin morreu em 5 de março de 1953, e Akhmatova, em 5 de março de 1966.

Assim como a dinastia dos Romanov, a de Stalin também teve um fim abrupto e vergonhoso. Mais uma vez, a fraqueza se mostrou mais poderosa do que a força. A capa de *Russkoe Voskresenie* [Ressurreição russa], que Jeff Burds me deu em minha primeira visita, expressava amplamente esse sentido de vergonha. Sob a suástica e a cruz ortodoxa do cabeçalho está o judeu-demônio, com a cauda de pelo eriçado, longo nariz adunco e olhos salientes, coberto com a bandeira dos Estados Unidos, segurando o cachorro Yeltsin, de quatro, fazendo caretas, e o cachorro Gorbachev, com uma expressão resignada na cara gorda e efeminada. Abaixo do cartum, está a legenda "*Intelligentisia* vergonhosa que trai o povo".

Antes de morrer, Alexander Yakovlev me contou que havia sido chamado para ver Gorbachev quando ocorreram os distúrbios civis na Lituânia em janeiro de 1991, em uma tentativa de derrubar o governo apoiado pelos soviéticos. Tanques russos foram cercados por manifestantes lituanos desarmados e irados. Gorbachev fez uma pergunta simples: — Devemos atirar?

Yakovlev respondeu que se qualquer soldado soviético desse um único tiro na multidão desarmada, o poder soviético estaria acabado. Gorbachev agradeceu-lhe e ordenou que o Exército se retirasse. Yakovlev me contou que não disse a Gorbachev, mas pensou enquanto deixava seu gabinete, que, se não atirassem, o poder soviético também estaria acabado. O processo havia ido longe demais, o *éthos* havia mudado.

Hoje, Vladimir Putin e seu sucessor devem lutar com a multiplicidade de forças que rasgam o coração de seu país: nacionalismo, xenofobia, orgulho ferido, ilegalidade, o desastre ecológico nos vilarejos, lagos, rios e florestas russos, a necessidade de transformar uma economia de comando centralizado em um mercado livre, a ameaça muito real de despovoamento e a vulnerabilidade das fronteiras no Extremo Oriente, as insurgências no Cáucaso, a insensata ganância das oligarquias, o desastre do outrora grande Exército soviético. Bastou ver os pôsteres levantados no centro de Moscou, no dia 9 de maio de 2007, tradicional Dia da Vitória em celebração ao fim da Segunda Guerra Mundial, para perceber que Putin não é amado por muitos na extrema direita russa.

Entre pôsteres que exigiam "Rússia para os russos" e denunciavam "Fascismo judeu! Hoje, não há nada pior" e "Hoje: a questão judaica. Essa é uma questão de poder ou a desonra da Rússia. É uma questão de vida ou a destruição do povo russo!", havia um com a legenda "O *kike** deve estar no trono" e mostrando um Putin em formato de cachorro mantido no trono da Rússia com uma coleira de aço no pescoço. Em um lado, está o judeu-demônio, e no outro, um cachorro russo que passou para o lado dos Estados Unidos, com cauda peluda e um saco de dólares americanos amarrado ao cinto. Atualmente, há na Rússia entre cinquenta e setenta mil membros ativos do Partido Socialista Nacionalista Russo, a maioria dos quais em Moscou.

Como a venda do livro de David Duke sobre a supremacia branca na Duma do Estado russo demonstrava, a membrana que separa o centro e a periferia — o cerne moderado, liberal e cuidadoso da sociedade russa e aqueles que marcham pelas ruas com provocadoras faixas racistas — é muito delgada, muito porosa, muito vulnerável. As tensões étnicas, religiosas, linguísticas e políticas na sociedade russa de hoje são tão profundas e não resolvidas como há cinquenta anos. A inexorável agitação na Chechênia, Geórgia, Ucrânia e Kosovo deixa tudo isso muito claro. O objetivo de Putin em preservar a unidade do Estado russo e evitar que essa agitação cause mais desintegração satisfaz as mais profundas necessidades da sociedade. Não buscar a consolidação do poder e a eliminação de inimigos é jogar com o caos.

Um Estado centralizado, forte e não restringido pela lei é a velha e indistinta resposta russa ao dilema de seu tamanho ingovernável e inerentes tensões culturais. O que mais preocupa não é se Dimitri Medvedev, o presidente recém-eleito** da Rússia, governará pelos próximos quatro anos, mas se, por ter

*Termo pejorativo da língua inglesa para designar os judeus, sem equivalente em português. [*N. do T.*]

**Medvedev foi eleito presidente da Rússia em março de 2008 e tomou posse em maio daquele ano, com mandato até maio de 2012. [*N. do T.*]

sido escolhido a dedo por Putin como seu sucessor e preposto, sua eleição preserva somente a aparência da legalidade. Muitos argumentarão que, neste momento, para a Rússia, estabilidade é mais importante do que as leis, e há alguma verdade nisso. Contudo, uma vez que a nova Rússia comece a seguir um caminho de ilegalidade institucionalizada — e já avançou bastante nessa direção —, não será possível reformá-la. O passado irá, de fato, se sobrepor ao futuro.

Duas idosas bateram na porta do apartamento de uma amiga, não muito antes das eleições parlamentares de 2007. Elas se apresentaram como ativistas políticas.

— Você pretende votar na Rússia Unida [partido de Putin]? — perguntou uma delas.

— Não — respondeu minha amiga, nem ela nem o marido pretendiam votar em Putin.

— Você pode nos dizer seu nome? — perguntou a outra.

— Por que quer que eu diga meu nome? Você pode descobri-lo com facilidade. Você já sabe meu nome. O que você quer?

— Está temerosa de nos dizer seu nome? — foi a resposta.

Hoje, o país pode não estar retornando a Stalin, mas há muitos indícios de que o busca, assim como uma versão aceitável da tradição de pensamento que Stalin celebrou no brinde de 7 de novembro de 1937: a unidade do grande Estado russo. No âmago desse Estado centralizado está a mão daquele pôster dos anos 1930 — a resposta da Rússia à "mão invisível" do mercado livre de Adam Smith. No entanto, essa é a mão do poder ilimitado que se eleva sobre e acima dos indivíduos, e não a mão que emerge dos milhões de mãos de cidadãos livres que perseguem seus objetivos pessoais, preocupados com seus próprios e limitados interesses.

Desde 1991, mais jornalistas foram assassinados na Rússia do que em qualquer outro país, nesse mesmo período. O assassinato e silenciamento público de Alexander Litvinenko em 2006 enviaram uma mensagem ao mundo todo, que o viu morrer na televisão enquanto sucumbia ao envenenamento por polônio: não cruze nosso caminho. Todavia, quem é esse nós? Ninguém sabe com certeza.

Em janeiro de 2007, o ar está frio, mas não tão frio como em janeiro de 1992. Passaram-se 15 anos desde a primeira vez que vim a Moscou, quase no mesmo dia. Já tenho lugares favoritos e velhos amigos. Conheci um idoso historiador que lutou toda a vida para revelar a verdade dos julgamentos de Nuremberg ao povo russo. Quando, nos anos 1970, submeteu sua dissertação pela primeira vez, seu orientador disse-lhe para queimá-la. Ele não fez isso, e o regime Gorbachev deu-lhe uma oportunidade de publicá-la. Encontrei meu amigo em um sofisticado restaurante recém-aberto próximo ao Arbat, na rua Plotnikov, não muito longo de meu hotel, com o apropriado nome Déjà Vu.

Não havia muita gente no restaurante quando chegamos. Música francesa de cabaré dos anos 1930 tocava nos alto-falantes. Como meu amigo é idoso, perguntei se o volume podia ser abaixado, e imediatamente a música foi desligada. O menu é um pouco caro e francês. Os *aborigines* fritos de antigamente desapareceram. O serviço é atencioso, sem ser importuno. A garçonete deixa que conversemos em paz, mas não nos abandona; no início dos anos 1990, ela teria, em algum momento, se retirado para algum lugar no fundo do salão, para nunca mais ser vista.

Pedi pato assado, e meu amigo, peixe. Nossos pedidos foram servidos em elegantes pratos brancos, acompanhados por minicenouras, beterraba e purê de nabo. O vinho é excelente. Discutimos nosso projeto comum, que se aproxima do fim, após tantos anos de interrupções e frustrações, um grande estudo da diplomacia pré-guerra de Stalin. Pergunto como vai o restante de sua pesquisa.

Ele dá um largo sorriso e ergue as mãos com as palmas para cima. Embora tenha se aposentado, ainda é um membro proeminente de um importante instituto e é citado nos comitês de conselheiros honorários de vários dos volumes de documentos publicados sob a égide do Serviço de Arquivos do Estado russo. Ele é conhecido como um estudioso meticuloso, honesto, verdadeiro, equilibrado e preciso. Contudo, há pouco, teve problemas com o instituto e, segundo o que ouviu, também com o governo Putin. Em um artigo recente, ele escreveu uma frase da qual nenhum estudioso ocidental discordaria: que o Exército soviético ocupara a Lituânia antes da declaração de guerra entre a União Soviética e a Alemanha nazista em 1941. Em consequência, uma torrente de insultos caiu sobre ele. Ele foi oficialmente repreendido pelo que foi considerado uma calúnia contra o Exército soviético. Disseram-lhe, com todas as palavras, que, se publicasse algo do tipo novamente, seria expulso do instituto, perderia a aposentadoria e o subsídio para o apartamento onde morava — aos 76 anos de idade — e que o emprego de sua filha também poderia ficar ameaçado. De fato, *déjà vu*.

— É a volta aos anos 1970 — disse ele. — Nada a fazer quanto a isso.

Em outubro de 2007, encontrei-me, no RGANI — Arquivo de História Contemporânea do Estado russo, antigo Arquivo do Comitê Central do PCUS —, com Nataliya Georgievna Tomilina, a diretora, a quem fora apresentado por Vladimir Naumov muitos anos antes. Por quase 15 anos e, segundo o ritual, encerrado o expediente, Natalya Georgievna serve chá e biscoitos. Falamos sobre minha família em New Haven, que ela conheceu ao visitar Yale há alguns anos; sobre as condições no arquivo que dirigia, e sobre a Editora de Yale. Uma vez, ela segurou meu filho — agora com 16 anos — no colo e perguntou quando ele iria a Moscou. Algum dia, assegurei-lhe, ele irá. Sei que irá.

Ainda há tempo para um pouco mais de chá?, ela pergunta.

— *Da, pojalusta* — digo, deixando o saquinho de chá usado na xícara.

Natalya Georgievna o joga fora e põe um novo.

— O chá deve ser forte — diz ela; e me lembrei das rígidas instruções que Isaac Babel um dia deu aos amigos sobre como preparar uma boa xícara de chá: deixe descansar por alguns minutos e sempre use chá fresco.

"Sem chá, onde está nossa força?", diz um velho provérbio russo — simples e bonito como o céu. Enquanto começo a recolher minhas coisas, preparando-me para ir embora, olho pela sala e vejo, por detrás de vários painéis e peças de mobiliário, o grande mapa multicolorido do mundo pré-1991 que está pendurado na parede do gabinete, diante da mesa de reunião, desde minha primeira visita ao arquivo. Há muitos anos, depois de acertarmos um acordo para a publicação da coleção de documentos sobre o assassinato de Kirov, a equipe de Natalya Georgievna e eu tiramos uma fotografia em frente a esse mapa. Muitas das pessoas que aparecem nessa fotografia já se aposentaram, Nikolai morreu e o volume sobre Kirov ainda não viu a luz do dia.

Hoje, discutimos três novos projetos, incluindo um sobre o ano de 1956 — um momento crítico na Guerra Fria, com o discurso secreto de Kruchev denunciando o culto à personalidade, seguido pelas revoltas polonesa e húngara, e a Crise de Suez. O que ocorreu em 1956? O discurso de Kruchev foi inspiração de um só homem ou o resultado de uma maré de mudanças? Teria essa mudança se iniciado invisivelmente durante o regime de Stalin? Como ficou registrada na mente das pessoas na União Soviética? Será que 1991 começou em 1956?

Em caso afirmativo, o que significa a afirmação do Ocidente de ter "ganhado" a Guerra Fria?

Entre 1956 e 1991 são 35 anos; entre 1917 e a morte de Stalin em 1953 são 36. Portanto, o período soviético inteiro corresponde a dois períodos com, aproximadamente, a mesma duração, com um breve interregno de 1953 a 1956: Lenin e Stalin; depois, Kruchev, Brejnev e os outros. A primeira metade encerra-se com a morte de Stalin, e a segunda, com a morte do império soviético. A primeira começou com uma revolução contra o tsar, e a segunda, com uma revolta contra o culto à personalidade. Cada fase durou cerca de uma geração.

O discurso de Kruchev, no dia 25 de fevereiro de 1956, no XX Congresso do Partido, abalou o universo do partido e, parece claro, ajudou a precipitar a agitação em todo o bloco soviético na época. O levante polonês começou em junho de 1956, e a Revolução Húngara, em outubro, enquanto a crise de Suez se transformava em um confronto internacional. Em agosto de 1956, o Comitê Central soube que Pasternak enviara seu livro *Dr. Jivago* para a Editora Feltrinelli, na Itália, depois de não conseguir publicá-lo na Rússia. Tentativas soviéticas de impedir a publicação no estrangeiro foram frustradas, e todo o caso se tornou um grande constrangimento internacional para a União

Soviética. No curso do fiasco da publicação de *Dr. Jivago* no estrangeiro, o departamento de cultura do Comitê Central reviu o manuscrito e escreveu um longo relatório. Entre as diversas conclusões, o relatório comentou especificamente o efeito do discurso de Kruchev sobre escritores:

> As questões mais importantes da vida doméstica e internacional dificilmente encontram eco nos círculos literários do Partido em Moscou. O material mais marcante a ser encontrado é aquele em que as perversões do culto à personalidade são desmasca radas, implicando a necessidade de uma profunda *perestroika* interna. Esse processo de *perestroika* interna não será rápido nem indolor.[79]

O uso da palavra "*perestroika*" nesse memorando, datado de 1º de dezembro de 1956, é surpreendente. E antecedeu o programa de Gorbachev em quase trinta anos, provando que a origem da reforma nada tinha a ver com a Guerra nas Estrelas de Reagan, *blue jeans*, orçamentos militares ou o advento do *rock'n'roll* entre os jovens russos. Tinha tudo a ver com outro conflito na consciência do povo provocado pelo choque da crítica a Stalin feita por Kruchev. Talvez, nesse caso, em contraste com a teoria de Marx, a consciência tenha precedido a ação.

O discurso de Kruchev no dia 25 de fevereiro de 1956, que desorientou comunistas leais em todo o mundo, tinha a força da decisão de Lenin, em 1918, de adiantar os relógios em até duas horas: "Às 10h, nos disseram que eram 12h." Esse raio, no entanto, não veio do nada, da própria iniciativa de Kruchev. Esse raio também tem origem em um processo tão doloroso quanto as palavras inscritas nos corpos das vítimas da "máquina sem igual" de Kafka em *Na colônia penal*. Quando o Explorador diz não ser capaz de entender o significado da escrita da máquina, o Oficial ri·

> — Não é modelo de caligrafia para crianças de escola. É preciso estudá-la por um longo tempo [...]. Naturalmente, não pode ser qualquer escrita simples; veja, não deve matar imediatamente, mas somente após um período de 12 horas, em média [...]. E deve haver muitos, muitos ornamentos em volta das letras.[80]

Um desses ornamentos veio no dia 1º de fevereiro de 1956, apenas três semanas antes do discurso de Kruchev. Em uma sessão da Executiva do Comitê Central, foi levantada a questão de se seria possível discutir o culto à personalidade no próximo congresso do partido. Uma transcrição dessa reunião relata a discussão dos principais líderes a respeito da reabilitação de membros do partido executados nos expurgos dos anos 1930. Falaram sobre um homem chamado Rodos, um perverso interrogador durante o terror, fuzilado em 1956. Kruchev diz:

— A culpa está mais acima. Elementos semicriminosos foram convencidos a executar essa tarefa. A culpa é de Stalin.

A. B. Aristov (1903-1975) pergunta a Kruchev:

— Temos coragem [*mujestvo*, hombridade] bastante para dizer a verdade?[81]

Kruchev responde:

— Yejov, certamente, não teve culpa; ele era um homem honesto.

Contudo, se Yejov não era culpado, quem era? Somente Stalin? Quão conveniente jogar tudo em Stalin, como se a grande mão estendida no pôster dos anos 1930 não contivesse a de ninguém mais. Quem, ao ler o relato dessa conversa, é capaz de encontrar a saída desse labirinto ou ler a verdade codificada nessa escrita? O discurso de Kruchev no XX Congresso do Partido foi um discurso "secreto" e continha muitos segredos não ditos.

A pergunta de Aristov permanece sem resposta até hoje.

Digo a Natalyia Georgievna que estou ansioso para passar aos documentos relativos a 1956. Há tanto trabalho a ser feito — obter aprovação contratual do Rosarkhiv, levantar fundos, encontrar tradutores, contratar editores, selecionar e comentar documentos, verificar e voltar a verificar cada fonte e cada palavra.

Natalyia Georgievna termina seu chá e estende a mão como que para fazer um brinde.

— Então, agora — incita ela com um sorriso —, como disse o camarada Stalin: "Mãos à obra."

Notas

1. A. A. Akhmatova, "*Requiem*", em *Anna Akhmatova: Stikhotvoreniya, poemi, proza* (Ecaterimburgo: U-Faktoriya, 2005), seção 5, linhas 3-7. Tradução (do russo para o inglês) do autor.
2. Rech' tovarisha V. M. Molotova, *Pravda*, 10 de março, 1953, 2. Tradução (do russo para o inglês) do autor.
3. *Pravda*, 11 de março, 1953, 4. Tradução (do russo para o inglês) do autor.
4. Depoimento de Yejov diante da Suprema Corte da URSS, 3 de fevereiro, 1940, em J. Arch Getty e Oleg V. Naumov, *The Road to Terror: Stalin and the Self-Destruction of the Bolsheviks, 1932-1939*, Tradução (do russo para o inglês) de Benjamin Sher (New Haven: Yale University Press, 1999), p. 560-562.
5. Cf. Oleg V. Khlevniuk, *The History of the Gulag: From Collectivization to the Great Terror*. Prefácio de Robert Conquest; traduções (do russo para o inglês) de Vadim A. Staklo (New Haven: Yale University Press, 2004). Khlevniuk estima que aproximadamente 20 milhões de vítimas passaram pelo sistema de gulag apenas.
6. Venedikt Erofeev, *Moscow to the End of the* Line, tradução (do russo para o inglês) de H. William Tjalsma (Evanston, IL: Northwestern University Press, 1992), 14.
7. Dmitri Volkogonov, *Stalin: Triumph and Tragedy*, tradução (do russo para o inglês) de Harold Shukman (Rocklin, CA: Prima Publishing, 1992), p. 5-6.

8. Katerina Clark, Evgeni Dobrenko, Andrei Artizov, Oleg Naumov, *Soviet Culture and Power: A History in Documents*, 1917-1953, tradução (do russo para o inglês) de Marian Schwartz. (New Haven: Yale University Press, 2007), p. 83.
9. Da conversa de Pasternak com Zoya Maslennikova (escultora que, nos anos 1930, trabalhou no busto de Pasternak). Zoya Maslennikova, "Portret Borisa Pasternaka", *Sovetskaya Rossiya* (Moscou), 1990. Sou grato a Evgeni Dobrenko por trazer essa passagem à minha atenção e pela tradução (do russo para o inglês).
10. Richard Pipes, *The Unknown Lenin: From the Secret Archive*, tradução (do russo para o inglês) de Catherine A. Fitzpatrick (New Haven: Yale University Press, 1996), p. 152-153.
11. Khlevniuk, op. cit., p. 173-175.
12. Jonathan Brent e Vladimir Naumov, *Stalin's Last Crime: The Plot Against the Jewish Doctors, 1948-1953* (Nova York: HarperCollins, 2003), p. 281-219.
13. Brent e Naumov, op. cit., p. 228.
14. Andrei Platonov, The Potudan River, tradução (do russo para o inglês) de Clarence Brown, em Clarence Brown, org., *The Portable Twentieth Century Russian Reader* (Londres e Nova York: Viking Press, Inc., 1985), p. 119.
15. Franz Kafka, *The Trial*, tradução de Breon Mitchell (Nova York: Schochen Books, 1998), p. 57.
16. Alexander Vatlin and Larisa Malashenki, editors, *Piggy Foxy and the Sword of the Revolution: Bolshevik Self-Portraits* (New Haven: Yale University Press, 2006), p.164.
17. Vatlin e Larisa Malashenki, op. cit., p. 198.
18. Brent e Naumov, op. cit., p. 238-239; 334.
19. *Russkoe Voskresenie*, n. 7/15, 1.
20. Vladimir Maiakovski, "The Cloud in Trousers", em *The Bedbug and Selected Poetry*, editado por Patricia Blake, tradução (do russo para o inglês) de Max Hayward e George Reavey (Bloomington: Indiana University Press, 1975), p.107-109.

21. Alexandra Feodorovna, *The Last Diary*, editado por Vladimir A. Kozlov e Vladimir M. Khrustalëv, notas editadas por Alexandra Raskina, traduções (do russo para o inglês) de Laura E. Wolfson, introdução de Robert K. Massie (New Haven: Yale University Press, 1997), p. 1.
22. Ibid., p. 3.
23. Ibid., p. 156.
24. Mark D. Steinberg e Vladimir M. Khrustalëv, *The Fall of the Romanovs: Political Dreams and Personal Struggles in a Time of Revolution* (New Haven: Yale University Press, 1995), p. 331.
25. Ibid., p. 352.
26. Harvey Klehr, John Earl Haynes e Fridrikh Igorevich Firsov, *The Secret World of American Communism* (New Haven: Yale University Press, 1995), p. 29-30
27. Georgi Dimitrov, *The Diary of Georgi Dimitrov, 1993-1949*, editado por Ivo Banac (New Haven: Yale University Press, 2003), p. 65-66.
28. Ibid., p. 338
29. Ibid., p. 423.
30. Ibid., p. 434-435.
31. Brent e Naumov, op. cit., p. 11s.
32. Dimitrov, op. cit., p. 450-451.
33. Ibid., p. 452.
34. Brent e Naumov, op. cit., p. 235-248.
35. *Puti Russkogo Vozrojdeniya* (Moscou: *Russkii vestnik*, 1993), 5. Tradução (do russo para o inglês) do autor.
36. Getty e Naumov, op. cit., p. 588.
37. Ibid., p. 557.
38. Nikolai Bukharin, *Historical Materialism: A System of Sociology*, introdução de Alfred G. Meyer (Ann Arbor: University of Michigan Press, 1969), p.98.
39. Isaac Babel, *1920 Diary*, editado por Carol J. Avins, tradução (do russo para o inglês) de H. T. Willetts (New Haven: Yale University Press, 1995), p. 3-4.
40. Ibid., p. 40.

41. Ibid., p. 41.
42. Ibid., p. 32.
43. Ibid., p. 33.
44. Ibid., p. 49.
45. Ibid., p. 18.
46. Vitali Shentalinski, *Arrested Voices: Resurrecting the Disappeared Writers of the Soviet Regime*, introdução de Robert Conquest (Nova York: The Free Press, 1996), p. 60.
47. Ibid., p. x.
48. Isaac Babel, *The Collected Stories*, tradução (do russo para o inglês) de Walter Morison, introdução de Lionel Trilling (Nova York: Meridian, 1960), p. 200.
49. Brent e Naumov, op. cit., p. 136.
50. Shentalinski, op. cit., p. 59.
51. Babel, *Diary*, p. 56.
52. Isaac Babel, *Sichineniya tom vtoroi* (Moscou: Khudojestvennaya literature, 1990). Tradução (do russo para o inglês) do autor.
53. Oleg Khlevniuk em conversa com o autor, janeiro, 2008, Moscou.
54. Varlam Shalamov, *Kolyma Tales*, tradução (do russo para o inglês) de John Glad (Nova York: W. W. Norton & Co., 1982), p. 178.
55. Pavel Sudoplatov, *Special Tasks: The Memoir of an Unwanted Witness — A Soviet Spymaster*, com Jerrold L. e Leona P. Shecter, Prefácio de Robert Conquest (Nova York: Little, Brown & Co., 1994), p. 270-273.
56. Erofeev, p. 15.
57. Anna Politkovkaya, *Putin's Russia*, tradução (do russo para o inglês) de Arch Tait (Londres: The Harvill Press, 2004), p. 2-3.
58. Brent e Naumov, op. cit., p. 130.
59. Clark, Dobrenko, Artizov e Naumov, op. cit., p. 440-445.
60. Lydia Chukovskaya, *Sofia Petrovna*. tradução (do russo para o inglês) de Aline Worth, revista por Eliza Kellog Lose (Evanston, IL: Northwesthern University Press, 1988), p. 92.
61. De *Requiem*, em *The World that Causes Death's Defeat: Poems of Memory* (New Haven: Yale University Press, 2004), tradução (do russo para o inglês) de Nancy K. Anderson, seção VII, linhas 5-8.
62. Soljenitsyn, 152, 178.

63. V. N. Khaustov, V. P. Naumov, N. S. Plotnikova, *Lubyanka: Stali i MGB SSSR, 1946-1953* (Moscou: Mejdunarodnii fond "demokratiya", 2007), p. 366. Tradução (do russo para o inglês) do autor.
64. Simon Sebag-Montefiore, *Stalin: The Court of the Red Tsar* (Nova York: Vintage Books, 2003), p. 6.
65. Mensagem de correio eletrônico pessoal para o autor, junho, 2007.
66. I. Pykhalov, *Vremya Stalina: fakty protiv Mifov* (Leningrado: Neotek Eletro, 2001), p. 3.
67. Brent e Naumov, op. cit., p. 171.
68. Dimitrov, op. cit., p. 65.
69. Getty e Naumov, op. cit., p. 557.
70. Franz Kafka, "The Metamorphosis", em Kafka, *The Metamorphosis and Other Stories*, editado e traduzido por Stanley Appelbaum (Nova York: Dover Publication, Inc., 1996), p. 12.
71. Isaac Babel, *Collected Stories*, op. cit., p. 42.
72. diário de Dimitrov, op. cit., p. 148-149.
73. Brent e Naumov, op. cit., p. 256.
74. Ibid., p. 253.
75. Tradução (do russo para o inglês) do autor.
76. Isaac Babel, *The Collected Stories*, tradução (do russo para o inglês) de Walter Morison, introdução de Lionel Trilling (Nova York: Meridian, 1960), p. 90.
77. Sou grato a Kyrill Anderson por muitas das informações sobre a história do RGASPI reproduzidas aqui.
78. Robert Conquest, *The Great Terror* (Nova York: Oxford University Press, 1990), p. 15.
79. V. V. F. Afiani, N. G. Tomilinoi, *Boris Pasternak i vlast: dokumenty, 1956-1972* (Moscou: Rosspen, 2001), p.72. Tradução (do russo para o inglês) do autor.
80. Franz Kafka, "In the Penal Colony", em *The Metamorphosis and Other Stories*, op. cit., p.60.
81. A. Artizov, et al., *Reabilitasiya: kak eto bylo, dokumenty prezidiuma TsK KPSS i drugie materialy, mart 1953-fevral 1956* (Moscou: Mejdunarodnyi fond "demokratiya", 2000), p.308-309. Tradução (do russo para o inglês) do autor.

Agradecimentos

Tenho uma grande dívida com Karen Pritzker, que mostrou um de meus artigos a James Atlas, meu editor. Karen acreditava que ali havia uma história a ser contada, e foram os constantes apoio e inspiração de Jim que permitiram isso; sua ajuda foi fundamental para dar forma à história, e suas críticas sempre foram perspicazes. O discernimento editorial de Jim é de grande valor para mim.

Na Rússia, Vladimir Pavlovich Naumov tem sido um amigo, professor, guia e inspiração. Quero agradecer a Vladimir Pavlovich e a sua esposa, Valentina Ivanovna, pela calorosa hospitalidade que sua casa me ofereceu por tantos anos. Gostaria de agradecer a Sergei Vladimirovich Mironenko, Kyrill Mikhailovich Anderson, Oleg Vladimirovich Naumov e Nataliya Georgievna Tomilina por permitirem que a Editora da Universidade de Yale firmasse contratos históricos com seus arquivos; Vladimir Petrovich Kozlov, diretor do Rosarkhiv, teve a visão de apoiar esses contratos e permitir que o projeto Annals of Communism [Anais do comunismo] progredisse. Gostaria de agradecer a George Soros, que me convidou a Praga em 1991, para uma conferência, onde nasceu a ideia dos Anais. William F. Buckley Jr. ajudou a salvar o projeto em um momento crucial, levantando uma significativa quantia em dinheiro para a Editora Yale, depois que o NEH (The National Endowment for the Humanities — Fundo Nacional para Humanidades) indeferiu uma grande solicitação de auxílio da Editora e nenhuma outra fonte de recursos podia ser encontrada. Bill foi um verdadeiro amigo nessa empreitada. Samuel Lipman, um dos primeiros patrocinadores do projeto, lamentavelmente, não viveu para ver os volumes iniciais publicados. Peter Maffitt tem sido um verdadeiro amigo da Editora da Universidade de Yale e da série dos Anais, desde a concepção, e seus contínuos incentivo e entusiasmo ajudaram a impulsionar o projeto. Desejo agradecer a Margarita Yakusheva pelos muitos anos de excelente trabalho como minha tradutora em Moscou.

Na Editora da Universidade de Yale, Vadim Staklo tem sido, por muitos anos, um gerente de projeto firme e especial para a série Anais. John Ryden, antigo diretor da Editora, disse uma palavra em outubro de 1991, sem a qual a série não teria começado: "Vá." John Donatich, atual diretor, continua a tolerar meus periódicos desaparecimentos na Rússia e na Europa Oriental e se tornou um verdadeiro colaborador.

Oleg V. Khlevniuk, embaixador Jack Matlock, Joseph Epstein, Isabel Jaen-Portillo, John Lukacs, Rachel Shteir, Evgeny Dobrenko e Arthur Krystal leram o manuscrito em diferentes estágios e ajudaram a corrigir muitos erros, tanto de conteúdo como de estilo. Desejo agradecer a Cathy Ciepela por ajudar-me a rastrear uma importante citação de Pasternak; e a William Odom por verificar a seção sobre nossa reunião com o general do KGB. David Murphy tem ajudado continuamente a guiar meus pensamentos sobre segurança e assuntos de inteligência na Rússia pós-soviética; conversas com Gary Saul Morson, ao longo de muitos anos, estimularam minha maneira de ver o passado e o futuro da Rússia. Olga Varshaver fez observações precisas em um dos estágios finais e ajudou a preencher lacunas tanto de fatos como de cronologia. Marci Shore leu todo o manuscrito com grande cuidado e ajudou-me em muitos aspectos, grandes e pequenos, de questões de tom e substância.

Desejo expressar meus agradecimentos à cooperadora, entusiasta e inteligente equipe de Atlas & Co.: John Oakes, Lukas Volger, Alexander Rothman, Lauren LeBlanc e Janet Min Lee, e Martha Cameron, minha excelente copidesque, que melhorou o texto de várias formas.

Sou profundamente grato a todos. Contudo, meu maior agradecimento vai para minha esposa, Franny, que me mostrou o motivo para voltar para casa.

Este livro foi composto na tipologia Adobe Garamond Pro, em corpo 11,5/16, e impresso em papel off-white g/m² no Sistema Cameron da Divisão Gráfica da Distribuidora Record.